I0901830

SAMMLUNG TUSCULUM

Herausgeber:
Niklas Holzberg
Bernhard Zimmermann

Wissenschaftlicher Beirat:
Günter Figal
Peter Kuhlmann
Irmgard Männlein-Robert
Rainer Nickel
Christiane Reitz
Antonios Rengakos
Markus Schauer
Christian Zgoll

ARISTOTELES

HERMENEUTIK
PERI HERMENEIAS

Griechisch-deutsch

Herausgegeben, übersetzt und erläutert
von Hermann Weidemann

DE GRUYTER

ISBN 978-3-11-040892-8
e-ISBN (PDF) 978-3-11-040919-2
e-ISBN (EPUB) 978-3-11-040929-1

Library of Congress Cataloging-in-Publication Data
A CIP catalog record for this book has been applied for at the Library of Congress.

Bibliografische Information der Deutschen Nationalbibliothek
Die Deutsche Nationalbibliothek verzeichnet diese Publikation in der Deutschen Nationalbibliografie; detaillierte bibliografische Daten sind im Internet über http://dnb.dnb.de abrufbar.

© 2015 Walter de Gruyter GmbH, Berlin/Boston

Für Einbandgestaltung verwendete Abbildungen:
Cologny (Genève), Fondation Martin Bodmer, Cod. Bodmer 5: 3v/4r
(www.e-codices.unifr.ch)

Druck und Bindung: Hubert & Co. GmbH & Co. KG, Göttingen

♾ Gedruckt auf säurefreiem Papier
Printed in Germany

www.degruyter.com

VORWORT

»Im Auslegen seid frisch und munter! Legt ihr's nicht aus, so legt was unter!« Was diese mit spitzer Feder geschriebenen Verse aus Goethes *Zahmen Xenien* brandmarken, ist bei den zahlreichen von der Antike bis zur Gegenwart unternommenen Versuchen, die Aristotelische Schrift auszulegen, die uns unter dem irreführenden Titel »Über die Auslegung« (Περὶ ἑρμηνείας) überliefert ist, nicht selten geschehen. Zurückzuführen ist dies nicht zuletzt auf die Eigenart dieser Schrift selbst. Denn bei einer philosophischen Abhandlung, die den Interpreten vor so große Herausforderungen stellt wie sie, ist die Gefahr, daß man den Worten ihres Verfassers, statt sie in seinem Sinne auszulegen, einen von ihm nicht intendierten Sinn unterlegt, nicht minder groß.

In der vorliegenden zweisprachigen Ausgabe habe ich die Schrift *Peri hermeneias* im Bewußtsein dieser Gefahr auf der Grundlage eines von mir neu erstellten griechischen Textes auszulegen versucht, den ich in der *Bibliotheca Teubneriana* kritisch ediert und in der Deutschen Aristoteles-Gesamtausgabe übersetzt und kommentiert habe. Der griechische Text, der textkritische Apparat und die deutsche Übersetzung sind in der vorliegenden Ausgabe mit einigen Änderungen wiedergegeben, über die eine Fußnote zur Übersetzung nähere Auskunft gibt. Die erläuternden Anmerkungen stehen zu dem ausführlichen Kommentar, der meine Übersetzung in der Deutschen Aristoteles-Gesamtausgabe begleitet, in einem ähnlichen Verhältnis wie der kürzere erste der beiden Kommentare, die Boethius verfaßt hat, zu dem längeren zweiten. Sie sollen dem Leser dadurch, daß in ihnen auf die Auseinandersetzung mit der Sekundärliteratur und auf die Erörterung weniger wichtiger Einzelheiten weitgehend verzichtet wird, zu einem auf das Wesentliche konzentrierten Verständnis des erläuterten Textes verhelfen.

Hinterzarten, im Juni 2015 H. Weidemann

INHALT

EINFÜHRUNG

1. *Die Schrift* Peri hermeneias *im Rahmen der Aristotelischen Logik*

1.1 Titel und Thema der *Hermeneutik*

Wie seine übrigen Lehrschriften, so hat Aristoteles auch die Schrift, die den nicht von ihm selbst stammenden Titel Περὶ ἑρμηνείας trägt, nicht als ein zur Veröffentlichung bestimmtes Werk verfaßt, sondern als einen Text, der ihm als Vorlage für die Lehrveranstaltungen diente, die er in seiner Schule abzuhalten pflegte. Der genannte Titel, der häufig in der lateinischen Übersetzung »De interpretatione« gebraucht wird, bedeutet soviel wie »Über die Auslegung (des Denkens durch die Sprache)«. Er ist deshalb nicht sehr glücklich gewählt, weil er lediglich zum ersten Kapitel der Schrift paßt, in dem Aristoteles einleitend darauf hinweist, daß die sprachlichen Ausdrücke in erster Linie unsere Gedanken an die mit ihnen gemeinten Dinge symbolisieren.

Das eigentliche Thema der *Hermeneutik*, wie die Schrift *Peri hermeneias* ungeachtet der Tatsache, daß sie alles andere als ein Lehrbuch der Hermeneutik im modernen Sinne dieses Wortes ist, zuweilen auch genannt wird, sind diejenigen sprachlichen Ausdrücke, die, weil sie Gedanken ausdrücken, die entweder wahr oder falsch sind, auch ihrerseits die Eigenschaft besitzen, entweder wahr oder falsch zu sein, nämlich die Aussage- oder Behauptungssätze. Diese Sätze werden in der *Herme-*

neutik zwar auch unter dem Aspekt ihres syntaktischen Aufbaus behandelt, hauptsächlich aber am Leitfaden der Frage nach ihrem Wahrheitswert und den zwischen ihnen bestehenden logischen Beziehungen untersucht. Als die Aristotelischen Lehrschriften, denen nach dem Tod ihres im Jahre 322 v. Chr. verstorbenen Verfassers ein wechselvolles Schicksal beschieden war, im ersten vorchristlichen Jahrhundert aus dessen Nachlaß herausgegeben und dabei in verschiedene Gruppen thematisch zusammengehörender Schriften gegliedert wurden, hat man die *Hermeneutik* daher mit Recht einem Komplex von Schriften zugeordnet, die man als logische Abhandlungen einstufte. Bevor im folgenden auf diesen *Organon* genannten Schriftenkomplex näher eingegangen wird, soll zunächst in einem Exkurs dargestellt werden, was in den letzten drei vorchristlichen Jahrhunderten mit den Werken, die Aristoteles hinterlassen hatte, geschah.[1]

Exkurs über das Schicksal der von Aristoteles hinterlassenen Werke

Nimmt man die Berichte, die uns hierüber aus der Antike überliefert sind, für bare Münze, so gewinnt man vom Schicksal dieser Werke folgendes Bild: Ein gewisser Neleus, der von seinem Lehrer Theophrast, dem Nachfolger des Aristoteles in der Leitung der peripatetischen Schule, dessen Bibliothek geerbt hatte, nahm diese Bi-

1 Der folgende Exkurs resümiert die einschlägige Abhandlung von O. Primavesi (2007; vgl. auch Primavesi 2011: 60–64).

bliothek, die auch die literarische Hinterlassenschaft des Aristoteles enthielt, in seine Heimatstadt Skepsis in Kleinasien mit. Dort wurde sie, obwohl Neleus sie nach einer der uns zur Verfügung stehenden Quellen (Athenaios) bereits dem ägyptischen König Ptolemaios Philadelphos für dessen Bibliothek in Alexandria verkauft hatte, nach unserer Hauptquelle (Strabon) von den Nachkommen des Neleus unter der Erde in einem Stollen versteckt, um sie davor zu bewahren, von den in Pergamon herrschenden Attaliden – Pergamon war Sitz der für Skepsis zuständigen Regierung – der dortigen Bibliothek einverleibt zu werden. Am Anfang des ersten vorchristlichen Jahrhunderts wurde sie in dem üblen Zustand, in den sie durch die lange, unsachgemäße Lagerung in diesem Stollen geraten war, an einen Bücherliebhaber namens Apellikon verkauft, der sie nach Athen brachte und von den Texten, aus denen sie bestand, Abschriften anfertigen ließ. Diese Abschriften wiesen allerdings, da Apellikon bei dem Versuch, seine lückenhaften Vorlagen durch Konjekturen zu ergänzen, keine glückliche Hand hatte, zahlreiche Fehler auf. Nach der Eroberung Athens durch Sulla im Jahre 86 v. Chr. gelangte Apellikons Bibliothek als Kriegsbeute nach Rom, wo der Philologe Tyrannion die Aristoteles-Texte, die zu ihr gehörten, erneut bearbeitete und abschreiben ließ. Obwohl er sich dabei unserer Hauptquelle zufolge auf Mitarbeiter stützte, die es an der nötigen Sorgfalt mangeln ließen, was eine abermalige Verschlechterung des ohnehin schon verderbten Textmaterials zur Folge hatte, scheinen die unter seiner Regie entstandenen Abschriften einer anderen Quelle (Plutarch) zufolge Andronikos von Rhodos gute Dienste geleistet zu haben, als dieser im ersten Jahrhundert

v. Chr. seine für die weitere Textüberlieferung grundlegende Aristoteles-Ausgabe erstellte.

O. Primavesi, der im Anschluß an den Verfasser einer weitgehend unbeachtet gebliebenen Abhandlung aus dem Jahre 1717 auf die Ungereimtheiten hingewiesen hat, die dieses Bild vom Schicksal der Werke des Aristoteles aufweist, konnte zeigen, daß es ein starkes Indiz dafür gibt, daß die fraglichen Berichte nicht völlig unglaubhaft sind, sondern einen wahren Kern enthalten, der sich hinter einer stark übertreibenden Form der Darstellung verbirgt. Der Weg, der ihn zu diesem Ergebnis geführt hat, läßt sich kurz folgendermaßen nachzeichnen:

Vergleicht man unser *Corpus Aristotelicum*, d. h. das uns überlieferte Œuvre des Aristoteles, mit den beiden antiken Verzeichnissen Aristotelischer Schriften, die uns erhalten geblieben sind, so fällt zweierlei auf:

1) Während im älteren dieser beiden Verzeichnisse, das uns in zwei Fassungen überliefert ist, die auf eine gemeinsame hellenistische Quelle zurückgehen, die meisten der zu unserem *Corpus Aristotelicum* gehörenden Schriften fehlen, sind diese Schriften im jüngeren, das uns nur durch eine arabische Übersetzung bekannt ist, fast alle aufgelistet.

2) Zur Markierung der einzelnen Bücher größerer Werke werden in dem uns überlieferten *Corpus* die 24 Buchstaben des ionischen Einheitsalphabets als Ordnungsbuchstaben verwendet, während im älteren der beiden genannten Schriftenverzeichnisse – Primavesi bezeichnet es als »hellenistisches Verzeichnis« – zu demselben Zweck 27 Buchstaben, die mit den Buchstaben dieses Alphabets bis auf drei Zusatzbuchstaben identisch sind, als Buchstabenziffern verwendet werden.

Da das Verfahren der 24-Buchstaben-Markierung im dritten vorchristlichen Jahrhundert durch das von da an gebräuchliche Verfahren der 27-Ziffern-Zählung abgelöst wurde, liegt die Annahme nahe, daß es bei der Redaktion unseres *Corpus Aristotelicum* im ersten vorchristlichen Jahrhundert deshalb noch einmal zur Anwendung kam, weil es bereits in einer damals wiederentdeckten vorhellenistischen Sammlung von Schriften des Aristoteles angewandt worden war, die den Grundstock dieses *Corpus* bilden, im hellenistischen Schriftenverzeichnis aber deshalb fehlen, weil man im Hellenismus keinen Zugang zu ihnen hatte. Alles deutet darauf hin, daß diese der Umstellung auf das neue Verfahren der Buchmarkierung entzogenen Aristotelischen Schriften zu denjenigen Texten gehören, von denen uns berichtet wird, sie seien lange Zeit in Skepsis versteckt gewesen. Man kann daher mit Primavesi annehmen, daß sich den antiken Berichten über das Schicksal der Werke des Aristoteles in den letzten drei Jahrhunderten v. Chr. an Wahrem folgendes entnehmen läßt:

Die Aristotelischen Texte, die Theophrast ihm vermacht hatte, wurden von Neleus zwar nicht in ihrer Gesamtheit, aber doch zu einem großen Teil – sei es im Original oder in Form von Kopien – nach Alexandria verkauft, so daß dadurch, daß seine Nachkommen die Texte, die er ihnen hinterlassen hatte, lange Zeit unter Verschluß hielten, für die Dauer dieser Zeit keineswegs alle Schriften des Aristoteles unzugänglich waren, sondern nur diejenigen, von denen Neleus dem König von Ägypten keine Manuskripte überlassen hatte. Die Manuskripte dieser Schriften können durch ihre unterirdische Lagerung im Stollen von Skepsis aber nicht so stark beschädigt worden sein, daß es, nachdem sie wieder ans Licht gekommen waren, nicht möglich gewesen wäre, die in ihnen enthaltenen Texte so zuverlässig zu edieren, wie sie angesichts ihrer uns überlieferten Gestalt damals ediert worden sein müssen.

1.2 Die Stellung der *Hermeneutik* innerhalb des *Organons* und ihre Beziehung zur *Topik*

Was den *Organon* genannten Komplex der logischen Schriften des Aristoteles betrifft, so trägt sein Name, der soviel bedeutet wie »Instrument«, dem Umstand Rechnung, daß die in der Nachfolge des Aristoteles stehenden Peripatetiker im Gegensatz zu den Stoikern und einigen Platonikern die Logik nicht als einen Teil der Philosophie betrachteten, sondern als eine Disziplin, die der Philosophie als Werkzeug dient. Außer der *Hermeneutik* gehören zum *Organon* die *Kategorien*, die *Erste* und die *Zweite Analytik*, die *Topik* und die *Sophistischen Widerlegungen*. Der traditionelle Platz, den die *Hermeneutik* zwischen den *Kategorien* und den beiden *Analytiken* innerhalb des *Organons* einnimmt, kann leicht zu einer Fehleinschätzung der Aristotelischen Logik Anlaß geben, der die *Hermeneutik* diesen Platz möglicherweise sogar verdankt. Er kann nämlich zu der irrigen Annahme verleiten, Aristoteles habe seine Logik schrittweise als ein dreiteiliges System aufgebaut, indem er, bevor er in der *Ersten Analytik* damit begonnen habe, den Syllogismus als einen aus drei Sätzen bestehenden *Schluß* zu untersuchen, in der *Hermeneutik* den in einem Syllogismus als Prämisse oder als Konklusion fungierenden *Satz* und davor in den *Kategorien* das in einem solchen Satz als Subjekt oder als Prädikat fungierende einzelne *Wort* untersucht habe.

Der Schlüssel zum Verständnis der Rolle, die *Peri hermeneias* im Rahmen der Aristotelischen Logik tatsächlich spielt, ist der Umstand, daß sich Aristoteles in dieser Schrift vor allem für diejenige logische Beziehung interessiert, die zwischen zwei Aussagesätzen genau dann besteht, wenn sie einander widersprechen, wenn also ein und derselbe Sachverhalt mit dem einen von ihnen behauptet und mit dem anderen bestritten wird. Paare von Aussagesätzen, die in dieser Beziehung zueinander stehen, werden von Aristoteles als Satzpaare bezeichnet, deren Glieder einander »kontradiktorisch« (ἀντιφατικῶς: *De int.* 7, 17 b 17, 18 a 9) entgegengesetzt sind. Solche Satzpaare bilden das sprachliche Vehikel des dialektischen Argumentierens, für das eine Methode zu finden das Ziel der Aristotelischen *Topik* ist.

Eine dialektische Argumentation vollzieht sich in einem Gespräch, an dem zwei Partner beteiligt sind, von denen der eine in der Rolle des Fragenden eine bestimmte These angreift, die der andere in der Rolle des Antwortenden verteidigt. Bei den Fragen, die der Fragende dem Antwortenden stellt, handelt es sich um Entscheidungsfragen, also um Fragen, die entweder mit einem bejahenden oder mit dem ihm kontradiktorisch entgegengesetzten verneinenden Satz zu beantworten sind. Während der Fragende in der Absicht, die vom Antwortenden verteidigte These zu widerlegen, seine Fragen so zu stellen versucht, daß er Antworten auf sie bekommt, aus denen er die dieser These kontradiktorisch entgegengesetzte These ableiten kann, versucht der Antwortende, die ihm gestellten Fragen so zu beantworten, daß seine Antworten vom Fragenden nicht auf diese Weise zur Widerlegung der von ihm verteidigten These benutzt werden können.

Um ein solches Gespräch so führen zu können, daß es eine korrekte und stichhaltige Argumentation darstellt, müssen die beiden Gesprächspartner zweierlei wissen, nämlich einerseits, wie der einem gegebenen Aussagesatz kontradiktorisch entgegengesetzte Satz lautet, und andererseits, welche Sätze in einem dialektischen Gespräch deshalb nicht verwendet werden dürfen, weil die kontradiktorischen Satzpaare, deren bejahendes oder verneinendes Glied sie sind, eine Ausnahme von der Regel bilden, daß von den beiden Gliedern eines kontradiktorischen Paares von Aussagesätzen das eine wahr und das andere falsch sein muß. Daß Aristoteles gerade diese beiden Fragen in *Peri hermeneias* ausführlich erörtert, ist kein Zufall. Denn offenbar verfolgt er mit dieser Schrift den Zweck, die von ihm in der *Topik* und den *Sophistischen Widerlegungen*, die als deren letztes Buch mit zur *Topik* gehören, untersuchte Argumentationspraxis des dialektischen Gesprächs durch eine Untersuchung der verschiedenen Formen kontradiktorischer Satzpaare theoretisch zu untermauern. Dies gezeigt zu haben ist das Verdienst von C. W. A. Whitaker, der mit Recht von der »dialectical motivation« der Aristotelischen *Hermeneutik* spricht.[2]

Am Anfang des elften Kapitels dieser Schrift kommt Aristoteles auf die Praxis des dialektischen Argumentierens ausdrücklich zu sprechen. Dort weist er nämlich darauf hin, daß »eine dialektische Frage dazu auffor-

2 Whitaker 1996: 102, 131. Zu Whitakers Buch vgl. Weidemann 1998.

dert, sie entweder mit dem Satz zu beantworten, in dessen Gestalt sie vorgelegt wird, oder mit dem anderen Glied der Kontradiktion (deren eines Glied dieser Satz ist)« (*De int.* 11, 20 b 22f.), und betont, daß in einem dialektischen Gespräch dem Antwortenden »die Möglichkeit gegeben sein muß, sich der gestellten Frage gemäß nach Belieben für die Behauptung des einen oder des anderen Gliedes einer Kontradiktion zu entscheiden« (*De int.* 11, 20 b 27–29). Anspielungen auf diese Argumentationspraxis finden sich überdies an zwei Stellen in den Kapiteln 5 und 10, an denen von Fragen und deren Beantwortung die Rede ist (vgl. *De int.* 5, 17 a 18–20; 10, 20 a 23–30).

1.3 Aufbau und Inhalt der *Hermeneutik*

Die Einteilung der *Hermeneutik* in die vierzehn Kapitel, in die sie in den modernen Ausgaben eingeteilt zu werden pflegt, geht nicht auf Aristoteles selbst zurück, sondern scheint erst gegen Ende des 16. Jahrhunderts von Julius Pacius eingeführt worden zu sein, der die Schriften des *Organons* ediert, ins Lateinische übersetzt und kommentiert hat.[3] Der Inhalt der einzelnen Kapitel, in die sich die *Hermeneutik* nach dieser Einteilung gliedert, läßt sich folgendermaßen beschreiben:

In den ersten sechs Kapiteln breitet Aristoteles die in den folgenden Kapiteln durchgeführte Behandlung der Aussagesätze dadurch vor, daß er zunächst in Kapitel 1 in Umrissen eine Theorie darüber entwirft, wie sich die Ausdrücke der gesprochenen und der geschriebenen

3 Vgl. hierzu Weidemann 2014b: 55–59.

Sprache zu den in ihnen ausgedrückten Gedanken und den mit ihnen gemeinten Dingen verhalten, wobei er auf den Unterschied zwischen sprachlichen Ausdrükken, die wahr oder falsch sind, und solchen, die diese Eigenschaft nicht besitzen, aufmerksam macht, um dann in den Kapiteln 2–6 die folgenden sechs Typen sprachlicher Ausdrücke zu untersuchen: das *Nenn-* und das *Aussagewort* als die beiden wichtigsten Bestandteile eines Aussage- oder Behauptungssatzes (Kapitel 2 und 3), das *Wortgefüge* als die Gattung, zu welcher der Aussagesatz gehört, und den *Aussagesatz* selbst als eine bestimmte Art dieser Gattung (Kapitel 4) und schließlich die *Bejahung* und die *Verneinung* (d. h. den bejahenden und den verneinenden Aussagesatz) als die beiden Erscheinungsformen eines einfachen Aussagesatzes einerseits (Kapitel 5) und als die beiden Glieder eines kontradiktorischen Paares von Aussagesätzen andererseits (Kapitel 6). Das aus den Kapiteln 1–4 bestehende Textstück hat E. Montanari seiner vorwiegend sprachwissenschaftlichen Ausrichtung wegen die »sezione linguistica« der *Hermeneutik* genannt.[4] Besondere Beachtung hat innerhalb dieses linguistischen Abschnitts der zu Kapitel 1 gehörende Teilabschnitt 16 a 3–8 gefunden, den man mit Recht als die »wichtigste zeichentheoretische Passage bei Aristoteles«[5] und als den »most influential text in the history of semantics«[6] bezeichnet hat.

Im siebten Kapitel, mit dem die für *Peri hermeneias* charakteristische logische Behandlung der Aussagesätze beginnt, unterscheidet Aristoteles drei Arten von

4 Montanari I/II 1984/1988.

5 Lieb 1981: 148.

6 Kretzmann 1974: 3.

Paaren kontradiktorisch entgegengesetzter Aussagesätze, nämlich erstens Paare solcher Sätze, von deren Gliedern das eine bejaht und das andere verneint, daß *ein ganz bestimmter Gegenstand* die und die Eigenschaft besitzt (z. B. »Sokrates ist weiß« – »Sokrates ist nicht weiß«: *De int.* 7, 17 b 28f., 18 a 2f.), zweitens Paare solcher Sätze, von deren Gliedern entweder das eine bejaht und das andere verneint, daß *jeder*, oder das eine bejaht und das andere verneint, daß *irgendeiner der unter einen bestimmten Begriff fallenden Gegenstände* die und die Eigenschaft besitzt (z. B. »Jeder Mensch ist weiß« – »Nicht jeder Mensch ist weiß«, »Irgendein Mensch ist weiß« – »Kein Mensch ist weiß«: 17 b 18–20, 18 a 4–6), und drittens Paare solcher Sätze, von deren Gliedern das eine bejaht und das andere verneint, daß *ein unter einen bestimmten Begriff fallender Gegenstand* die und die Eigenschaft besitzt, wobei unbestimmt bleibt, ob mit dem bejahenden Satz gemeint ist, daß die fragliche Eigenschaft *jedem* der unter den betreffenden Begriff fallenden Gegenstände zukommt, und mit dem verneinenden Satz, daß sie *keinem* dieser Gegenstände zukommt, oder ob mit dem bejahenden Satz gemeint ist, daß sie *irgendeinem* dieser Gegenstände zukommt, und mit dem verneinenden Satz, daß sie *nicht jedem* dieser Gegenstände (*irgendeinem* von ihnen also *nicht*) zukommt (z. B. »[Ein] Mensch ist weiß« – »[Ein] Mensch ist nicht weiß«: 17 b 9f. 31f., 18 a 6f.).

Die beiden Sätze, aus denen ein Satzpaar der zuerst genannten Art besteht, werden als *singuläre* Aussagesätze, die beiden Sätze, aus denen ein Satzpaar der an zweiter Stelle genannten Art besteht, als *generelle* Aussagesätze und die beiden Sätze, aus denen ein Satzpaar der zuletzt genannten Art besteht, als *indefinite* Aussagesätze bezeichnet. Von zwei kontradiktorisch entgegengesetzten generellen Aussagesätzen ist entweder der eine *universell-bejahend* und der andere *partikulär-verneinend* oder der eine *partikulär-bejahend* und der andere *universell-verneinend.* Die Bezeichnungen »universell«, »partikulär« und »indefinit« sind von den lateinischen Wörtern abgeleitet, mit denen Boethius in seinen beiden Kommentaren zur *Hermeneutik* (vgl. I 84, 4f., II 147, 10–15) die von Aristoteles in der *Ersten Analytik* (vgl. *Anal. pr.* I 1, 24 a 16–20) gebrauchten griechischen Ausdrücke καθόλου, ἐν μέρει und ἀδιόριστος wiedergibt, deren Entsprechungen sie sind. Zur Unterscheidung von Sätzen, zwischen denen ein kontradiktorischer Gegensatz besteht, bezeichnet Aristoteles die beiden Glieder eines aus einem *universell-bejahenden* und dem ihm entsprechenden *universell-verneinenden* Aussagesatz gebildeten Satzpaares als Sätze, die einander »konträr« (ἐναντίως: *De int.* 7, 17 b 20) entgegengesetzt sind (z. B. »Jeder Mensch ist gerecht« – »Kein Mensch ist gerecht«: 17 b 22f.).

Großen Wert legt Aristoteles im siebten Kapitel auf die Feststellung, daß zwei kontradiktorisch entgegengesetzte indefinite Aussagesätze beide zugleich wahr sein können und daher eine Ausnahme von der Regel bilden, daß von den beiden Gliedern eines kontradiktorischen Paares von Aussagesätzen das eine wahr und das andere falsch sein muß (vgl. 17 b 29–33). Eine weitere Ausnahme von dieser Regel ist das Thema von Kapitel 8: Daß der eine von zwei kontradiktorisch entgegengesetzten Aussagesätzen wahr und der andere falsch sein muß, gilt ausnahmsweise auch dann nicht, wenn das Subjekt oder das Prädikat der beiden Sätze ein Ausdruck ist, der keine einheitliche Bedeutung hat.

In Kapitel 9 erörtert Aristoteles eine dritte Ausnahme von der genannten Regel: Von ihr ausgenommen sind auch kontradiktorisch entgegengesetzte Aussagesätze, die sich, wie z. B. die beiden Glieder des kontradiktorischen Satzpaares »Morgen wird eine Seeschlacht stattfinden« – »Morgen wird keine Seeschlacht stattfinden« (vgl. *De int.* 9, 19 a 30–32), auf ein kontingent-zukünftiges Ereignis beziehen, d. h. auf ein Ereignis, das zu einem bestimmten zukünftigen Zeitpunkt sowohl eintreten als auch ausbleiben kann. Nicht nur im *Organon*, sondern in dem uns erhalten gebliebenen Werk des Aristoteles überhaupt gibt es kaum einen Text, der so intensiv diskutiert worden wäre und ein so großes Interesse auf sich gezogen hätte wie dieses durch das von Aristoteles angeführte Beispiel berühmt gewordene Seeschlacht-Kapitel.

Im zehnten Kapitel geht es teils um den kontradiktorischen und teils um den konträren Gegensatz zwischen bejahenden und verneinenden Aussagesätzen, in denen ein »unbestimmtes« (d. h. verneinendes) Wort als Subjekt oder als Prädikat fungiert.

Im elften Kapitel erörtert Aristoteles einerseits die Bedingungen, unter denen man zwei Ausdrücke von einem Gegenstand, von dem sie getrennt voneinander prädiziert werden dürfen, auch in Verbindung miteinander prädizieren darf, und andererseits die Bedingungen, unter denen man zwei Ausdrücke von einem Gegenstand, von dem sie in Verbindung miteinander prädiziert werden dürfen, auch getrennt voneinander prädizieren darf. Erfüllt sind die fraglichen Bedingungen beispielsweise dann, wenn man daraus, daß jemand ein Mensch ist und daß er weiß ist, den Schluß zieht, daß der Betreffende ein weißer Mensch ist (vgl. *De int.* 11, 20 b 33–35), oder dann, wenn man umgekehrt daraus, daß jemand ein weißer Mensch ist, den Schluß zieht, daß der Betreffende ein Mensch ist und daß er weiß ist (vgl. 21 a 18–20). Nicht erfüllt sind sie beispielsweise dann, wenn man daraus, daß jemand ein Schuster ist und daß er gut ist, den Schluß zieht, daß der Betreffende ein guter Schuster ist (vgl. 20 b 35f.), oder dann, wenn man daraus, daß das und das ein toter Mensch ist, den Schluß zieht, daß dies ein Mensch ist und daß es tot ist (vgl. 21 a 23).

Die Kapitel 12 und 13 sind den modalen Aussagesätzen gewidmet, genauer gesagt: denjenigen Sätzen, mit denen die Frage beantwortet wird, ob es für etwas möglich oder nicht möglich, unmöglich oder nicht unmöglich, notwendig oder nicht notwendig ist, das und das zu sein oder das und das nicht zu sein. In Kapitel 12 wird gezeigt, wie der einem gegebenen Satz dieser Art kontradiktorisch entgegengesetzte Satz zu bilden ist, während in Kapitel 13 untersucht wird, welche Sätze dieser Art aus welchen anderen logisch folgen.

Im vierzehnten und letzten Kapitel, das vermutlich unecht ist, wird die Frage, welcher Satz der einem gegebenen Aussagesatz konträr entgegengesetzte Satz ist, im Rückgriff auf die im ersten Kapitel aufgestellte These erörtert, daß die sprachlichen Ausdrücke an erster Stelle Symbole für unsere Gedanken an die mit ihnen gemeinten Dinge sind. Bei seinem Versuch, die genannte Frage zu beantworten, läßt sich der Verfasser des Kapitels von der Überlegung leiten, daß es sich bei diesen Gedanken in dem Falle, in dem die sie symbolisierenden sprachlichen Ausdrücke Aussagesätze sind, um die Meinungen handelt, die wir mit solchen Sätzen zum Ausdruck bringen.

2. *Die Rezeption der Schrift* Peri hermeneias *in der Antike*

2.1 Von den ersten Kommentatoren bis Stephanos

Wer sich der bereits in der Antike als äußerst mühsam empfundenen Aufgabe unterzieht, die Schrift *Peri hermeneias* zu erläutern, setzt damit eine fast zwei Jahrtausende alte Tradition fort. Die postume Edition der Aristotelischen Lehrschriften im ersten vorchristlichen Jahrhundert hatte eine intensive Beschäftigung mit diesen Schriften zur Folge, die im Laufe der nächsten Jahrhunderte zur Entstehung zahlreicher Kommentare führte. Der erste, der die *Hermeneutik* kommentierte, dürfte Aspasios gewesen sein, der wahrscheinlich in der ersten Hälfte des zweiten Jahrhunderts n. Chr. wirkte. Sein Kommentar ist uns ebensowenig erhalten geblieben wie die *Hermeneutik*-Kommentare, die uns für Herminos (Mitte 2. Jh.) und für dessen Schüler Alexander von Aphrodisias (2./3. Jh.) bezeugt sind. Alexander, der (vermutlich in Athen) einen Lehrstuhl für peripatetische Philosophie innehatte, auf den ihn die römischen Kaiser Septimius Severus und Caracalla um das Jahr 200 berufen hatten, war nicht nur der bedeutendste Aristoteles-Kommentator der Antike, sondern auch, wenn man von Themistios (4. Jh.) absieht, der letzte, der die von ihm kommentierten Aristotelischen Schriften als Aristoteliker kommentierte. Seine Nachfolger, von denen er als der Kommentator schlechthin verehrt wurde, waren fast alle Neuplatoniker.

Daß sie die *Hermeneutik* kommentierten, und zwar in griechischer Sprache, wissen wir von den Neuplatonikern Porphyrios (3./Anfang 4. Jh.), Jamblichos (3./4. Jh.), Syrianos (erste Hälfte des 5. Jh.), Ammonios Hermeiu (5./6. Jh.), Olympiodoros (6. Jh.) und Stephanos (6./7. Jh.). Nur zwei der von diesen Autoren verfaßten *Hermeneutik*-Kommentare, nämlich derjenige, den wir Ammonios, und derjenige, den wir Stephanos verdanken, sind uns allerdings erhalten geblieben. Außerdem besitzen wir einen uns anonym überlieferten neuplatonischen Kommentar zur *Hermeneutik*, dessen Verfasser um dieselbe Zeit tätig gewesen sein dürfte wie Stephanos.[7] Dieser anonyme Kommentar ist ebenso wie derjenige des Stephanos von demjenigen des Ammonios abhängig.[8]

7 Den Text dieses anonymen Kommentars hat nur eine einzige Handschrift bewahrt, nämlich der aus dem 10. oder 11. Jahrhundert stammende *Codex Parisinus graecus* 2064, der zugleich der einzige Textzeuge für den *Hermeneutik*-Kommentar des Stephanos ist.

8 Die *Hermeneutik*-Kommentare des Ammonios und des Stephanos liegen in Editionen vor, die in der Reihe *Commentaria in Aristotelem Graeca* (*CAG*) erschienen sind (Busse 1897, Hayduck 1885), der anonyme *Hermeneutik*-Kommentar in einer Edition, die L. Tarán besorgt hat (1978). Die beiden *Hermeneutik*-Kommentare des Boethius, die im nächsten Abschnitt besprochen werden, hat K. Meiser ediert (1877/1880). Teile der Kommentare des Ammonios und des Boethius und der ganze Kommentar des Stephanos sind auch in englischen Übersetzungen zugänglich (Blank 1996, Blank/Kretzmann 1998, Charlton 2000, Seel 2001, Smith 2010 und 2011); in französischer Übersetzung liegt ein Teil von Ammonios' Kommentar vor (Ildefonse/Lallot 1992).

Der *Hermeneutik*-Kommentar des Stephanos weist die für die Aristoteles-Kommentare Olympiodors und seiner Schüler charakteristische Einteilung in sogenannte *praxeis* auf, d. h. die Einteilung in einzelne Lehreinheiten, die den schriftlichen Niederschlag von Vorlesungen über die kommentierte Schrift darstellen. In einer *praxis* wird ein größerer Abschnitt der kommentierten Schrift so behandelt, daß dieser Abschnitt zunächst in einem *theoria* genannten ersten Teil im allgemeinen und dann in einem *lexis* genannten zweiten Teil im einzelnen erläutert wird. Die allgemeinen Erläuterungen des *theoria*-Teils werden durch ein Lemma eingeleitet, das die Anfangsworte des erläuterten Abschnitts wiedergibt, während den speziellen Erläuterungen des *lexis*-Teils jeweils die einzelnen Passagen dieses Abschnitts, auf die sie sich beziehen, als Lemmata vorangestellt sind.[9]

2.2 Ammonios und Boethius

Zwei in lateinischer Sprache abgefaßte *Hermeneutik*-Kommentare hat uns der Römer Boethius (ca. 480–525), ein jüngerer Zeitgenosse des Ammonios, hinterlassen. Diese beiden Kommentare dienen unterschiedlichen Zwecken. Während der kürzere erste für Anfänger bestimmt ist und sich daher auf die Erläuterung dessen beschränkt, was im Text des Aristoteles leichter verstehbar ist, wendet sich der ausführlichere und anspruchsvollere zweite an fortgeschrittene Leser, denen er zu einem tie-

9 Vgl. zu dieser Kommentierungstechnik, in der sich der damalige Lehrbetrieb spiegelt, Praechter 1973b: 298f., Tarán 1978: xii, Anm. 18, Montanari I 1984: 87, Hugonnard-Roche 2004: 61, 277.

feren Verständnis des kommentierten Textes verhelfen soll. Obwohl Boethius seine beiden Kommentare offenbar unabhängig von Ammonios verfaßt hat[10], finden sich bei ihm gewisse Parallelen zu Ammonios, die zeigen, daß die beiden Kommentatoren unbeschadet der Tatsache, daß ihre Hauptquellen verschieden sind – Boethius macht Porphyrios als seinen hauptsächlichen Gewährsmann namhaft[11], während Ammonios sich zu seiner Abhängigkeit von dem, was er in den Vorlesungen seines Lehrers Proklos (gest. 485) gehört hat, bekennt[12] –, auch gemeinsame Quellen haben. Ihre wichtigste gemeinsame Quelle, die bei Ammonios freilich nur eine untergeordnete Rolle gespielt haben dürfte, ist der verschollene Kommentar des Porphyrios zur *Hermeneutik*, über den ihnen in Auszügen auch ältere *Hermeneutik*-Kommentare, wie z. B. der des Alexander von Aphrodisias, zugänglich waren.[13]

Fraglich ist zumindest bei Boethius, ob er den Kommentar des Porphyrios im Original benutzen konnte oder ob er sich die Kenntnisse, die er vom Inhalt dieses Kommentars hatte, aus zweiter Hand besorgen mußte, nämlich, wie J. Shiel mit guten Gründen annimmt, auf dem Umweg über einen ihm zur Verfügung stehenden griechischen *Organon*-Kodex, der reichlich mit erläuternden Randbemerkungen (sogenannten Scholien) ausgestattet war, die zum größten Teil den Schriften des Porphyrios, teilweise aber auch Schriften aus der Zeit

10 Vgl. Shiel 1990: 356–358.

11 Vgl. Boethius II 7, 5–9.

12 Vgl. Ammonios 1, 6–11.

13 Vgl. Blank 1996: 3f., Sorabji 1998: 16f., 22 (Anm. 13).

nach Porphyrios entnommen waren.[14] Shiels Hypothese ist zwar eine mögliche und auch eine gute, aber wohl kaum die einzig mögliche Erklärung dafür, daß Boethius bei der Abfassung seiner beiden *Hermeneutik*-Kommentare in der Weise, in der er dies tat, einerseits auf den Kommentar des Porphyrios, andererseits aber auch auf nachporphyrianisches Quellenmaterial zurückgriff. »Die feststellbaren Tatsachen«, gibt ein Kritiker der Hypothese Shiels zu bedenken, »lassen sich ebensogut durch die Annahme erklären, daß Boethius Zugang zu mehreren griechischen Monographien und Kommentaren hatte und daß er, wie es allgemein üblich war, für jedes Werk eine Hauptquelle benutzte, darüber hinaus aber auch Sekundärquellen verwertete.«[15]

Neben den Berührungspunkten, die sie aufweisen, gibt es zwischen den *Hermeneutik*-Kommentaren des Ammonios und des Boethius auch beträchtliche Unterschiede.[16] Ein Grund hierfür dürfte nicht zuletzt die unterschiedliche philosophische Ausrichtung der beiden Männer sein, die bei der Abfassung dieser Kommentare in erster Linie Pate standen: Proklos hatte sich den philosophischen Standpunkt des Porphyrios-Schülers Jamblichos zu eigen gemacht, der von Porphyrios' eigenem Standpunkt grundverschieden war, so daß Ammonios durch seine Abhängigkeit von Proklos einem anderen Einfluß unterlag als Boethius durch seine Abhängigkeit

14 Vgl. Shiel 1990: 359–361, 368–370.

15 Ebbesen 1990: 376f. — Zustimmung gefunden hat Shiels Hypothese beispielsweise bei De Rijk (vgl. 1964: 4, 144) und bei Zimmermann. Letzterer bezeichnet sie als »so well documented as to leave little doubt in the probability of its correctness« (1981: lxxxviii).

16 Vgl. Shiel 1990: 356–358, Sorabji 1998: 16–19.

von Porphyrios.[17] Was Ammonios betrifft, so ist sein Kommentar zur *Hermeneutik* nicht nur deshalb so wertvoll für uns, weil verlorengegangene ältere Kommentare, unter deren Einfluß er entstanden ist, ihre Spuren in ihm hinterlassen haben, sondern auch deshalb, weil Ammonios in ihm jeden der einzelnen Abschnitte, in die er die kommentierte Schrift aufteilt, als ein sogenanntes Lemma wörtlich zitiert, bevor er ihn erläutert.[18] Sein Kommentar enthält also, aufgeteilt in Lemmata, die in ihn eingefügt sind, den gesamten Text der *Hermeneutik* und stellt somit die älteste Ausgabe dieser Schrift dar, die wir besitzen.

Die gleiche Bedeutung, die Proklos für die mehrere Jahrzehnte lang von ihm geleitete athenische Schule des Neuplatonismus hatte, in der die Platonische Akademie in der Spätantike fortlebte, hatte Ammonios für die neuplatonische Schule in Alexandria. Nach seiner Rückkehr aus Athen, wo er bei Proklos studiert hatte, übernahm er als Nachfolger seines Vaters Hermeias auf dessen philosophischem Lehrstuhl ihre Leitung.[19] Während die athenische Schule bereits im Jahre 529 auf Befehl des Kaisers Justinian geschlossen wurde[20], könnte

17 Vgl. Praechter 1973a: 179–181, 188–190, 194–204, Sorabji 1998: 17.

18 Von denjenigen Zitaten, die der Erläuterung des zitierten Textes jeweils als Lemmata vorangestellt sind, hat man diejenigen Zitate zu unterscheiden, die sich gelegentlich innerhalb der Erläuterung eines zuvor als Lemma zitierten Textstücks finden. Nur auf die letzeren beziehen sich im textkritischen Apparat der vorliegenden Ausgabe die beiden Abkürzungen »cit.« (für »citatio«) und »citt.« (für »citationes«) , während auf die ersteren mit der Abkürzung »le.« (für »lemma«) Bezug genommen wird.

19 Vgl. Blank 1996: 1.

20 Vgl. Sorabji 1990: 13.

die alexandrinische, die Ammonios und seine Schüler im 5. und 6. Jahrhundert zum Mittelpunkt des Aristotelesstudiums machten, das Ausscheiden des um das Jahr 610 nach Konstantinopel berufenen Stephanos, das gewöhnlich als ihr Ende angesehen wird[21], durchaus überlebt und noch bis in die Zeit der Eroberung Alexandrias durch die Araber, die im Jahre 641 erfolgte, fortbestanden haben.[22] Nach ihrer Auflösung erhielt das Aristotelesstudium im 9. und 10. Jahrhundert ein neues Zentrum in Bagdad.

2.3 Die spätantiken Übersetzungen

Bevor im nächsten Kapitel über die Rezeption der Schrift *Peri hermeneias* im arabischen, lateinischen und byzantinischen Mittelalter berichtet wird, sollen die vier aus der Übergangszeit zwischen Antike und Mittelalter stammenden Übersetzungen dieser Schrift kurz vorgestellt werden, die uns erhalten geblieben sind, nämlich die anonyme armenische Übersetzung, die lateinische Übersetzung des Boethius, die wahrscheinlich Proba zuzuschreibende anonyme syrische Übersetzung und die syrische Übersetzung des Araberbischofs Georg.

Die anonyme armenische Übersetzung, die früher zu Unrecht dem armenischen Philosophen David mit

21 Vgl. Lameer 1997: 185.

22 Vgl. Roueché 1990: 128, Sorabji 1990: 19. Wie mir Richard Sorabji, der sich auf Roueché beruft, in einer privaten Mitteilung bestätigt hat, ist in dem Satz »pseudo-Elias and David may have followed Olympiodorus rather than preceding him« (S. 19, Z. 10f.) der Name des Olympiodoros durch den des Stephanos zu ersetzen.

dem Beinamen »der Unbesiegbare« zugeschrieben wurde, entstand im 5. Jahrhundert. F. C. Conybeare hat sie ediert und mit dem griechischen Text der von Th. Waitz besorgten *Organon*-Ausgabe kollationiert (1892), wobei er die Varianten, die der von ihm edierte Text gegenüber dem griechischen Text aufweist, ins Griechische rückübersetzt hat. Unentbehrlich bei der Benutzung seiner Kollation sind die teils auf sie selbst, größtenteils aber auf den Gebrauch, den L. Minio-Paluello in seiner *Hermeneutik*-Ausgabe von ihr gemacht hat, bezogenen Ergänzungen und Berichtigungen von A. Tessier (1979).[23]

Von der Übersetzung des Boethius gibt es drei verschiedene Fassungen, von denen die ersten beiden aus den einzelnen Textabschnitten bestehen, die als Lemmata in die beiden Kommentare des Boethius eingefügt sind, während die dritte den übersetzten Text in zusammenhängender Gestalt wiedergibt. Nur in dieser zusammenhängenden Fassung, die allerdings nicht in reiner Form erhalten blieb, sondern auf dem Weg der Überlieferung mit den beiden anderen Fassungen kontaminiert wurde, ist der Text der *Hermeneutik* vollständig übersetzt; aber eine nahezu vollständige Übersetzung stellt die im zweiten Kommentar enthaltene Fassung dar, und etwa zwei Drittel des Textes sind in der Fassung übersetzt, die der erste Kommentar enthält.[24] Eine Edition der zusammenhängenden Fassung, die allerdings zwischen ihr und den in den beiden Kommentaren enthaltenen Fassungen nicht klar zu unterscheiden

23 Ich bin Andrea Tessier (Triest) dafür dankbar, daß er so hilfsbereit war, meine Auswertung der armenischen Übersetzung zu überprüfen, zu verbessern und zu ergänzen.

24 Vgl. Minio-Paluello 1965: Xf.

erlaubt, hat K. Meiser seiner Ausgabe des ersten Kommentars vorangestellt (1877). L. Minio-Paluello, der die zusammenhängende Fassung in dem der Schrift *Peri hermeneias* gewidmeten Band II 1–2 der Reihe *Aristoteles Latinus* neu ediert hat (1965), hat ihr die den beiden anderen Fassungen gegenüber verbesserte Textgestalt zurückzugeben versucht, die ihr entweder am Anfang des 6. Jahrhunderts Boethius selbst oder irgendwann vor dem 9. Jahrhundert ein Redaktor, auf dessen Arbeit unsere älteste handschriftliche Überlieferung zurückgeht, gegeben hatte.[25]

Von den beiden Übersetzungen der *Hermeneutik* ins Syrische, die uns erhalten geblieben sind, hat die eine den im Jahre 724 verstorbenen jakobitischen Araberbischof Georg zum Urheber. Die uns anonym überlieferte andere, die nach E. Montanari von Ḥunain ibn Isḥāq stammen könnte[26], geht wohl eher, wie H. Hugonnard-Roche und S. Brock aus guten Gründen annehmen, auf den Nestorianer Proba (oder Probus) von Antiochia zurück[27], dessen Wirken nicht, wie gewöhnlich angenommen wird[28], ins 5. Jahrhundert, sondern mindestens in die zweite Hälfte des 6. Jahrhunderts fällt.[29] Proba hat uns einen Kommentar zur *Hermeneutik* hinterlassen, in dem die Textstücke, die entweder als Lemmata oder als Bestandteile der auf die angeführten Lemmata bezoge-

25 Vgl. Minio-Paluello 1965: XXXVIIf., XLIf.; siehe auch Montanari I 1984: 79–81, Gauthier 1989: 45*, 47*.

26 Vgl. Montanari I 1984: 96f.

27 Vgl. Hugonnard-Roche 2004: 64, 66, Brock 2011: 196f.

28 Vgl. Hoffmann 1873: 146, Peters 1968a: 12, Montanari I 1984: 89, 93, 95.

29 Vgl. Zimmermann 1981: xci (Anm. 2), Brock 1983: 12 (Anm. 22), 1984: 26, 33 (Anm. 102), 1993: 7, 2011: 202–206, Hugonnard-Roche 2004: 60–62, 86–88, 276, 277 (Anm. 4).

nen Erläuterungen zitiert werden, mit der anonymen syrischen Übersetzung weitgehend übereinstimmen.[30] Wie der Kommentar des Stephanos, so ist auch Probas Kommentar in sogenannte *praxeis* eingeteilt, die jeweils aus einem *theoria* genannten und einem *lexis* genannten Teil bestehen.

Sowohl den *Hermeneutik*-Kommentar Probas als auch die vermutlich ebenfalls von Proba stammende anonyme syrische Übersetzung hat J. G. E. Hoffmann auf der Grundlage einer Berliner Handschrift ediert, in der beide Texte nur unvollständig enthalten sind (1869/1873). In der Übersetzung fehlt lediglich etwas mehr als die Hälfte des letzten Kapitels, nämlich das Textstück 23 b 16 – 24 b 9, das A. Baumstark auf der Grundlage einer vatikanischen Handschrift ediert und mit dem uns direkt überlieferten griechischen Text kollationiert hat (1898). Der Kommentar hingegen, den Hoffmann nicht nur ediert, sondern auch unter Hinzufügung erläuternder Anmerkungen ins Lateinische übersetzt hat, bricht bereits nach der Behandlung des die Kapitel 1–6 umfassenden ersten der fünf Abschnitte, in die sich der Text der *Hermeneutik* für Proba gliedert, und der Einleitung zum zweiten Abschnitt mit einem kurzen Hinweis auf die restlichen drei Abschnitte vorzeitig ab. Bis einschließlich Kapitel 6 hat Hoffmann auch die syrische Übersetzung des Araberbischofs Georg ediert, die nur in einer einzigen Handschrift erhalten geblieben ist.[31] Trotz ihrer Unvollständigkeit ist seine Edition der bei-

30 Vgl. Hugonnard-Roche 2004: 62–67.

31 Vollständig, aber im Gegensatz zu Hoffmann unter Verzicht auf eine Kollation mit dem griechischen Text hat G. Furlani die Übersetzung Georgs ediert (1933).

den syrischen Übersetzungen und des von Proba stammenden Kommentars deshalb nützlich, weil er die von ihm edierten Texte mit dem griechischen Text verglichen und bei seiner Dokumentation dieses Vergleichs die von ihm angeführten syrischen Varianten großenteils ins Griechische rückübersetzt hat.[32]

Die uns aus der Zeit der ausgehenden Antike und des beginnenden Mittelalters überlieferten Übersetzungen Aristotelischer Schriften sind in einem Stil abgefaßt, der, verglichen mit dem Stil moderner Übersetzungen, in einem außergewöhnlich hohen Maße wörtlich ist. Sorgsam darauf bedacht, den Wortlaut des griechischen Textes so genau wie möglich wiederzugeben, übertrugen die alten Übersetzer diesen Text nicht Abschnitt für Abschnitt, sondern Wort für Wort oder bestenfalls Satz für Satz in die Sprache ihrer Übersetzung. Dabei benutzten sie zur Wiedergabe griechischer Fachausdrücke zuweilen transliterierte Formen dieser Ausdrücke als Fremdwörter und bemühten sich in der Regel nicht nur darum, ein und dasselbe griechische Wort stets in derselben Weise zu übersetzen, sondern versuchten auch, die griechische Wortstellung beizubehalten und den griechischen Satzbau zu übernehmen.[33] So wenig diese Übersetzungsmethode einem heutigen Übersetzer antiker griechischer Texte als Vorbild dienen kann, so sehr ist sie für einen heutigen Herausgeber solcher Texte von Nutzen. Denn ihr ist es zu verdanken,

32 Ich bin Sebastian Brock (Oxford) und Henri Hugonnard-Roche (Paris) für ihre fachkundige Hilfe dankbar, die es mir ermöglicht hat, die beiden syrischen Übersetzungen vollständig auszuwerten.

33 Vgl. zu dieser Übersetzungsmethode Peters 1968b: 63–67, Dod 1982: 64–68, Brock 1983.

daß die alten Übersetzungen den übersetzten Text mit einer verhältnismäßig großen Genauigkeit zu rekonstruieren erlauben, was sie zu wertvollen indirekten Textzeugen macht, die das Zeugnis der den Text direkt überliefernden griechischen Handschriften ergänzen. Hinzu kommt, daß die alten Aristoteles-Übersetzungen auf griechischen Vorlagen beruhen, die wesentlich älter sind als die ältesten griechischen Handschriften, die uns von den Werken des Aristoteles erhalten geblieben sind. So ist es beispielsweise im Falle der Kategorienschrift oder im Falle der Schrift *Peri hermeneias* »möglich«, wie Conybeare bemerkt, »durch das Medium des Armenischen die genaue Beschaffenheit eines wahrscheinlich aus dem vierten Jahrhundert stammenden Textes so klar und wortgetreu zu bestimmen, als hätten wir eine Handschrift aus dieser Zeit vor uns liegen«.[34]

3. *Die Rezeption der Schrift* Peri hermeneias *im Mittelalter*

3.1 Die *Hermeneutik* bei den Arabern

Im Gefolge des politischen Umsturzes, der in der Mitte des 8. Jahrhunderts die in Damaskus residierende Kalifendynastie der Umayyaden aus der Herrschaft verdrängt und die Abbasiden an die Macht gebracht hatte,

34 Conybeare 1892: xxxvii. Die »sklavische Genauigkeit« (1892: v), mit welcher der armenische Übersetzer den griechischen Text wiedergibt, hat Conybeare am Beispiel seiner Übersetzung der ersten Sätze des fünften Kapitels von *De int.* (17 a 8–12) veranschaulicht (1892: xxivf.).

war Bagdad im Jahre 762 als neue Hauptstadt des Kalifenreichs gegründet worden. Unter der Herrschaft der frühen abbasidischen Kalifen kam in der neugegründeten Stadt eine mehr als zweihundert Jahre andauernde kulturelle Bewegung in Gang, in deren Verlauf fast alle damals zugänglichen wissenschaftlichen und philosophischen Werke griechischer Autoren ins Arabische übersetzt wurden.[35] Was Aristoteles betrifft, so wurden bis auf wenige Ausnahmen seine gesamten Lehrschriften, von denen viele sogar mehrmals ins Arabische übersetzt wurden, von dieser Übersetzungswelle erfaßt.[36]

Die meisten der damals angefertigten arabischen Übersetzungen waren keine direkten Übersetzungen aus dem Griechischen, sondern Übersetzungen, für die syrische Übersetzungen aus dem Griechischen als

35 Zu den im gesellschaftlichen System des frühabbasidischen Bagdad wirksamen sozialen, politischen und ideologischen Faktoren, die diese Bewegung in Gang brachten und über einen so großen Zeitraum hinweg in Gang hielten, vgl. Gutas 1998. Gutas, der den Zeitraum, in dem diese Bewegung stattfand, als »one of the most productive and progressive periods in human history in general and Arab history in particular« bezeichnet (1998: 189), macht im Anschluß an Endreß (vgl. 1987: 423) darauf aufmerksam, daß Werner Jaeger diese Periode »die erste internationale Wissenschaftsepoche« genannt hat, »die die Welt gesehen hat« (Gutas 1998: 192, Anm. 7). Eine anschauliche Beschreibung der »Bagdadrenaissance«, wie er die geistige Bewegung dieser Epoche nennt, gibt Düring (vgl. 1968: 278–284).

36 Vgl. den detaillierten Überblick über die in der zweiten Hälfte des 8. Jahrhunderts beginnende und um die Wende vom 10. zum 11. Jahrhundert zu Ende gehende Geschichte der Übersetzung Aristotelischer und pseudoaristotelischer Schriften ins Arabische in Peters 1968a (siehe auch Peters 1968b: 57–67, 224f. [zu 59–61 vgl. die kritischen Bemerkungen in Gutas 1998: 142f.]).

Vorlage dienten.[37] Nicht nur die Übersetzer, die diese syrischen Vorlagen anfertigten, sondern auch die Übersetzer, die sie anschließend ins Arabische übertrugen, waren so gut wie alle Christen, und zwar die meisten von ihnen Nestorianer.[38] Ein Paradebeispiel für das arbeitsteilige Übersetzen griechischer Texte ins Arabische auf dem Umweg über das Syrische ist die Arbeit an der arabischen Übersetzung der *Hermeneutik*, die sich Isḥāq ibn Ḥunain (gest. 910) mit seinem Vater, dem berühmten nestorianischen Gelehrten Ḥunain ibn Isḥāq (gest. ca. 873/876), geteilt zu haben scheint. Ḥunain wird eine syrische Übersetzung der *Hermeneutik* zugeschrieben, die sein Sohn Isḥāq vermutlich für die von ihm angefertigte arabische Übersetzung als Vorlage benutzte.

Die arabische Übersetzung der *Hermeneutik* diente in der mehrfach überarbeiteten und durch Anmerkungen

37 Eine der wenigen Ausnahmen ist die wohl aus dem späten 9. Jahrhundert stammende zweite der drei uns bekannten arabischen Übersetzungen der Aristotelischen *Topik*. Im Unterschied zu der bereits um das Jahr 782 entstandenen ersten, die der Kalif al-Mahdī bei dem nestorianischen Patriarchen Timotheos I. in Auftrag gegeben hatte, und der im 10. Jahrhundert angefertigten dritten wurde sie unter Verzicht auf eine syrische Vorlage unmittelbar auf der Grundlage des griechischen Textes hergestellt (vgl. Peters 1968a: 21f., Gutas 1998: 61). Das Interesse an der *Topik*, das sich in dieser Häufung von Übersetzungen bekundet, rührt daher, daß es aufgrund der großen Bedeutung, die der geistigen Auseinandersetzung zwischen Muslimen und Christen in den ersten beiden Jahrhunderten der Abbasidenherrschaft zukam, einen Bedarf an einem Lehrbuch der Disputationskunst gab, der mit dieser Schrift des Aristoteles gedeckt werden konnte (vgl. Gutas 1998: 62–69).

38 Zu den damaligen syrisch-christlichen Übersetzern und ihrer Übersetzungsarbeit vgl. Troupeau 1991: 1–5; siehe auch Gutas 1998: 20–22, 136–141.

erweiterten Gestalt des Schultextes, zu dem die Bagdader Aristoteliker sie im Laufe der Zeit gemacht hatten[39], dem bedeutenden islamischen Philosophen al-Fārābī (ca. 870–950) als Grundlage für seinen Kommentar, der von einem in die kommentierte Schrift einführenden Kompendium begleitet ist.[40] Zu den nennenswerten literarischen Erzeugnissen, die das Studium der *Hermeneutik* im arabischen Sprachraum hervorbrachte, gehört neben den Erläuterungen zum neunten Kapitel dieser Schrift, die den zweiten Teil einer von dem jakobitischen Theologen und Philosophen Yaḥyā ibn ʿAdī (ca. 893–974), einem Schüler al-Fārābīs, verfaßten Abhandlung über die Existenz einander entgegengesetzter Möglichkeiten bilden[41], vor allem auch der sogenannte Mittlere Kommentar, den der aus Andalusien stammende Philosoph Averroes (Ibn Rushd, 1126–1198), »der berühmteste arabische Kommentator der griechischen Philosophie«[42], der Schrift *Peri hermeneias* gewidmet hat.[43]

39 Vgl. Zimmermann 1981: lxviii–lxx, cv.

40 Beide Werke hat Zimmermann aus dem Arabischen ins Englische übersetzt (1981).

41 Den arabischen Text dieser Abhandlung hat Ehrig-Eggert ediert, ins Deutsche übersetzt und kommentiert (1989 und 1990).

42 Endreß 1987: 463.

43 Den Typ des Mittleren Kommentars pflegt man zur Unterscheidung von den beiden Typen des Kleinen und des Großen (oder des Kurzen und des Langen) Kommentars so zu nennen. Zu diesen drei Kommentartypen, die den arabischen Autoren aus der Spätantike bekannt waren, vgl. Peters 1968b: 92f., 97, 218f., Endreß 1987: 461, 463, Gutas 1993: 31–43. Ein Kommentar im eigentlichen Sinne ist nur der Große Kommentar, der als Scholienkommentar den kommentierten Text in Lemmata zerlegt, die er schrittweise interpretiert. Averroes, der sämtliche Schriften des Aristoteles kommentiert hat, die ihm zugänglich waren, hat zu fast allen von ihnen

3.2 Die *Hermeneutik* als Bestandteil der *Logica vetus*

Für die zahlreichen mittelalterlichen *Hermeneutik*-Kommentare, die nicht in arabischer, sondern in lateinischer Sprache abgefaßt sind, bildete die lateinische Übersetzung des Boethius die Textgrundlage. Der Umstand, daß der flämische Dominikaner Wilhelm von Moerbeke damit, daß er im Jahre 1268 den *Hermeneutik*-Kommentar des Ammonios ins Lateinische übersetzte, zugleich eine neue lateinische Übersetzung des abschnittsweise in diesen Kommentar eingefügten Textes der *Hermeneutik* schuf, änderte nichts daran, daß die Übersetzung des Boethius bis zur Renaissance die maßgebliche lateinische Version dieser Schrift blieb. Selbst Thomas von Aquin, der bei der Abfassung seines zwischen Ende 1270 und Ende 1271 entstandenen *Hermeneutik*-Kommentars von der Übersetzung, die sein Ordensbruder Wilhelm wenige Jahre zuvor vom Kommentar des Ammonios angefertigt hatte, ausgiebig Gebrauch machte[44] und dabei auch die neue Übersetzung des Aristotelischen Textes auswertete, die Wilhelm mitgeliefert hatte, legte diese

mehr als einen Kommentar geschrieben, und zwar zu den meisten (auch zu *De int.*) sowohl einen Kleinen als auch einen Mittleren und zu einigen darüber hinaus auch noch einen Großen (vgl. Wolfson 1963: 90f.). Von den Aristoteles-Kommentaren al-Fārābīs gehört derjenige zur *Hermeneutik* zum Typ des Großen und das ihn begleitende Kompendium wohl am ehesten zum Typ des Kleinen Kommentars (vgl. hierzu Zimmermann 1981: xi, Endreß 1987: 462, Gutas 1993: 34, 48–50, Hugonnard-Roche 2004: 260).

44 Der Kommentar des Ammonios in Wilhelms Übersetzung und der zweite Kommentar des Boethius sind die beiden Hauptquellen für den von Thomas verfaßten *Hermeneutik*-Kommentar (vgl. Verbeke 1961: XXXI, Gauthier 1989: 49*, 81*; zur Abfassungszeit dieses Kommentars vgl. Gauthier 85*–88*).

Übersetzung seinem Kommentar nicht als Bezugstext zugrunde, sondern kommentierte den Aristotelischen Text in der Gestalt, die ihm Boethius mit seiner längst zum etablierten Schultext gewordenen Übersetzung gegeben hatte.[45]

Außer der Schrift *Peri hermeneias* sind uns auch die anderen logischen Schriften des Aristoteles mit Ausnahme der *Zweiten Analytik* in lateinischen Übersetzungen überliefert, die Boethius etwa zwischen 510 und 522 angefertigt hatte.[46] Bis etwa 1120, also ganze 600 Jahre lang, waren allerdings nur zwei dieser Schriften, nämlich die *Kategorien* und *Peri hermeneias*, in seiner Übersetzung bekannt.[47] Nachdem im Laufe des 12. Jahrhunderts seine bis dahin verschollenen Übersetzungen der *Ersten Analytik*, der *Topik* und der *Sophistischen Widerlegungen* wiederentdeckt worden waren – wo und unter welchen Umständen sie aufgefunden wurden, wissen wir nicht –, stellte man sie zusammen mit der lateinischen Übersetzung der *Zweiten Analytik*, die Jakob von Venedig in der ersten Hälfte des 12. Jahrhunderts hergestellt hatte, unter der Bezeichnung »Neue

45 Vgl. Gauthier 1989: 45*, 81*. Wilhelm von Moerbekes lateinische Übersetzung der *Hermeneutik* wurde in der unzusammenhängenden Form, in der sie Bestandteil seiner Übersetzung des von Ammonios verfaßten *Hermeneutik*-Kommentars ist, zusammen mit seiner Übersetzung dieses Kommentars von Verbeke ediert (1961). In einer aus der Übersetzung dieses Kommentars extrahierten, zusammenhängenden Form hat Minio-Paluello, der den von Verbeke edierten Text dabei revidiert hat, sie in den einschlägigen Band der Reihe *Aristoteles Latinus* mit aufgenommen, der auch seine Edition der zusammenhängenden Fassung der Übersetzung des Boethius enthält.

46 Vgl. Dod 1982: 53.

47 Vgl. Dod 1982: 46.

Logik« (*Logica* [oder *ars*] *nova*) einem als »Alte Logik« (*Logica* [oder *ars*] *vetus*) bezeichneten Schriftenkomplex gegenüber, dessen Kern die von Boethius angefertigten Übersetzungen der Kategorienschrift, der *Hermeneutik* und der Einleitungsschrift (*Isagoge*) des Porphyrios zu den *Kategorien* bilden.[48] Neben dieser Schrift des Porphyrios und einigen anderen nicht von Aristoteles stammenden Schriften, die auch zu ihr gehören, enthält die *Logica vetus* also die ersten beiden Schriften des Aristotelischen *Organons* in der Übersetzung des Boethius, während die *Logica nova* die restlichen vier Schriften des *Organons* in lateinischen Übersetzungen umfaßt, die bis auf diejenige der *Zweiten Analytik* ebenfalls von Boethius stammen.[49]

3.3 Die *Hermeneutik* im Byzantinischen Reich

Die in den neuplatonischen Schulen der Spätantike gepflegte Tradition der Kommentierung Aristotelischer Schriften wurde im Mittelalter nicht nur von Autoren fortgeführt, die ihre Kommentare auf der Grundlage entsprechender Übersetzungen der von ihnen kommen-

48 Vgl. ebd.; zu Jakob von Venedig vgl. Dod 1982: 54f.

49 Die *Logica nova* darf nicht verwechselt werden mit der *Logica modernorum*, wie man den vom 12. Jahrhundert an sich herausbildenden Komplex von logischen Abhandlungen nennt, die einen über den vom Aristotelischen *Organon* abgesteckten Rahmen hinausgehenden, spezifisch mittelalterlichen Beitrag zur Entwicklung der Logik darstellen. Um sie von dieser »Logik der neueren Autoren« zu unterscheiden, faßt man die *Logica vetus* und die *Logica nova* zu der sogenannten *Logica antiqua* zusammen. Vgl. hierzu Schepers 1980.

tierten Schriften in lateinischer oder arabischer Sprache verfaßten, sondern auch von griechisch schreibenden Autoren, die in Byzanz ihre geistigen Wurzeln hatten. In dieser Stadt hatte schon kurz nach ihrer Neugründung durch Konstantin den Großen, dem sie den Namen »Konstantinopel« verdankt, im 4. Jahrhundert Themistios die Schriften des Aristoteles populär gemacht. Statt sie nach dem Vorbild des Alexander von Aphrodisias in gelehrt-wissenschaftlicher Manier Abschnitt für Abschnitt zu kommentieren, wie dies nach ihm die alexandrinischen Kommentatoren taten, schrieb er Paraphrasenkommentare zu ihnen, in denen er ihren Inhalt mit wohlgesetzten Worten interpretierend zusammenfaßte.[50]

Nach Themistios »war das Studium der griechischen Philosophie« in Konstantinopel lange Zeit »vernachlässigt worden«[51] und erst am Anfang des 7. Jahrhunderts durch die Lehrtätigkeit des Stephanos, der sich von Alexandria dorthin hatte berufen lassen[52], wieder zu neuem Leben erwacht. Seine entscheidende Wiederbelebung erfuhr es nach der »dunklen« (oder »eisernen«) Zeit, wie man die Periode von der zweiten Hälfte des 7. bis zu den ersten Jahrzehnten des 9. Jahrhunderts nennt[53], um die Mitte des 9. Jahrhunderts, und zwar vor allem durch das Wirken des Patriarchen Photios, zu dessen literarischer Hinterlassenschaft Erläuterungen zur Kategorienschrift gehören[54] und der nach K. Oehler

50 Vgl. Düring 1968: 265, Sorabji 1990: 17, Ierodiakonou 2002b: 164.

51 Oehler 1968: 386.

52 Vgl. ebd.

53 Vgl. Wilson 1996: 61, Irigoin 1980: 177.

54 Vgl. Irigoin 1980: 188.

mit großer Wahrscheinlichkeit auch »Kommentare zu vielen anderen Werken des Aristoteles geschrieben [...] und [...] einige davon für den Gebrauch in der Schule veröffentlicht hat«.[55] Von der Zeit des Photios an ließ dann bis in die Zeit der Eroberung Konstantinopels durch die Türken, mit der im Jahre 1453 das byzantinische Mittelalter zu Ende ging, und auch noch darüber hinaus eine lange Reihe byzantinischer Gelehrter den Faden der Aristoteles-Kommentierung, der von ihnen in Anlehnung an ihre spätantiken Vorgänger – vor allem im Anschluß an ihre Vorgänger aus der neuplatonischen Schule von Alexandria – weitergesponnen wurde, im griechischen Osten nicht mehr abreißen.[56] Den Zeitraum vom 9. bis zum 15. Jahrhundert kann man mit L. Benakis als die eigentliche Epoche der byzantinischen Philosophie betrachten.[57]

Was die Schrift *Peri hermeneias* betrifft, die zusammen mit den *Kategorien*, den *Analytiken*, der *Physik* und der

55 Oehler 1968: 387. »Aus der Zeit zwischen Stephanos und Photios sind keine Kommentare auf uns gekommen« (ebd.). Aus dem 7. Jahrhundert sind uns jedoch logische Kompendien byzantinischer Herkunft überliefert, in denen die späteren alexandrinischen Kommentare zur Aristotelischen Kategorienschrift und zur Einführung des Porphyrios in diese Schrift zusammen mit den Prolegomena zur Philosophie verwertet sind, die den Kommentaren zur Einleitungsschrift des Porphyrios vorangestellt zu werden pflegten (vgl. Roueché 1974 und 1990). Zu Photios, »who must probably be reckoned the most important figure in the history of classical studies in Byzantium« (Wilson 1996: 89), vgl. Irigoin 1980: 182–192, Wilson 1996: 89–119.

56 Vgl. Ierodiakonou 2002b: 157.

57 Vgl. Benakis 2002: 287. Zu anderen möglichen Eingrenzungen dieser Epoche, die sie schon früher beginnen und erst später enden lassen, vgl. Ierodiakonou 2002a: 3f.

Nikomachischen Ethik zu den im Byzantinischen Reich am meisten gelesenen Schriften des Aristoteles gehört[58], so sind die ihr gewidmeten byzantinischen Kommentare deshalb nicht leicht zugänglich, weil es kaum neuere Ausgaben und schon gar keine neueren Übersetzungen von ihnen gibt. Die einzigen byzantinischen Autoren, deren *Hermeneutik*-Kommentare in modernen Ausgaben vorliegen, sind Johannes Italos (11. Jh.), der Nachfolger des Michael Psellos als »Chefphilosoph« (ὕπατος τῶν φιλοσόφων) an der Universität Konstantinopel[59], und Georgios Scholarios Gennadios (15. Jh.), der erste Patriarch Konstantinopels unter der Herrschaft der Türken.[60]

Wer den »Paraphrase zu *Peri hermeneias*« betitelten *Hermeneutik*-Kommentar des Michael Psellos (11. Jh.) konsultieren will, muß mit der in der ersten Hälfte des 16. Jahrhunderts mehrmals aufgelegten Ausgabe vorliebnehmen, die erstmals 1503 bei Aldus Manutius in Venedig erschien. Psellos' Paraphrase ist in dieser, wie K. Ierodiakonou durch einen Vergleich mit der handschriftlichen Überlieferung des Textes nachgewiesen

58 Vgl. Ierodiakonou 2002a: 9.

59 Vgl. Oehler 1968: 388, Benakis 1988: 5f.

60 Der Kommentar des Scholarios ist im siebten Band der achtbändigen Gesamtausgabe der Werke dieses Autors ediert, die in den Jahren 1928–1936 in Paris erschien (*Œuvres complètes de Gennade Scholarios*, publiées pour la première fois par L. Petit, X. A. Siderides, M. Jugie, tome VII, Paris 1936, 238–348). Im Falle des Johannes Italos, der die *Hermeneutik* in mehreren, meist sehr kurzen Abhandlungen kommentiert hat, ist es eine 1966 in Tiflis erschienene Gesamtausgabe seiner Werke, die diese Abhandlungen enthält (*Ioannis Itali Opera*. Textum graecum secundum collationem a Gregorio Cereteli confectam edidit et praefatione instruxit N. Ketschakmadze, Tbilisi 1966).

hat[61], nicht sehr zuverlässigen Ausgabe zusammen mit den Kommentaren des Ammonios zu den *Kategorien* und zu *Peri hermeneias* und einem fälschlich Leon Magentinos (13. Jh.) zugeschriebenen *Hermeneutik*-Kommentar abgedruckt.[62] Den *Hermeneutik*-Kommentar des Psellos beschreibt Ierodiakonou als ein Werk, das die folgenden drei, dem spätbyzantinischen Aristoteles-Kommentator Sophonias (13./14. Jh.) zufolge für den Kommentartyp der Paraphrase charakteristischen Merkmale aufweist: Erstens hat es einen wesentlich kleineren Umfang als ein Kommentar des beispielsweise durch den *Hermeneutik*-Kommentar des Ammonios verkörperten Typs; zweitens erläutert es den zu erläuternden Text nicht abschnittsweise, sondern in einem zusammenhängenden Vortrag, den Psellos Aristoteles, zu dessen Sprachrohr er sich damit macht, selbst halten läßt; und drittens dient es nicht wissenschaftlichen Zwecken, sondern hat als ein Textbuch für den elementaren Logikunterricht die Aufgabe, die kommentierte Schrift durch die Aufstellung von Regeln, die Verwendung von Diagrammen und die Anführung von Beispielen für die Studierenden didaktisch aufzubereiten.[63]

Unbeschadet ihrer Abhängigkeit von einer Reihe antiker Quellen kommt der Paraphrase des Psellos zur *Hermeneutik* eine gewisse Originalität zu, die sich beispielsweise dort zeigt, wo Psellos eine bereits etablierte Interpretation zwar übernimmt, aber zu ihrer Begründung ein anderes Argument anführt als seine Vorgänger, oder auch dort, wo er zu dem, was er in früheren

61 Vgl. Ierodiakonou 2002b: 162f.

62 Vgl. Busse 1897: XIIIf., XXXIVf., XLIf.

63 Vgl. Ierodiakonou 2002b: 164–168.

Kommentaren vorfindet, eine interessante Ergänzung beisteuert, vor allem aber dort, wo er in einer bestimmten Frage eine Ansicht vertritt, die von der in dieser Frage allgemein anerkannten Auffassung beträchtlich abweicht.[64]

4. *Die handschriftliche Verbreitung der Schrift* Peri hermeneias *und ihre Vervielfältigung durch gedruckte Ausgaben*

4.1 Die ältesten uns erhalten gebliebenen Handschriften

Weit mehr noch als durch ihre Aristoteles-Kommentare haben sich die byzantinischen Gelehrten um die Bewahrung des Erbes, das uns Aristoteles mit seinen Schriften hinterlassen hat, dadurch verdient gemacht, daß sie für die Anfertigung der Abschriften sorgten, die uns von diesen Schriften erhalten geblieben sind. Es handelt sich bei diesen Abschriften um über 1000 griechische Manuskripte, die in der Zeit vom 9. bis zum 16. Jahrhundert angefertigt wurden und so gut wie alle in der aus Kleinbuchstaben bestehenden Minuskelschrift geschrieben sind.[65] Daß sich aus der Zeit vor dem 9. Jahrhundert keine Aristoteles-Handschriften erhalten haben, liegt

64 Vgl. Ierodiakonou 2002b: 168–179. Auf S. 176 sind zwei Fehler zu korrigieren: In dem Satz »privative negations are of a lesser extension than negations by transposition« (Z. 10f.) ist zweimal »negations« durch »affirmations« zu ersetzen, und im letzten Satz des zweiten Absatzes ist »holds only in the first two of these cases« (Z. 22f.) in »holds only in the first and the third of these cases« zu verbessern.

65 Vgl. Harlfinger 1980: 449.

daran, daß es bis in dieses Jahrhundert mit Großbuchstaben geschriebene Majuskel- oder, wie man sie auch nennt, Unzialhandschriften waren, die der Weitergabe nicht nur der Werke des Aristoteles, sondern der Werke der griechischen Literatur überhaupt dienten, und daß diese Manuskripte, nachdem die in ihnen enthaltenen Texte in der im Laufe des 8. Jahrhunderts entwickelten Minuskelschrift von ihnen abgeschrieben worden waren, aus damaliger Sicht keinen Wert mehr besaßen und daher größtenteils verlorengingen.[66]

Der aufwendige Prozeß des Umschreibens der in den alten Unzialhandschriften überlieferten Texte in die ein flüssigeres und weniger Platz beanspruchendes Schreiben erlaubende neue Minuskelschrift fand im Zuge einer kulturellen Bewegung statt, die in Konstantinopel im 9. und 10. Jahrhundert unter der Herrschaft der makedonischen Dynastie die Beschäftigung mit der im »dunklen« 8. Jahrhundert zwar nicht völlig in Vergessenheit geratenen, aber nur noch in beschränktem Umfang gepflegten[67] antiken griechischen Literatur zu einer neuen Blüte brachte.[68] Man bezeichnet diese Bewegung als ersten byzantinischen Humanismus, als zweiten Hellenismus und als byzantinische, als makedonische oder auch (dem Patriarchen Photios zu Ehren, der zu ihren führenden Gestalten zählt) als Photianische Renaissance.[69] Daß sie genau in den Zeitraum fällt, in dem in Bagdad die Arbeit an der Übersetzung wissenschaftlicher und philosophi-

66 Vgl. Gastgeber 2003: 14–16, 28.

67 Vgl. Irigoin 1980: 177–179, 194.

68 Vgl. Gutas 1998: 176–178, Gastgeber 2003: 15f., 28.

69 Vgl. zu diesen Bezeichnungen Irigoin 1980: 173–175, Harlfinger 1980: 447, 452, Gutas 1998: 178, Gastgeber 2003: 16, 28.

scher Werke der griechischen Antike ins Arabische in vollem Gange war, dürfte kein Zufall sein. Mit D. Gutas wird man annehmen dürfen, daß zwischen der Durchführung dieses Übersetzungsprojekts und der byzantinischen Renaissance ein ursächlicher Zusammenhang der Art bestand, daß einerseits der Bedarf der Bagdader Übersetzer an Vorlagen für ihre Übersetzungen – im Auftrag des Kalifen al-Maʾmūn soll im Jahre 814 in Konstantinopel nach Aristoteles-Handschriften gesucht worden sein[70] – und andererseits der Ehrgeiz der byzantinischen Gelehrten, mit den ihnen wissenschaftlich überlegenen Arabern Schritt zu halten, entscheidende Anstöße zu der kulturellen Bewegung gaben, in deren Rahmen in Konstantinopel im Laufe des 9. Jahrhunderts die Produktion griechischer Handschriften profanen Inhalts neu einsetzte.[71]

Zu den Gelehrten, die während der byzantinischen Renaissance nicht nur fast alle uns erhalten gebliebenen Schriften des Aristoteles, sondern auch eine Vielzahl von Werken anderer griechischer Autoren in der neuen Minuskelschrift von den ihnen zur Verfügung stehenden Majuskelvorlagen abschreiben ließen und dadurch einen entscheidenden Beitrag zur Erhaltung dessen leisteten, was wir von der antiken griechischen Literatur heute noch besitzen, gehören neben Photios dessen älterer, aber stark von ihm beeinflußter Zeitgenosse Leon mit dem Beinamen »der Philosoph« (auch Leon der Mathematiker genannt) und Arethas, der ein Schüler des Photios gewesen sein könnte.[72]

70 Vgl. Harlfinger 1980: 451f., Gutas 1998: 178.

71 Vgl. Gutas 1998: 178–186, 192.

72 Vgl. Harlfinger 1980: 448, 452f. Zu Leon dem Philosophen (oder

4.1.1 Die Kodizes **A**, **B**, **C**, **V**, **d** und **n**

Arethas, der im Jahre 902 oder 903 Erzbischof von Kaisareia in Kappadokien wurde, besaß eine Privatbibliothek, die er schon anzulegen begonnen hatte, als er noch Diakon war. Zu den Handschriften, die er bereits in dieser Zeit erworben oder für sich hatte anfertigen lassen, gehört eines der ältesten *Organon*-Manuskripte, die uns erhalten geblieben sind, nämlich der auf den Zeitraum zwischen 888 und 902/903 datierbare *Codex Vaticanus Urbinas graecus* 35, der heute in der Vatikanischen Bibliothek aufbewahrt wird. Einen Teil der umfangreichen Scholien, mit denen verschiedene Hände zu verschiedenen Zeiten die auffallend breiten Ränder der 444 Blätter füllten, aus denen dieser Kodex ursprünglich bestand, hat Arethas offenbar selbst geschrieben.[73] Neben seinen Scholien, die allerdings nur die Porphyrianische *Isagoge* und die ersten fünf Kapitel der *Kategorien* erläutern, sind die aus dem verlorengegangenen *Hermeneutik*-Kommentar des Olympiodoros exzerpierten Scholien zu *Peri hermeneias* von Bedeutung, die im 13. oder 14. Jahrhundert in den genannten Kodex eingefügt wurden.[74]

Mathematiker) vgl. Irigoin 1980: 179–182, 188f., 195, Wilson 1996: 79–84; zu Arethas vgl. Wilson 1996: 120–135.

73 Seine Scholien hat M. Share ediert: *Arethas of Caesarea's Scholia on Porphyry's Isagoge and Aristotle's Categories* (*Codex Vaticanus Urbinas Graecus 35*). A critical edition by M. Share (*Commentaria in Aristotelem Byzantina*, Bd. 1), Athen/Paris/Brüssel 1994. – In den Angaben, die Montanari zu diesen Scholien macht, ist »ff. 2v–39« (I 1984: 55) in »ff. 2v–29« zu verbessern und »dal fol. 21v al 29« (ebd.) zu streichen.

74 Vgl. Tarán 1978: xxvf. Die dem *Hermeneutik*-Kommentar Olympiodors entnommenen Scholien, die sich im *Codex Vaticanus Urbi-*

Einen namhaften byzantinischen Gelehrten hatte auch der im Jahre 954 fertiggestellte *Organon*-Kodex zum Besitzer, der heute als *Codex Marcianus graecus* 201 (coll. 780) zu den Handschriftenbeständen der Markusbibliothek in Venedig gehört[75], nämlich den lateinischen Patriarchen von Konstantinopel und römischen Kardinal Bessarion, der »zweifellos die für die Tradierung des gesamten aristotelischen Corpus im 15. Jh. bedeutendste Gestalt war«.[76] Im Jahre 1468, vier Jahre vor seinem Tod, schenkte er seine umfangreiche Büchersammlung, die nicht weniger als 482 griechische und 264 lateinische Handschriften umfaßte, der Republik Venedig und legte damit den Grundstein zu der aus dieser Schenkung hervorgegangenen Biblioteca Marciana.[77]

nas gr. 35 finden, hat Tarán zusammen mit dem im *Codex Parisinus gr.* 2064 überlieferten anonymen Kommentar zur *Hermeneutik* ediert (1978: xxvi–xli [Scholien], 1–120 [anonymer Kommentar]).

75 Daß dieser Kodex bisweilen fälschlich als eine aus dem Jahre 955 stammende Handschrift ausgegeben wird (vgl. z. B. Waitz I 1844: 1, Ebert/Nortmann 2007: 177, 186), ist auf einen Umrechnungsfehler zurückzuführen. Der Kopist, ein Mönch namens Ephrem, hat als Datum des Abschlusses seiner Arbeit den Monat November des Weltjahres 6463 angegeben. Da die sogenannten Weltjahre der byzantinischen Zeitrechnung vom 1. September des Jahres 5509 v. Chr. an gezählt werden, übersteigt die Zahl eines Weltjahres die Zahl des entsprechenden Jahres unserer Zeitrechnung für die Monate Januar bis August um 5508 und für die Monate September bis Dezember um 5509. Der November des Weltjahres 6463 ist somit nicht mit dem November des Jahres 955 n. Chr. identisch, sondern mit dem November des Jahres 954 n. Chr. (vgl. hierzu Maas 1980: 46).

76 Harlfinger 1980: 462.

77 Bessarion wollte offenbar auch diejenigen Bücher in seine Schenkung mit einbezogen wissen, die er künftig noch erwerben würde. Zu diesen erst in den letzten vier Jahren seines Lebens in seinen

Aufgrund ihres hohen Alters gehören die beiden genannten *Organon*-Handschriften, die in den modernen textkritischen Ausgaben mit den Siglen »**A**« und »**B**« bezeichnet werden, zu den wichtigsten Textzeugen der logischen Schriften des Aristoteles und damit auch der Schrift *Peri hermeneias.* Aus derselben Zeit wie die vatikanische ältere von ihnen, nämlich aus der zweiten Hälfte des 9. oder der ersten Hälfte des 10. Jahrhunderts, stammen zwei weitere für die Rekonstruktion des Textes dieser Schrift wichtige *Organon*-Kodizes, nämlich der ebenfalls im Vatikan aufbewahrte *Codex Vaticanus Barberinianus graecus* 87 und der *Codex Ambrosianus* L 93 sup., der in der Mailänder Biblioteca Ambrosiana seinen heutigen Aufbewahrungsort gefunden hat.

Der zuerst genannte dieser beiden Kodizes wurde zur Konstituierung des Textes von *Peri hermeneias* erstmals von E. Montanari benutzt, der ihn in seiner auf die ersten vier Kapitel der Schrift beschränkten Teilausgabe (I 1984 / II 1988) mit der Sigle »**R**« bezeichnet. Im Anschluß an J. Brunschwig, der ihn in seiner Ausgabe der *Topik* (I 1967 / II 2007) ausgewertet hat, und R. Bodéüs, der dies in seiner Ausgabe der *Kategorien* (2001) getan hat, wird in der vorliegenden Ausgabe mit der Sigle »**V**« auf ihn Bezug genommen, die Brunschwig für ihn eingeführt hat.

Die erwähnte Mailänder Handschrift, die erstmals Th. Waitz in seiner *Organon*-Ausgabe (I 1844 / II 1846)

Besitz gelangten Büchern gehört der erwähnte *Organon*-Kodex. – Zu Bessarions Büchersammlung, zu seiner Schenkung und zur Entwicklung der Markusbibliothek von ihren Anfängen bis zu ihrer Unterbringung in dem im 16. Jahrhundert für sie errichteten Gebäude vgl. Labowsky 1979.

berücksichtigt hat, in der er sie mit der Sigle »**n**« bezeichnet, nimmt unter den ältesten uns erhalten gebliebenen *Organon*-Handschriften insofern einen besonderen Platz ein, als sie einen Zweig der Textüberlieferung repräsentiert, der von dem in sich wiederum verzweigten Traditionsstrang, der durch die anderen repräsentiert wird, unabhängig ist. Im 14. Jahrhundert wurden Restaurierungsarbeiten an diesem Kodex durchgeführt, bei denen eine Reihe von Blättern, die er im Laufe der Zeit verloren hatte, durch Kopien ersetzt wurden. Zu diesen Blättern gehört das mit dem Textstück 22 b 4–32 aus dem 13. Kapitel der *Hermeneutik* beschriftete Folio 75, für dessen Kopie Minio-Paluello die Sigle »$\mathbf{n}^{\mathrm{i}}$« eingeführt hat.

Zu den jüngeren unter den ältesten *Organon*-Handschriften, die wir besitzen, gehören der mit der Sigle »**C**« bezeichnete *Codex Parisinus Coislinianus* 330 (Paris, Bibliothèque nationale de France) aus dem 11. Jahrhundert und der mit der Sigle »**d**« bezeichnete *Codex Laurentianus* 72, 5 (Florenz, Biblioteca Medicea Laurenziana), bei dem es umstritten ist, ob er ebenfalls aus dem 11. Jahrhundert stammt oder aus der zweiten Hälfte des 10. Jahrhunderts.[78]

78 Zu den Kodizes **A**, **B**, **C**, **V** (= **R**), **d** und **n** vgl. Montanari I 1984: 54–61, Bodéüs 2001: CXIII–CXXXI, Weidemann 2014a: IX–XII, XIV–XVI. Von den Kodizes **V**, **d** und **n** haben die Bibliotheken, in denen sie aufbewahrt werden, im Internet digitale Farbfotografien ihrer einzelnen Folien bereitgestellt, die im Falle von **V** und **d** unentgeltlich und im Falle von **n** gegen eine Gebühr eingesehen werden können.

4.1.2 Das Damaskus-Fragment **Q** und der fragmentarische Sinai-Kodex **S**

Nur bruchstückhaft bekannt sind uns eine *Organon*-Handschrift aus dem 9. Jahrhundert, von der bei einer in den Jahren 1900 und 1901 in der Schatzkammer (*Qubbet el-Chazne*) der Umayyaden-Moschee zu Damaskus durchgeführten Untersuchung der dort eingelagerten Handschriftenfragmente ein Doppelblatt zutage kam, sowie ein aus dem beginnenden 10. oder dem ausgehenden 9. Jahrhundert stammender *Organon*-Kodex, von dem 1975 im Katharinenkloster auf dem Berg Sinai elf Folien entdeckt wurden.

Bei dem in Damaskus aufgefundenen Bifolium, das zusammen mit anderen Handschriftenresten aus dem damaligen Fund für mehrere Jahre nach Berlin ausgeliehen war und seit der Rücksendung der ausgeliehenen Stücke im Jahre 1909 als verschollen gilt[79], handelt es sich um ein die letzten Zeilen des sechsten Kapitels, das gesamte siebte Kapitel und die ersten Zeilen des achten Kapitels der *Hermeneutik* enthaltendes Fragment eines Palimpsestes (also eines sozusagen »recycelten«[80] älteren Kodex), der vor seiner Umfunktionierung zu einem *Organon*-Manuskript einen in Unzialschrift geschriebenen Bibeltext enthielt. »Ein alttestamentarischer Majuskel-Codex (5.-6. Jahrhundert) mußte nach Zerschneidung und durch Neubeschriftung einem ari-

79 Näheres hierzu in Bandt/Rattmann 2011. Die beiden jeweils zwei seiner vier Seiten zeigenden Fotografien, die es zum Glück vom Damaskus-Fragment gibt, hat die Berlin-Brandenburgische Akademie der Wissenschaften in Verwahrung.

80 Vgl. Gastgeber 2003: 15.

stotelischen Organon in der neuen Schrift weichen«, resümiert D. Harlfinger, nach dessen Urteil die Minuskelschrift des auf diese Weise entstandenen *Organon*-Kodex eine Buchschrift darstellt, die »augenfällig in den syrisch-palästinensischen Raum gehört« und »früher als diejenige der ältesten bisher bekannten Aristoteles-Handschriften des 9. Jahrhunderts« – auch früher als diejenige des ebenfalls nur fragmentarisch erhalten gebliebenen sinaitischen *Organon*-Kodex – »datiert«.[81]

Die 1975 im Rahmen eines größeren Handschriftenfunds auf dem Berg Sinai entdeckten *Organon*-Fragmente, die in dem erst 1998 veröffentlichten Katalog der damals aufgefundenen Stücke unter der Signatur »N(έα) Ε(ὑρήματα) M 138« verzeichnet sind, enthalten Textabschnitte aus allen Schriften des *Organons* mit Ausnahme der *Sophistischen Widerlegungen*. Vier der elf Blätter, aus denen diese Fragmente bestehen, enthalten Abschnitte aus *Peri hermeneias*, die auf die Kapitel 1–3, 9 und 11–13 verteilt sind. D. R. Reinsch hat die Sinai-Fragmente nach einer gründlichen Untersuchung vor Ort ausführlich beschrieben und die in ihnen enthaltenen Textabschnitte mit der 1831 erschienenen Gesamtausgabe der Werke des Aristoteles von I. Bekker kollationiert.[82]

81 Harlfinger 2000: 156; vgl. ebd., Anm. 23.

82 Reinsch 2001 (zur Datierung der Fragmente vgl. 62f., Anm. 22). Der Bibliothekar des Katharinenklosters hat mir dankenswerterweise digitale Farbfotografien der Fragmente zur Verfügung gestellt, auf deren Grundlage ich die aus *Peri hermeneias* erhalten gebliebenen Abschnitte auswerten konnte. Meine Kollation hat mich zu Ergebnissen geführt, die an mehreren Stellen von denjenigen abweichen, zu denen Reinsch (vgl. 64–66) bei seiner Kollation gelangt ist.

Angesichts der Tatsache, daß sich unter den verschiedenen Händen, die in dieser Handschrift »ihre Spuren […] hinterlassen« haben, »auch westliche Hände« befinden, hält Reinsch es für »wahrscheinlich«, daß sie »längere Zeit in Europa benutzt worden ist, ehe sie ihren Weg auf den Sinai genommen hat«.[83] Im Anschluß an Reinsch wird sie in der vorliegenden Ausgabe mit der Sigle »**S**« bezeichnet. Für das Damaskus-Fragment, für das die bereits vor seiner Entdeckung an einen jüngeren *Organon*-Kodex vergebene Sigle »**D**« nicht mehr zur Verfügung stand, wurde im Hinblick darauf, daß sein Fundort im engeren Sinne die *Qubbet el-Chazne* der Umayyaden-Moschee ist, »**Q**« als Sigle gewählt.

4.2 Die neuzeitlichen und modernen Editionen

Im Zuge der allmählichen Verlagerung der in den mittelalterlichen Schreibstuben verrichteten Arbeit in die neuzeitlichen Druckerwerkstätten wich die handschriftliche Verbreitung der Werke des Aristoteles, die um die Mitte des 16. Jahrhunderts fast völlig zum Erliegen kam, seit dem Ende des 15. Jahrhunderts mehr und mehr der mechanischen Vervielfältigung dieser Werke durch gedruckte Ausgaben.[84] Von den für die Weitergabe des Textes der *Hermeneutik* wichtigen Editionen seien hier fünf kurz vorgestellt, von denen eine aus dem 16. Jahrhundert und jeweils zwei aus dem 19. und aus dem 20. Jahrhundert stammen.

83 Reinsch 2001: 69. Nach Harlfinger ist sie »wohl aus Konstantinopel zum Sinai gelangt« (2000: 156, Anm. 23).

84 Vgl. Harlfinger 1980: 466, 472.

Im Jahre 1584 erschien die erste Auflage der von dem Juristen und Philosophen Julius Pacius besorgten griechisch-lateinischen *Organon*-Ausgabe, die 1591 in verbesserter Gestalt neu aufgelegt und bis 1623 in verschiedenen Fassungen noch mehrmals gedruckt wurde. Als Ergänzung zu dem 1597 in Frankfurt a. M. erschienenen Druck erschien im selben Jahr und am selben Ort ein von Pacius in lateinischer Sprache verfaßter »analytischer Kommentar« zu den logischen Schriften des Aristoteles und der Einleitungsschrift des Porphyrios, der als »der wichtigste humanistische Kommentar zum *Organon*«[85] gilt.

I. Bekker legte mit der im Auftrag der Königlich-Preußischen Akademie der Wissenschaften von ihm besorgten Gesamtausgabe der Werke des Aristoteles, die 1831 in Berlin erschien, die erste zumindest ansatzweise nach den Methoden der modernen Textkritik erstellte Edition dieser Werke vor, nach deren Seiten-, Spalten- und Zeilenzählung aus diesen Werken bis heute zitiert wird.[86] Als Textzeugen für die Schriften des *Organons* hat Bekker nach Ausweis des textkritischen Apparats seiner Ausgabe die drei Kodizes **A**, **B** und **C** sowie dort, wo in **C** der von der ersten Hand geschriebene Text lük-

85 Ebert/Nortmann 2007: 151. Sowohl der *Commentarius Analyticus* als auch der durch ihn ergänzte Druck der *Organon*-Ausgabe sind in reprographischen Nachdrucken zugänglich (Hildesheim 1966 und 1967).

86 In den späteren Ausgaben, in denen die Seiten-, Spalten- und Zeilenzählung der von Bekker besorgten Ausgabe in der Regel am Rand vermerkt ist, stimmen die Zeilenanfänge nicht immer genau mit den Zeilenanfängen dieser Ausgabe überein. In der vorliegenden Ausgabe wird auf Stellen aus *De int.* stets unter Berücksichtigung des Zeilenumbruchs der Bekkerschen Ausgabe verwiesen.

kenhaft ist (ab *Anal. post.* I 19), einen von ihm mit der Sigle »**D**« bezeichneten Kodex ausgewertet.

Auf eine breitere handschriftliche Grundlage hat Th. Waitz seine in den Jahren 1844 (Bd. I) und 1846 (Bd. II) in Leipzig erschienene kommentierte *Organon*-Ausgabe gestellt. Zu den Handschriften, die dieser Ausgabe zugrunde liegen, gehören außer den bereits von Bekker benutzten Kodizes auch die beiden Kodizes **d** und **n** sowie einige jüngere Manuskripte. Waitz, der eine Reihe von Fehlern, die Bekker bei der Kollation der Kodizes **A**, **B** und **C** unterlaufen sind, korrigiert hat, ist im Gegensatz zu Bekker, der **A** höher bewertet als **B**, der Ansicht, **B** biete einen besseren Text als alle anderen Handschriften.[87]

In gewisser Hinsicht einen Fortschritt gegenüber der von Waitz besorgten Ausgabe, in anderer Hinsicht aber auch einen Schritt hinter sie zurück stellt die von L. Minio-Paluello besorgte Ausgabe der *Kategorien* und der Schrift *Peri hermeneias* dar, die 1949 in erster und 1956 in einer seitdem mehrmals nachgedruckten zweiten Auflage in Oxford erschien. Diese Ausgabe ist die erste Ausgabe der Aristotelischen *Hermeneutik*, in der zusätzlich zu der direkten Überlieferung des Textes durch mittelalterliche griechische Handschriften auch die indirekte Textüberlieferung durch spätantike Übersetzungen und Kommentare zur Konstituierung des Textes herangezogen und im textkritischen Apparat dokumentiert wird. Ausgewertet hat Minio-Paluello die anonyme armenische Übersetzung (Δ), die lateinische Übersetzung des Boethius (Λ), die vermutlich von Pro-

87 Vgl. Waitz I 1844: XVf., XVIII. Zu den Ausgaben von Bekker und Waitz vgl. Minio-Paluello 1956: viiif., Montanari I 1984: 36–38.

ba stammende anonyme syrische Übersetzung (Σ) und die syrische Übersetzung des Araberbischofs Georg (Γ) sowie die griechischen Kommentare des Ammonios (α) und des Stephanos (ς). Sosehr Minio-Paluello dadurch, daß er in großem Umfang auch sekundäre Textzeugen berücksichtigt hat, über Waitz hinausgekommen ist, sosehr ist er dadurch, daß er sich, was die primäre Textüberlieferung betrifft, darauf beschränkt hat, die von ihm nicht in den Text aufgenommenen Lesarten der beiden Handschriften **B** und **n** im Apparat anzugeben, hinter Waitz zurückgefallen.[88]

In einem ausgewogenen Verhältnis sind Primär- und Sekundärüberlieferung in der von E. Montanari besorgten zweibändigen Ausgabe der ersten vier Kapitel der Schrift *Peri hermeneias* berücksichtigt (Florenz 1984 und 1988). An Handschriften hat Montanari die bereits von Waitz herangezogenen Kodizes **A**, **B**, **C**, **d** und **n** sowie den von ihm mit der Sigle »**R**« bezeichneten Kodex **V** ausgewertet, der vor ihm noch von niemandem für die Edition der *Hermeneutik* benutzt wurde. Als indirekte Textzeugen dienen ihm außer denjenigen, die bereits Minio-Paluello in seiner Ausgabe berücksichtigt hat, der von Tarán edierte anonyme griechische Kommentar (τ), der syrische Kommentar Probas (π) und die beiden lateinischen Kommentare des Boethius (λ, β).[89]

88 Zu Minio-Paluellos Ausgabe und zu ihrer Beurteilung in der Fachliteratur vgl. Montanari I 1984: 38–43.

89 In der vorliegenden Ausgabe, in der sich die Sigle »Λ« auch auf die in den beiden Kommentaren des Boethius enthaltenen Fassungen seiner Übersetzung bezieht, wurde auf die zusätzliche Verwendung der beiden Siglen »λ« und »β« verzichtet.

Dem kritisch edierten Text sind in Montanaris Teilausgabe der *Hermeneutik* zwei Apparate beigegeben, nämlich außer dem textkritischen Apparat, in dem die verschiedenen Lesarten des Textes verzeichnet sind, auch ein Testimonienapparat, in dem Stellen zitiert sind, an denen in griechischen Kommentaren, die nicht die *Hermeneutik* zum Gegenstand haben, auf die ersten vier Kapitel dieser Schrift Bezug genommen wird.[90] Im Gegensatz zu Bekker, Waitz und Minio-Paluello, die dem Text ihrer Ausgaben einen sogenannten negativen textkritischen Apparat beigegeben haben, d. h. einen Apparat, der lediglich die Textzeugen für die vom Herausgeber verworfenen Lesarten anführt, hat Montanari den textkritischen Apparat seiner Ausgabe positiv gestaltet, d. h. so, daß er dem Hinweis auf die von ihm nicht übernommenen Lesarten und deren Herkunft jeweils ein von der Angabe der sie überliefernden Textzeugen begleitetes Zitat derjenigen Lesart vorangestellt hat, die von ihm in den Text aufgenommen wurde.[91]

90 Bei diesen Kommentaren handelt es sich in der Regel um Aristoteles-Kommentare. Die einzige Ausnahme bilden zwei von Didymos dem Blinden, einem alexandrinischen Theologen aus dem 4. Jahrhundert, verfaßte Bibelkommentare, von denen uns Papyrusfragmente aus dem 6./7. Jahrhundert erhalten geblieben sind, die 1941 bei Tura (in der Nähe von Kairo) aufgefunden wurden. Die Textabschnitte der Tura-Papyri, in denen Didymos auf *De int.* Bezug nimmt, sind kritisch ediert, ins Italienische übersetzt und kommentiert in *CPF* I 1*, 295–305. Im textkritischen Apparat der vorliegenden Ausgabe, die keinen Testimonienapparat enthält, wird an vier Stellen (16 a 10f., 23 a 23. 25. 26), an denen sie textkritisch relevant sind, auf die Tura-Papyri verwiesen.

91 Positiv ist auch der textkritische Apparat der vorliegenden Ausgabe. Zu den Vorteilen eines positiven und den Nachteilen eines negativen Apparats vgl. Irigoin 1972: 27f.

5. Die Überlieferung des Textes der Schrift Peri hermeneias *und seine Gestaltung in der vorliegenden Ausgabe*

5.1 Die Textüberlieferung

Der Text der *Hermeneutik* wurde nicht einfach nur vertikal, sondern in dem Sinne auch horizontal überliefert, daß diejenigen, die ihn abschrieben, übersetzten oder kommentierten, mehr oder weniger häufig verschiedene Vorlagen nebeneinander benutzten.[92] Seine Überlieferung ist daher in hohem Maße kontaminiert; sie läßt sich aber gleichwohl in ihren Grundzügen rekonstruieren. Wenn man die einzelnen Textzeugen, um das zwischen ihnen bestehende Verwandtschaftsverhältnis zu ermitteln, auf die in ihnen enthaltenen Fehler hin untersucht, die entweder als Bindefehler mehrere von ihnen miteinander zu einer Gruppe verbinden oder als Trennfehler einzelne oder bestimmte Gruppen von ihnen von den anderen trennen, kommt man zu folgenden Ergebnissen[93]:

(1) Die direkten Textzeugen, also die sieben Handschriften **A**, **B**, **C**, **S**, **V**, **d** und **n** – das Damaskus-Fragment bietet seines geringen Umfangs wegen keine hinreichenden Vergleichsmöglichkeiten –, stammen von einem gemeinsamen Archetypus ab, d. h. von einer ver-

92 Vgl. zu dieser Art der Textüberlieferung Morani 1986: 137f., Pöhlmann II 2003: 140, 144, 147f.

93 Näheres zu diesen Ergebnissen in Weidemann 2014a (XXVI–XLII), wo das zwischen den einzelnen Textzeugen bestehende Verwandtschaftsverhältnis auch durch ein Stemma veranschaulicht wird (XXVII).

lorengegangenen Handschrift, auf die sie über mehrere Hyparchetypi genannte Zwischenglieder, die ebenfalls verlorengegangen sind, letztlich alle zurückgehen.

(2) Mit der Transkription des Archetypus hat sich die handschriftliche Überlieferung des Textes in zwei Überlieferungsarme verzweigt, von denen der in sich selbst wiederum verzweigte eine durch die beiden Kodizes **A** und **B** repräsentiert wird und der andere durch den Kodex **n**.

(3) Die vier Kodizes **C**, **S**, **V** und **d** sind in der Weise kontaminiert, daß ihre Kopisten den Hyparchetypus, von dem der Kodex **B** kopiert wurde, als Hauptvorlage und die beiden Hyparchetypi, von denen die Kodizes **A** und **n** kopiert wurden, als Nebenvorlagen benutzten.

(4) Die indirekten Textzeugen, also die vier spätantiken Übersetzungen Δ, Λ, Σ und Γ und die drei spätantiken Kommentare α, ς und τ, sind mit einem dritten Überlieferungszweig verbunden, der in einem verlorengegangenen Kodex seinen Ursprung hat, von dem auch der Archetypus abstammt, der für die Verzweigung der handschriftlichen Überlieferung des Textes den Ausgangspunkt bildet. Zur Unterscheidung von diesem Archetypus im engeren Sinne kann man den besagten Kodex, da die Verzweigung der Textüberlieferung in ihrer die indirekten Textzeugen mit einschließenden Gesamtheit von ihm ausgeht, als Archetypus im weiteren Sinne bezeichnen.[94]

94 Der Ansicht Montanaris, die Textzeugen der *Hermeneutik* seien durch keine gemeinsamen Fehler miteinander verbunden, die so signifikant wären, daß sie den Schluß auf die Existenz eines Archetypus zuließen (vgl. I 1984: 46–50, 176, 200), hat Morani mit Recht widersprochen (vgl. 1986: 136f.).

(5) Die indirekten Textzeugen stehen darüber hinaus, daß sie mit dem erwähnten dritten Überlieferungszweig verbunden sind, auch mit den beiden Überlieferungszweigen in Verbindung, die durch **AB** und **n** repräsentiert werden, der Kommentar des Stephanos (ς) allerdings nur mit demjenigen, der durch **n** repräsentiert wird.

(6) Zumindest Boethius, der Araberbischof Georg und Stephanos (also die Übersetzer von Λ und Γ und der Verfasser von ς) scheinen überdies zu einem vierten Überlieferungszweig Zugang gehabt zu haben, der nicht nur am Archetypus im engeren Sinne, sondern auch am Archetypus im weiteren Sinne vorbeiläuft und in eine tiefere Vergangenheit der Textüberlieferung zurückführt.

(7) Der Kopist des Hyparchetypus, von dem die Verzweigung des durch **AB** repräsentierten Überlieferungszweigs in einen **A**-Zweig und einen **B**-Zweig ausgeht, scheint neben dem auf den Archetypus im engeren Sinne zurückgehenden Kodex, der ihm als Hauptvorlage diente, auch den von den indirekten Textzeugen benutzten Kodex zum Vergleich herangezogen zu haben, der auf den Archetypus im weiteren Sinne zurückgeht; und zwar scheint er gewisse Varianten der Lesarten seiner Hauptvorlage, die er in diesem Kodex vorfand, zusammen mit diesen Lesarten als Doppellesarten notiert zu haben, wodurch die fraglichen Varianten teils in den Kodex **A**, teils in den Kodex **B** und teils in einen oder mehrere der vier Kodizes **C**, **S**, **V** und **d** gelangen konnten.

Dafür, daß diese Hypothese zutrifft, spricht zweierlei: Erstens werden von den wenigen richtigen Lesarten, die sich zwar in **A**, aber nicht auch in **B** oder in **n** oder zwar in **B**, aber nicht auch in **A** oder in **n** finden, fast alle auch von einem oder mehreren der indirekten Textzeugen überliefert; und zweitens werden von den falschen Lesarten, die **A** von **Bn**, **B** von **An** oder einen oder mehrere der vier Kodizes **C**, **S**, **V** und **d** von den übrigen Handschriften trennen, nicht wenige auch von einem Teil der indirekten Textzeugen überliefert.

5.2 Die Textgestaltung

Aufgrund der Beziehungen, in denen die einzelnen Textzeugen zueinander stehen, ist man bei der Gestaltung des Textes zwar in einigen, aber nicht in allen Fällen auf eine bestimmte Entscheidung festgelegt. Eine richtige Lesart kann nämlich, wenn sie mit einer falschen Lesart konkurriert, die ihre Entstehung einem Fehler verdankt, der nicht mehr als einmal auftreten kann, ohne daß zwischen seinem erstmaligen Auftreten und seiner Wiederholung ein Zusammenhang bestünde, in der Regel nur dann in den Kodex **A** gelangt sein, wenn sie zumindest auch in den Kodex **B** oder zumindest auch in den Kodex **n** gelangt ist, nur dann in den Kodex **B**, wenn sie zumindest auch in den Kodex **A** oder zumindest auch in den Kodex **n** gelangt ist, und nur dann in einen der vier Kodizes **C**, **S**, **V** und **d**, wenn sie zumindest auch in die beiden Kodizes **A** und **B** oder zumindest auch in den Kodex **n** gelangt ist, wohingegen sie in den Kodex **n** gelangt sein kann, ohne auch in irgendeinen der übrigen Kodizes gelangt zu sein. Angesichts zweier miteinander konkurrierender Lesarten hat man sich daher an den beiden folgenden Regeln zu orientieren, die freilich nicht ausnahmslos gelten:

(1) In denjenigen Fällen, in denen die eine Lesart zumindest von **A** und **B** und die andere zumindest von **n** überliefert wird, ist sowohl eine Entscheidung für die eine als auch eine Entscheidung für die andere zulässig.

(2) Sowohl in denjenigen Fällen, in denen die eine Lesart zumindest von **A** und **n** und die andere zumindest von **B** oder einem der übrigen Textzeugen überliefert wird, als auch in denjenigen Fällen, in denen die eine Lesart zumindest von **B** und **n** und die andere zumindest von **A** oder einem der übrigen Textzeugen überliefert wird, ist nur eine Entscheidung für die erstere und gegen die letztere zulässig.

Von der ersten Regel ausgenommen sind Fälle, in denen zwei Lesarten, zwischen denen sie frei zu wählen erlaubt, mit einer dritten Lesart konkurrieren, die im Vergleich zu ihnen besser ist, von der zweiten Regel Fälle, in denen die Lesart, für die man sich ihr zufolge entscheiden müßte, vermutlich falsch ist oder jedenfalls schlechter als diejenige, gegen die man sich ihr zufolge entscheiden müßte. In denjenigen Fällen, in denen die erste Regel dem Herausgeber bei der Textgestaltung freie Hand läßt, stehen ihm für die unter den Varianten des Textes zu treffende Auswahl keine äußeren Kriterien zur Verfügung, die er sozusagen mechanisch anwenden könnte, sondern nur innere Kriterien, die sich nicht aus dem Verhältnis der Textzeugen zueinander, sondern aus der Beschaffenheit des von ihnen bezeugten Textes selbst ergeben.

In einigen wenigen Fällen, in denen die vermutlich richtige Lesart in den älteren Handschriften entweder überhaupt nicht oder nur als das Ergebnis einer an der ursprünglichen Lesart vorgenommenen Korrektur bezeugt ist, wurde in der vorliegenden Ausgabe ausnahmsweise auch auf jüngere Handschriften zurückgegriffen, und zwar in zwei Fällen, in denen die fragliche Lesart in den genannten älteren Handschriften überhaupt keine Stütze hat, auf zwei jüngere Handschriften, in denen immerhin die Hand eines Korrektors oder die Hand des sich selbst korrigierenden Kopisten sie bezeugt (*De int.* 7, 17 b 17, 17 b 17–18), und in drei Fällen, in denen die fragliche Lesart bereits in einer der genannten älteren Handschriften von einer korrigierenden Hand bezeugt wird, auf mehrere jüngere Handschriften, die sie als die ursprüngliche Lesart bezeugen (*De int.* 14, 23 a 38, 24 b 4, 24 b 5). In diesen drei Fällen zeigt sich wieder einmal, daß jüngere Handschriften keineswegs schlechter sein müssen als ältere: »recentiores non deteriores«.[95]

95 Vgl. zu dieser Feststellung, die sich »bekanntlich häufig bestätigen läßt« (Harlfinger 1980: 463), Pöhlmann II 2003: 138, 147.

TEXT UND ÜBERSETZUNG

[ΠΕΡΙ ΕΡΜΗΝΕΙΑΣ]

16a **1** Πρῶτον δεῖ θέσθαι τί ὄνομα καὶ τί ῥῆμα, ἔπειτα τί | ἐστιν ἀπόφασις καὶ κατάφασις καὶ ἀπόφανσις καὶ λόγος. |

Ἔστι μὲν οὖν τὰ ἐν τῇ φωνῇ τῶν ἐν τῇ ψυχῇ παθη|μάτων σύμβολα καὶ τὰ γραφόμενα τῶν ἐν τῇ φωνῇ. ‖ καὶ ὥσπερ οὐδὲ γράμματα πᾶσι τὰ αὐτά, οὐδὲ φωναὶ αἱ | αὐταί· ὧν μέντοι ταῦτα σημεῖα πρώτων, ταὐτὰ πᾶσι πα|θήματα τῆς ψυχῆς, καὶ ὧν ταῦτα ὁμοιώ-

---

16a 2 ἀπόφασις καὶ κατάφασις **ABCSVd**, **n** *p.c.* (*al. m.*), ΔΛΓ α{le., cit., expl.} ς{le. 1, le. 2, cit., expl.} : κατάφ. καὶ ἀπόφ. **n** *a.c.*, Σ : καὶ τί κατάφ. καὶ τί ἀπόφ. π{le. (ἔπειτα τί ἐστιν [*16 a 1–2*] *om.*)} ‖ **3** μὲν *om.* ς ‖ **5** *ante alt.* οὐδὲ *add.* οὕτως **CSVn** (*exp.* **n**^{c}), ΛΣ α{le., cit.} ‖ **6** ταῦτα σημεῖα **ABSVdn** (Δ)Λ α{(le.), cit.} ς{le.} : σημεῖα ταῦτα **C** Σ π{le.} : τούτων σημεῖα (Δ)Γ | πρώτων **SVn** *a.c.*, ΔΛΓ α{(expl.)} ς{expl.}, *lectio varia a Georgio Arabum episcopo e commentario quodam Graeco adlata, fortasse Olympiodoro nota* : πρώτως **ABC**, **SV** *p.c.*^{2} (*corr. ex* πρῶτον *antea ex* πρώτων *correcto* **S**^{c} *rec.*, **V**^{c} *rec.*), **n** *p.c.*^{1} *et p.c.*^{3} (*corr. ex* πρώτων **n**^{c} [ων *exp. et* ως *supra lin. scr. prima m.*], *corr. ex* πρῶτον *antea ex* πρώτως *correcto* **n**^{c} *rec.*^{2} [ῶ *corr. in* ώ, ον *corr. in* ως]), α{(le.), (cit.), (expl.)} ς{cit.} : πρῶτον **d**, **SV** *p.c.*^{1}, **n** *p.c.*^{2} (*corr. ex* πρώτων **S**^{c}**V**^{c}, *corr. ex* πρώτως *antea ex* πρώτων *correcto* **n**^{c} *rec.*^{1} [ώ *corr. in* ῶ, ω *corr. in* ο, ως *supra* ων *scriptum eras.*]), α{(le.), (cit.)} ς{le.} : πρώτως *vel* πρῶτον Σ π{le., cit., expl.}, *lectio varia a Georgio adlata, fortasse Olympiodoro nota* | ταὐτὰ (τὰ αὐτὰ **Cn** ς) **ABCSVd**, **n** *a.c. et p.c.*^{2} (τὰ αὐτὰ *corr. in* ταῦτα **n**^{c} *vid.*, τὰ αὐτὰ *rescr.* **n**^{c} *rec.*), ΔΛΣ α{le., cit., expl.} π{le., expl.} ς{le.} : ταῦτα **n**^{c} *vid.*, Γ, *Herminus teste Boethio* ‖ **7** ταῦτα **BCSVdn**, **A** *p.c.* (*prima m.*), Δ(Λ)ΣΓ α{le., cit., (expl.)} πς{le.} : ταὐτὰ **A** *a.c.*, (Λ), *Alexander teste Boethio*?

[PERI HERMENEIAS]*

1 Zunächst gilt es festzusetzen, was ein Nennwort und 16a
was ein Aussagewort ist, sodann, was eine Verneinung, eine Bejahung, eine Behauptung und ein Wortgefüge ist.

Nun sind die (sprachlichen) Äußerungen unserer Stimme Symbole für das, was (beim Sprechen) unserer Seele widerfährt, und unsere schriftlichen Äußerungen sind wiederum Symbole für die (sprachlichen) Äußerungen unserer Stimme. | Und wie nicht alle Menschen mit denselben Buchstaben schreiben, so sprechen sie auch nicht alle dieselbe Sprache. Die seelischen Widerfahrnisse aber, für welche dieses (Gesprochene und Geschriebene) an erster Stelle ein Zeichen ist, sind bei allen Menschen dieselben; und überdies sind auch

* Gegenüber der in der *Bibliotheca Teubneriana* erschienenen Ausgabe (Weidemann 2014a) wurden im griechischen Text und im textkritischen Apparat und gegenüber dem einschlägigen Band der Deutschen Aristoteles-Gesamtausgabe (Weidemann 2014b) in der Übersetzung folgende Änderungen vorgenommen: In Kapitel 13 wurden zusätzlich zu den beiden Abschnitten 22 b 38 – 23 a 6 und 23 a 21–26 die in den Zeilen 23 a 6–7, 23 a 11–13 und 23 a 18–20 überlieferten drei Sätze getilgt und der Abschnitt 23 a 6–20 neu übersetzt; der textkritische Apparat wurde an einigen Stellen verbessert und insgesamt stark gekürzt (zu den Siglen und Abkürzungen, die in ihm verwendet werden, vgl. Weidemann 2014a: LVI–LVIII). – In der Übersetzung schließen runde Klammern der Verdeutlichung dienende Zusätze ein, während spitze und eckige Klammern, ihrer Verwendung im griechischen Text entsprechend, die Hinzufügung nicht überlieferter, aber vermutlich echter bzw. die Tilgung überlieferter, aber vermutlich unechter Wörter oder Buchstaben kenntlich machen.

ματα, πράγματα | ἤδη ταὐτά. περὶ μὲν οὖν τούτων εἴρηται ἐν τοῖς περὶ ψυ|χῆς· ἄλλης γὰρ πραγματείας.

Ἔστι δέ, ὥσπερ ἐν τῇ ψυχῇ ‖ ὁτὲ μὲν νόημα ἄνευ τοῦ ἀληθεύειν ἢ ψεύδεσθαι, ὁτὲ δὲ ἤδη | ᾧ ἀνάγκη τούτων ὑπάρχειν θάτερον, οὕτω καὶ ἐν τῇ φωνῇ· | περὶ γὰρ σύνθεσιν καὶ διαίρεσίν ἐστι τὸ ψεῦδός τε καὶ τὸ | ἀληθές. τὰ μὲν οὖν ὀνόματα αὐτὰ καὶ τὰ ῥήματα ἔοικε | τῷ ἄνευ συνθέσεως καὶ διαιρέσεως νοήματι, οἷον τὸ ἄνθρω‖πος ἢ τὸ λευκόν, ὅταν μὴ προστεθῇ τι· οὔτε γὰρ ψεῦδος | οὔτε ἀληθές πω, σημεῖον δ᾽ ἐστὶ τοῦδε. καὶ γὰρ ὁ τραγέλα|φος σημαίνει μέν τι, οὔπω δὲ ἀληθὲς ἢ ψεῦδος, ἐὰν μὴ | τὸ εἶναι ἢ μὴ εἶναι προστεθῇ ἢ ἁπλῶς ἢ κατὰ χρόνον. |

2 Ὄνομα μὲν οὖν ἐστι φωνὴ σημαντικὴ κατὰ συνθήκην ‖ ἄνευ χρόνου, ἧς μηδὲν μέρος ἐστὶ σημαντικὸν κεχωρισμένον· | ἐν γὰρ τῷ Κάλλιππος τὸ ιππος οὐδὲν αὐτὸ καθ᾽ ἑαυτὸ | σημαίνει, ὥσπερ ἐν τῷ λόγῳ τῷ καλὸς ἵππος. οὐ

---

8 ταὐτά (τὰ αὐτά **SVn** ς) **ACSVdn**, **B** *a.c. et p.c.*, (Δ)ΛΣΓ α{le., cit., expl.} π{le., expl.} ς{le.} : ταῦτα (Δ), *Herminus testibus Ammonio et Boethio* ‖ **10–11** ἤδη ᾧ **ABCVdn** ΣΓ α{le.}, *Didymus Caecus* (*PTura III 236, 22* [*CPF I 1*, p. 297*]) : ᾧ ἤδη **S**, Λ *vid.* : ἤδη οἷς (Δ) : οἷς (Δ) ‖ **11** τούτων ὑπάρχειν **ABCVdn** α{le.} : ὑπάρχειν τούτων **S** ‖ **12–13** τὸ ψεῦδός τε καὶ τὸ ἀληθές **ABCVdn** (Λ)ΣΓ α{(le.)} ς{le.} (τε *om.* **A** (α), *alt.* τὸ *om.* **n** [*add.* **n**^{c}]) : τό τε ἀληθὲς καὶ τὸ ψεῦδος **S** Δ(Λ) α{(le.), cit.} (τε *om.* α{cit.}) ‖ **14** καὶ **ABCVd** ΔΣ α{(le.)} : ἢ **Sn** ΛΓ α{(le.)} ‖ **15** τὸ *om.* **n**, ΔΛΣ?, Γ ‖ **15–16** ψεῦδος … ἀληθές **ABCSVdn** Δ α{le.} : ἀληθὲς … ψεῦδος ΛΣΓ ‖ **18** *ante* μὴ εἶναι *add.* τὸ **SV**, **n**^{c} (*prima m. supra lin.*), ΔΓ α{cit.} ‖ **21** αὐτὸ καθ᾽ ἑαυτὸ **ABCSVd**, ΣΓ?, α{(le.)} : καθ᾽ αὑτὸ **n** Δ, Λ *vid.*, α{(le.)}

schon die Dinge, von denen diese (seelischen Widerfahrnisse) Abbildungen sind, für alle dieselben. Von diesen (seelischen Widerfahrnissen) nun ist bereits in den Büchern über die Seele die Rede gewesen; denn sie sind Gegenstand einer anderen Disziplin.

Wie sich aber in unserer Seele | teils Gedanken befinden, ohne daß es ihnen zukäme, wahr oder falsch zu sein, teils aber auch noch solche, denen notwendigerweise eines von beidem zukommt, so befinden sich auch unter den (sprachlichen) Äußerungen unserer Stimme (teils solche der einen und teils solche der anderen Art). Denn Falschheit wie Wahrheit sind an Verbindung und Trennung geknüpft. Es gleichen nun die Nennwörter und die Aussagewörter für sich allein einem Gedanken ohne Verbindung und Trennung, wie z. B. das Wort »Mensch« | oder das Wort »weiß«, wenn nicht noch etwas hinzugefügt wird. Denn für sich allein ist ein solches Wort noch nicht falsch oder wahr, aber es ist dennoch ein Zeichen für eine ganz bestimmte Sache. Auch das Wort »Bockhirsch« bedeutet ja etwas, ist aber deshalb noch lange nicht wahr oder falsch, wenn man nicht hinzufügt – sei es schlechthin, sei es in einer temporal abgewandelten Form –, daß (die mit ihm gemeinte Sache) ist oder nicht ist (d. h. existiert oder nicht existiert).

2 Ein Nennwort nun ist eine gemäß einer Übereinkunft etwas bedeutende stimmliche Äußerung | ohne Bezug zur Zeit, von der kein Teil eigenständig etwas bedeutet. In dem Namen »Schönpferd« (beispielsweise) bedeutet »-pferd« nämlich nicht, wie (»Pferd«) in dem Wortgefüge »schönes Pferd«, für sich allein etwas.

μὴν οὐδ’ | ὥσπερ ἐν τοῖς ἁπλοῖς ὀνόμασιν, οὕτως ἔχει καὶ ἐν τοῖς | πεπλεγμένοις· ἐν ἐκείνοις μὲν γὰρ οὐδαμῶς τὸ μέρος ση‖μαντικόν, ἐν δὲ τούτοις βούλεται μέν, ἀλλ’ οὐδενὸς κεχωρι|σμένον, οἷον ἐν τῷ ἐπακτροκέλης τὸ κέλης. |

Τὸ δὲ κατὰ συνθήκην, ὅτι φύσει τῶν ὀνομάτων οὐδέν | ἐστιν, ἀλλ’ ὅταν γένηται σύμβολον· ἐπεὶ δηλοῦσί γέ τι καὶ | οἱ ἀγράμματοι ψόφοι, οἷον θηρίων, ὧν οὐδέν ἐστιν ὄνομα. ‖

Τὸ δ’ οὐκ ἄνθρωπος οὐκ ὄνομα. οὐ μὴν οὐδὲ κεῖται ὄνομα | ὅ τι δεῖ καλεῖν αὐτό — οὔτε γὰρ λόγος οὔτε ἀπόφασίς ἐστιν —, | ἀλλ’ ἔστω ὄνομα ἀόριστον. |

16b Τὸ δὲ Φίλωνος ἢ Φίλωνι καὶ ὅσα ‖ τοιαῦτα οὐκ ὀνόματα, ἀλλὰ πτώσεις ὀνόματος. λόγος δέ | ἐστιν αὐτοῦ τὰ μὲν ἄλλα κατὰ τὰ αὐτά, ὅτι δὲ μετὰ τοῦ | ἔστιν ἢ ἦν ἢ ἔσται οὐκ ἀληθεύει ἢ ψεύδεται, τὸ δὲ ὄνομα | ἀεί, οἷον Φίλωνός ἐστιν ἢ οὐκ ἔστιν· οὐδὲν γάρ πω οὔτε ἀλη‖θεύει οὔτε ψεύδεται. |

3 Ῥῆμα δέ ἐστι τὸ προσσημαῖνον χρόνον, οὗ μέρος οὐδὲν | σημαίνει χωρίς· καὶ ἔστιν ἀεὶ τῶν καθ’ ἑτέρου

---

24 οὐδαμῶς τὸ μέρος **n** ΔΛΣΓ α{le.} : τὸ μ. οὐδαμῶς **ABd** : τὸ μ. οὐδαμῶς ἐστι **CV** : οὐδ’ ὅλως τὸ μ. ἐστὶ **S** ‖ **31** οὔτε … οὔτε **ABCVd** α{le., expl.} : οὐδὲ … οὐδὲ **Sn** ς{le., expl.} : οὔτε … οὐδὲ *coniecit Montanari* ‖ **32** *post* ἀόριστον *add.* ὅτι ὁμοίως ἐφ’ ὁτουοῦν ὑπάρχει καὶ ὄντος καὶ μὴ ὄντος (= *16b 15*) **CS** α{le., expl.} ‖ **16b 1** ὀνόματος **ABCVdn** (Δ)ΛΣ α{le.} ς{le. 1, le. 2} τ{le., expl.} : ὀνομάτων **S** (Δ)Γ ‖ **7** καὶ ἔστιν ἀεὶ **ABCSVd** ΔΛΣ α{le., citt. 1–3} π{le., cit., expl.} ς{le. 1, le. 2, cit.} τ{le.} : ἔστι δὲ **n** Γ

Freilich verhält es sich so, wie es sich im Falle der einfachen Nennwörter verhält, nicht auch im Falle der zusammengesetzten. Denn bei jenen bedeutet der Teil in gar keiner Weise | etwas, während er bei diesen zwar etwas bedeuten soll, aber eben nicht eigenständig, wie zum Beispiel »-kreuzer« in »Jollenkreuzer«.

Die Bestimmung »gemäß einer Übereinkunft« füge ich deshalb hinzu, weil von den Nennwörtern keines von Natur aus ein Nennwort ist, sondern ein jedes erst dann, wenn es zu einem Symbol geworden ist; denn auch solche nicht buchstabierbaren Laute wie beispielsweise die Laute der wilden Tiere geben ja etwas kund, von denen doch keiner ein Nennwort ist. |

Der Ausdruck »Nicht-Mensch« aber ist kein Nennwort. Freilich steht uns ein Wort, das die richtige Benennung für ihn wäre, gar nicht zur Verfügung – er ist ja weder ein Wortgefüge noch eine verneinende Aussage –; aber nennen wir ihn doch ein unbestimmtes Nennwort.

Ausdrücke wie »Philons« oder »dem Philon« und | 16b
dergleichen sind ebenfalls keine Nennwörter, sondern Abwandlungen eines Nennwortes. Für einen solchen Ausdruck gilt in allen Punkten dasselbe (wie für ein Nennwort), außer daß er zusammen mit dem Wort »ist«, dem Wort »war« oder dem Ausdruck »wird sein« nicht etwas Wahres oder etwas Falsches ausdrückt, was ein Nennwort hingegen stets tut. So drückt ja zum Beispiel »Philons ist« oder »Philons ist nicht« noch nichts Wahres | und auch noch nichts Falsches aus.

3 Ein Aussagewort ist ein die Zeit mit hinzubedeutender Ausdruck, von dem kein Teil eine eigenständige

λεγομένων | σημεῖον. λέγω δὲ ὅτι προσσημαίνει χρόνον, οἷον ὑγίεια μὲν | ὄνομα, τὸ δὲ ὑγιαίνει ῥῆμα· προσσημαίνει γὰρ τὸ νῦν ὑπάρ‖χειν. καὶ ἀεὶ τῶν καθ' ἑτέρου λεγομένων σημεῖόν ἐστιν, οἷον | τῶν καθ' ὑποκειμένου [ἢ ἐν ὑποκειμένῳ]. |

Τὸ δὲ οὐχ ὑγιαίνει καὶ τὸ οὐ κάμνει οὐ ῥῆμα λέγω· | προσσημαίνει μὲν γὰρ χρόνον καὶ ἀεὶ κατά τινος ὑπάρχει, | τῇ δὲ διαφορᾷ ὄνομα οὐ κεῖται· ἀλλ' ἔστω ἀόριστον ῥῆμα, ‖ ὅτι ὁμοίως ἐφ' ὁτουοῦν ὑπάρχει καὶ ὄντος καὶ μὴ ὄντος. |

Ὁμοίως δὲ καὶ τὸ ὑγίανεν ἢ τὸ ὑγιανεῖ οὐ ῥῆμα, ἀλλὰ | πτῶσις ῥήματος· διαφέρει δὲ τοῦ ῥήματος, ὅτι τὸ μὲν τὸν | παρόντα προσσημαίνει χρόνον, τὰ δὲ τὸν πέριξ. |

Αὐτὰ μὲν οὖν καθ' ἑαυτὰ λεγόμενα τὰ ῥήματα ὀνό‖ματά ἐστι καὶ σημαίνει τι — ἵστησι γὰρ ὁ λέγων τὴν

---

10 καὶ ἀεὶ … σημεῖόν ἐστιν **ABSVdn** ΔΛΣΓ α{le., cit.} ςτ{le.} : καὶ ἔστιν ἀεὶ … σημεῖον **C** | τῶν καθ' ἑτέρου λεγομένων **ABCSVdn** ΔΛΣ α{le., cit. 1} ς{cit., *lectio varia a Stephano probata*} τ{le.} : τῶν ὑπαρχόντων Γ α{cit. 2, *lectio varia e Porphyrio adlata, ab Ammonio non probata*} ς{le., *lectio varia a Stephano non probata*} ‖ **11** ἢ ἐν ὑποκειμένῳ **ABCSVdn** ΔΛΣΓ (*post* ὑποκειμένῳ *add.* ὄντων **CSV**, *add.* λεγομένων Δ), α{le., cit. 1} π{cit.} τ{expl.} : *om.* α{cit. 2, *lectio varia e Porphyrio adlata, ab Ammonio non probata*} : *recte secl. Minio-Paluello* ‖ **16** τὸ ὑγίανεν ἢ τὸ ὑγιανεῖ **ABVdn** ΔΓ α{(le.)} : τὸ -νεῖ καὶ τὸ -ίανεν **C** : τὸ -νεῖ ἢ -ίανεν **S** : τὸ -ίανεν καὶ τὸ -νεῖ Σ α{(le.)} π{le.} τ{le., expl.} : ἢ τὸ -νεῖ ἢ τὸ -ίανεν Λ (vel 'curret' vel 'currebat')

Bedeutung hat; und es ist stets ein Zeichen für etwas, das von etwas anderem gesagt wird. Wenn ich sage, daß es die Zeit mit hinzubedeutet, so meine ich damit, daß zum Beispiel »Gesundung« ein Nennwort ist, »gesundet« hingegen ein Aussagewort; denn es bedeutet mit hinzu, daß (das, wofür es ein Zeichen ist, etwas anderem) jetzt zukommt. | Und daß es stets ein Zeichen für etwas von etwas anderem Gesagtes ist, heißt, daß es stets für etwas, das von einem zugrundeliegenden Gegenstand gesagt wird, [oder für etwas, das in einem zugrundeliegenden Gegenstand ist,] ein Zeichen ist.

Ausdrücke wie »gesundet nicht« und »erkrankt nicht« aber bezeichne ich nicht als Aussagewörter; denn ein solcher Ausdruck bedeutet zwar die Zeit mit hinzu und bezieht sich stets (in der Weise) auf etwas (anderes, daß für ihn der Anspruch erhoben wird, daß er auf es zutrifft), er unterscheidet sich jedoch (von einem Aussagewort) in einer gewissen Hinsicht, ohne daß uns eine entsprechende Benennung (für ihn) zur Verfügung stünde. Aber nennen wir ihn doch ein unbestimmtes Aussagewort, | weil er gleichermaßen auf alles zutrifft, sowohl auf Seiendes als auch auf Nichtseiendes.

Ebenso ist auch ein Ausdruck wie »gesundete« oder »wird gesunden« kein Aussagewort, sondern eine (temporale) Abwandlung eines Aussagewortes. Solche Ausdrücke unterscheiden sich von einem Aussagewort darin, daß es die gegenwärtige Zeit mit hinzubedeutet, sie jedoch die Zeit außerhalb (der Gegenwart).

Werden sie für sich allein ausgesprochen, so sind die Aussagewörter Nennwörter, | als welche sie auch etwas bedeuten; denn jemand, der ein solches Wort ausspricht, bringt sein Denken (bei der mit ihm gemeinten

διά|νοιαν, καὶ ὁ ἀκούσας ἠρέμησεν —, ἀλλ' εἰ ἔστιν ἢ μή, οὔπω | σημαίνει. οὐ γὰρ το⟨ῦ⟩ εἶναι σημεῖόν ἐστι τοῦ | πράγματος ἢ μὴ εἶναι, οὐδ' ἂν τὸ ὂν εἴπῃς αὐτὸ καθ' ἑαυτὸ ψιλόν· | αὐτὸ μὲν γὰρ οὐδέν ἐστιν, προσσημαίνει δὲ σύνθεσίν τινα, ἣν ‖ ἄνευ τῶν συγκειμένων οὐκ ἔστι νοῆσαι. |

4 Λόγος δέ ἐστι φωνὴ σημαντική, ἧς τῶν | μερῶν τι σημαντικόν ἐστι κεχωρισμένον, ὡς φάσις, ἀλλ' | οὐχ ὡς κατάφασις. λέγω δέ, οἷον ἄνθρωπος ση|μαίνει τι, ἀλλ' οὐχ ὅτι ἔστιν ἢ οὐκ ἔστιν· ἀλλ' ἔσται κα‖τάφασις ἢ ἀπόφασις, ἐάν τι προστεθῇ. ἀλλ' οὐχὶ τοῦ ἀν|θρώπου συλλαβὴ μία· οὐδὲ γὰρ ἐν τῷ μῦς τὸ ῦς σημαντικόν, | ἀλλὰ φωνή ἐστι νῦν μόνον. [ἐν δὲ τοῖς διπλοῖς σημαίνει μέν, | ἀλλ' οὐ καθ' αὑτό, ὡς προείρηται.] ‖

17a Ἔστι δὲ λόγος ἅπας μὲν σημαντικός, οὐχ ὡς ὄργανον | δέ, ἀλλ' ὥσπερ εἴρηται, κατὰ συνθήκην. ἀποφαντικὸς δὲ | οὐ πᾶς, ἀλλ' ἐν ᾧ τὸ ἀληθεύειν ἢ ψεύδεσθαι ὑπάρχει. οὐκ | ἐν ἅπασι δὲ ὑπάρχει, οἷον ἡ εὐχὴ λόγος

---

22 οὐ Δ, ΛΣΓ *vid.*, α{citt. 3, 5, (cit. 4), *lectio varia Porphyrio adscripta*} τ{le.} : οὐδὲ **ABCVdn** α{le., citt. 1, 2, (cit. 4)}, π{le.} *vid.*, τ{expl.} | τοῦ εἶναι *conieci; legisse videntur Porphyrius et Boethius, fortasse legerunt Georgius et Michael Psellus* : τὸ εἶναι **ABCVdn** ΔΣ α{le., citt. 1–5 (*in citationibus 3–5, quibus Porphyrii lectio profertur,* τοῦ εἶναι *scribendum esse recte coniecit Busse*)} πτ{le.} ‖ **22–23** εἶναι σημεῖόν ἐστι τοῦ πράγματος ἢ μὴ εἶναι Λ α{(le.), (cit. 1), citt. 2–5} : εἶναι ἢ μὴ εἶναι σημ. ἐστι τοῦ πρ. **ABCVdn** ΔΣ α{(le.), (cit. 1)} πτ{le.} : σημ. ἐστι τοῦ πρ. τὸ εἶναι (*an* τοῦ εἶναι?) καὶ μὴ εἶναι *legisse videtur* Γ ‖ **32–33** ἐν δὲ τοῖς … ὡς προείρηται *recte secl. Montanari*

Sache) zum Stehen, und jemand, der es hört, kommt (in seinem Denken bei dieser Sache) zum Stillstand. Ob aber das, was es bedeutet, ist oder nicht ist, dies bedeutet ein Aussagewort für sich allein noch nicht; denn ⟨für⟩ das Sein der (mit ihm gemeinten) Sache oder deren Nichtsein ist es kein Zeichen. Auch das Wort »seiend« ist dies nicht, wenn man es bloß für sich allein ausspricht; denn für sich selbst ist es nichts, sondern bedeutet (lediglich) eine gewisse Verbindung mit hinzu, die | sich ohne das, was jeweils miteinander verbunden ist, nicht verstehen läßt.

4 Ein Wortgefüge ist eine etwas bedeutende stimmliche Äußerung, von deren Teilen (mindestens) einer eigenständig etwas bedeutet, und zwar als ein Ausdruck, der etwas sagt, nicht als einer, der etwas aussagt. Ich meine damit, daß zum Beispiel das Wort »anthropos« (»Mensch«) zwar etwas bedeutet, aber nicht, daß dies ist oder nicht ist; vielmehr liegt eine | bejahende oder verneinende Aussage erst dann vor, wenn noch etwas hinzugefügt wird. Nicht aber bedeutet eine einzelne Silbe des Wortes »anthropos« etwas; denn es hat ja nicht einmal »(h)ys« (»Sau«) innerhalb von »mys« (»Maus«) eine Bedeutung, sondern ist in diesem Falle nur eine stimmliche Äußerung. [Bei den Doppelwörtern hingegen bedeutet zwar, wie zuvor schon gesagt, auch ein Teil etwas, aber nicht für sich allein.] |

Jedes Wortgefüge hat zwar eine Bedeutung – nicht 17 a
nach Art eines Werkzeugs freilich, sondern, wie schon gesagt, gemäß einer Übereinkunft –, ein Behauptungssatz aber ist nicht jedes, sondern nur eines, dem es zukommt, wahr oder falsch zu sein. Nicht allen kommt

μέν, ἀλλ᾽ οὔτε ‖ ἀληθὴς οὔτε ψευδής. οἱ μὲν οὖν ἄλλοι ἀφείσθωσαν· ῥητορι|κῆς γὰρ ἢ ποιητικῆς οἰκειοτέρα ἡ σκέψις· ὁ δὲ ἀποφαν|τικὸς τῆς νῦν θεωρίας. |

5 Ἔστι δὲ εἷς πρῶτος λόγος ἀποφαντικὸς κατάφασις, | εἶτα ἀπόφασις· οἱ δὲ ἄλλοι πάντες συνδέσμῳ εἷς.

Ἀνάγκη ‖ δὲ πάντα λόγον ἀποφαντικὸν ἐκ ῥήματος εἶναι ἢ πτώσεως | ῥήματος· καὶ γὰρ ὁ τοῦ ἀνθρώπου λόγος, ἐὰν μὴ τὸ ἔστιν ἢ | ἦν ἢ ἔσται ἤ τι τοιοῦτο προστεθῇ, οὔπω λόγος ἀποφαντικός. | διότι δὲ ἕν τί ἐστιν ἀλλ᾽ οὐ πολλὰ τὸ ζῷον πεζὸν δίπουν | — οὐ γὰρ δὴ τῷ σύνεγγυς εἰρῆσθαι εἷς ἔσται —, ἔστι δὲ ἄλλης ‖ τοῦτο πραγματείας εἰπεῖν.

Ἔστι δὲ εἷς λόγος ἀποφαντικὸς ἢ | ὁ ἓν δηλῶν ἢ ὁ συνδέσμῳ εἷς, πολλοὶ δὲ οἱ πολλὰ καὶ | μὴ ἓν ἢ οἱ ἀσύνδετοι.

Τὸ μὲν οὖν ὄνομα καὶ τὸ ῥῆμα φάσις | ἔστω μόνον, ἐπεὶ οὐκ ἔστιν εἰπεῖν οὕτω δηλοῦντά τι τῇ φωνῇ | ὥστε

---

17 a 9 πάντες *om.* **n** ΛΓ ‖ **12** ἦν ἢ ἔσται **ABCVd** α{le., cit.} : ἔσται ἢ ἦν **n** ΛΣΓ ς{le.} : ἔσται Δ ‖ **13** δὲ **Bd** *vid.* (*eras.* **B**[c]**d**[c]), **C**, **Vn** *a.c.*, Δ?, (Λ)Σ α{(le.)} πςτ{le.} : δὴ **A**, **Vn** *p.c.* (*al. m.*), α{(le.)} : *om.* (Λ)Γ ‖ **14–15** ἄλλης τοῦτο πραγματείας **n** Δ(Λ) α{(le.)} ς{le. *a.c.*} : ἄλλης πρ. τοῦτο **ABCVd** ς{le. *p.c.*} τ{le.} : τοῦτο ἄλλης πρ. (Λ)Σ *vid.*, α{(le.)}, π{le.} *vid.* : ἄλλης δὲ πρ. ἐστὶν εἰπεῖν τοῦτο *legisse videtur* Γ ‖ **17** καὶ **n** ΛΣ πτ{le.} : ἢ **ABCVd** ΔΓ α{le.} | *alt.* τὸ *om.* **ABVd** Δ α{(le.)} τ{le.} ‖ **18** ἐπεὶ **Bn** : ἐπειδὴ **ACVd** α{le., cit.}

dies zu. So ist zum Beispiel eine Bitte zwar ein Wortgefüge, aber weder | wahr noch falsch. Die anderen nun wollen wir beiseite lassen; denn sie zu untersuchen ist eher Sache der Rhetorik oder der Poetik. Der Behauptungssatz aber ist Gegenstand der jetzt anzustellenden Betrachtung.

5 Ein einheitlicher Behauptungssatz ist zunächst die bejahende Aussage und sodann die verneinende. Alle anderen Behauptungssätze bilden aufgrund einer Verknüpfung eine Einheit.

Notwendig ist, | daß jeder Behauptungssatz ein Aussagewort oder eine (temporale) Abwandlung eines Aussagewortes enthält. Denn auch das den Menschen definierende Wortgefüge ist, solange nicht »ist«, »war«, »wird sein« oder ein anderer derartiger Ausdruck hinzugefügt wird, noch kein Behauptungssatz. Weshalb aber (die Definition) »zweifüßiges Land-Lebewesen« etwas Einheitliches ist und nicht vieles – denn sie wird ja sicherlich nicht deshalb eine Einheit bilden, weil sie eine zusammenhängend ausgesprochene Folge von Wörtern ist –, dies zu sagen ist Sache einer anderen | Disziplin.

Ein einheitlicher Behauptungssatz ist entweder ein solcher, der etwas Einheitliches zu verstehen gibt, oder ein solcher, der aufgrund einer Verknüpfung einheitlich ist. Eine Vielheit hingegen bilden diejenigen, die vieles und nicht eines zu verstehen geben, oder diejenigen, die nicht miteinander verknüpft sind.

Ein Nennwort nun und ein Aussagewort wollen wir einen Ausdruck nennen, der lediglich etwas sagt; denn man kann, wenn man (ein solches Wort) ausspricht,

ἀποφαίνεσθαι, ἢ ἐρωτῶντός τινος ἢ μή, ἀλλ' αὐτὸν ‖ προαιρούμενον.

Τούτων δὲ ἡ μὲν ἁπλῆ ἐστιν ἀπόφανσις, οἷον | τὶ κατὰ τινὸς ἢ τὶ ἀπὸ τινός, ἡ δὲ ἐκ τούτων συγκειμένη, | οἷον λόγος τις ἤδη σύνθετος. ἔστι δὲ ἡ μὲν ἁπλῆ ἀπόφανσις | φωνὴ σημαντικὴ περὶ τοῦ εἰ ὑπάρχει τι ἢ μὴ ὑπάρχει, ὡς | οἱ χρόνοι διῄρηνται. ‖

6 Κατάφασις δέ ἐστιν ἀπόφανσις τινὸς κατὰ τινός, ἀπό|φασις δέ ἐστιν ἀπόφανσις τινὸς ἀπὸ τινός. ἐπεὶ δὲ ἔστι καὶ | τὸ ὑπάρχον ἀποφαίνεσθαι ὡς μὴ ὑπάρχον καὶ τὸ μὴ | ὑπάρχον ὡς ὑπάρχον καὶ τὸ ὑπάρχον ὡς ὑπάρχον καὶ | τὸ μὴ ὑπάρχον ὡς μὴ ὑπάρχον, καὶ περὶ τοὺς ἐκτὸς δὲ ‖ τοῦ νῦν χρόνους ὡσαύτως, ἅπαν ἂν ἐνδέχοιτο καὶ ὃ κατέφησέ | τις ἀποφῆσαι καὶ ὃ ἀπέφησέ τις καταφῆσαι. ὥστε δῆλον | ὅτι πάσῃ καταφάσει ἐστὶν ἀπόφασις

---

22 ἡ μὲν ἁπλῆ **Bn** Σ απτ{le.} : ἡ ἁπλῆ **ACd** Γ : ἁπλῆ **V** ‖ **23** εἰ ὑπάρχει τι ἢ μὴ ὑπάρχει **n** *a.c.*, ΣΓ α{cit. 1} π{(le.)} : ⟨εἰ⟩/εἰ ὑπάρχει τινὶ ἢ μὴ ὑπάρχει α{le. (εἰ *add. Busse*), cit. 2} : ὑπάρχειν (ἢ ὑπ. **V**) τι ἢ μὴ ὑπάρχειν **ABCVd**, **n** *p.c.*, ΔΛ τ{le., expl.} ‖ **25** *et* **26** ἀπόφανσις **ABCVdn** (**n** *25*), ΔΛΣΓ απτ{le. (τ *25*), expl.} : λόγος ἀποφαντικός ς{le.} ‖ **25–26** κατὰ … *alt.* ἀπόφανσις τινὸς *om.* **n** ‖ **30** χρόνους **Vn**, **A** *p.c.* (*al. m.*), (Λ)ΣΓ α{(le.)} π{(le.), cit.} : χρόνου **BCd**, **A** *a.c.*, Δ(Λ) α{(le.)} ‖ **31** *alt.* τις **n** ΔΛ : *om.* **ABCVd** ΣΓ απ

nicht in der Weise mit der Stimme etwas zu verstehen geben, daß man – ob man nun von jemandem (etwas) gefragt wird oder ob man sich ungefragt von sich aus (zum Sprechen) entschließt – eine Behauptung aufstellt. |

Von den beiden genannten Arten von Behauptungen ist die eine die einfache Behauptung, nämlich diejenige, die etwas etwas anderem zu- oder abspricht; die andere hingegen ist die aus solchen (einfachen Behauptungen) zusammengefügte, diejenige also, die einen nunmehr zusammengesetzten Satz darstellt. Was die einfache Behauptung betrifft, so ist sie eine stimmliche Äußerung, die als Zeichen dafür, ob etwas (etwas anderem) zukommt oder nicht zukommt, etwas bedeutet, und zwar der Einteilung der Zeitformen gemäß. |

6 Eine bejahende Aussage ist eine Behauptung, die etwas etwas anderem zuspricht, eine verneinende Aussage hingegen ist eine Behauptung, die etwas etwas anderem abspricht. Behaupten kann man nun aber sowohl von dem, was (einer Sache) zukommt, daß es (ihr) nicht zukommt, als auch von dem, was (einer Sache) nicht zukommt, daß es (ihr) zukommt, sowie von dem, was (einer Sache) zukommt, daß es (ihr) zukommt, und von dem, was (einer Sache) nicht zukommt, daß es (ihr) nicht zukommt, und ebenso auch, was die Zeiten außerhalb | der Gegenwart anbetrifft. Daher kann man (einer Sache) doch wohl alles, was (ihr) jemand zugesprochen hat, auch absprechen und alles, was (ihr) jemand abgesprochen hat, auch zusprechen. Somit ist es offenkundig, daß jeder bejahenden Aussage eine verneinende entgegengesetzt ist und

ἀντικειμένη καὶ πάσῃ | ἀποφάσει κατάφασις. καὶ ἔστω ἀντίφασις τοῦτο, κατάφα|σις καὶ ἀπόφασις αἱ ἀντικείμεναι. λέγω δὲ ἀντικεῖσθαι ‖ τὴν τοῦ αὐτοῦ κατὰ τοῦ αὐτοῦ, μὴ ὁμωνύμως δέ, καὶ ὅσα | ἄλλα τῶν τοιούτων προσδιοριζόμεθα πρὸς τὰς σοφιστικὰς | ἐνοχλήσεις. |

7 Ἐπεὶ δέ ἐστι τὰ μὲν καθόλου τῶν πραγμάτων, τὰ δὲ | καθ' ἕκαστον — λέγω δὲ καθόλου μὲν ὃ ἐπὶ πλειόνων πέφυκε ‖ κατηγορεῖσθαι, καθ' ἕκαστον δὲ ὃ μή, οἷον
17b ἄνθρωπος μὲν ‖ τῶν καθόλου, Καλλίας δὲ τῶν καθ' ἕκαστον —, ἀνάγκη δὲ | ἀποφαίνεσθαι ὡς ὑπάρχει τι ἢ μὴ ὁτὲ μὲν τῶν καθόλου | τινί, ὁτὲ δὲ τῶν καθ' ἕκαστον, ἐὰν μὲν οὖν καθόλου ἀποφαίνη|ται ἐπὶ τοῦ καθόλου ὅτι ὑπάρχει τι ἢ μή, ἔσονται ἐναντίαι ‖ ἀποφάνσεις — λέγω δὲ ἐπὶ τοῦ καθόλου ἀποφαίνεσθαι καθ|όλου, οἷον πᾶς ἄνθρωπος λευκός, οὐδεὶς ἄνθρωπος λευκός —, ὅταν | δὲ ἐπὶ τῶν καθόλου μέν, μὴ καθόλου δέ, αὗται μὲν οὐκ εἰσὶν | ἐναντίαι, τὰ μέντοι δηλούμενα ἔστιν εἶναι ἐναντία ποτέ — λέγω | δὲ τὸ μὴ καθόλου ἀποφαίνεσθαι ἐπὶ τῶν

---

39 *et* **40** ἕκαστον **ABCVdn** α{le.} ς{le. 1 (*39 et 40*), le. 2 (*39*)} : ἕκαστα **Q** αστ{expl.} ‖ **17b 1** ἕκαστον **ABCVdn** α{(le.)} : ἕκαστα **Q** α{(le.), expl.} ‖ **3** ἕκαστον **ABCVdn** α{le.} : ἕκαστα **Q** α{expl.} | οὖν **ABCQV**, **d** *vid.* (*eras.* **d**[c]), ΔΛΣ : *om.* **n** Γ ας | *ante* καθόλου *add.* τὸ **Q** ‖ **4** τι *om.* **C** (*add.* **C**[c]), **Q** ΔΛΣΓ ‖ **5** *ante* ἀποφάνσεις *add.* αἱ **Ad** (Δ) α{(le.)} στ{le.}, *ante* ἐναντίαι (*4*) *add.* αἱ **Q** : *om.* **BCVn** (Δ) α{(le.)} | ἀποφαίνεσθαι **AQdn** ΔΣ α{(le.)} : ἀπόφανσιν **BCV** ΛΓ α{(le.)} ‖ **7** *pr.* μέν *om.* **Q** Σ | *alt.* δέ *om.* Σ | αὗται μὲν *om.* **Q** ΔΛΣΓ ς ‖ **8** ἔστιν *om.* **Q** | ποτέ *om.* **n** Δ(Λ)Γ τ

jeder verneinenden Aussage eine bejahende. Und wenn eine bejahende und eine verneinende Aussage einander entgegengesetzt sind, so wollen wir sie eine Kontradiktion (d. h. ein kontradiktorisches Aussagenpaar) nennen. Als einander entgegengesetzt bezeichne ich eine bejahende und eine verneinende Aussage | dann, wenn sie dasselbe demselben Gegenstand zu- bzw. absprechen, nicht in homonymer Weise freilich und was wir an näheren Bestimmungen dieser Art sonst noch hinzufügen, um uns lästiger Sophistereien zu erwehren.

7 Von den Dingen sind die einen allgemeine, die anderen hingegen einzelne – als allgemein bezeichne ich das, was seiner Natur nach dazu geeignet ist, von mehrerem | prädiziert zu werden, als einzeln hingegen das, was hierzu nicht geeignet ist; so gehört beispielsweise (der Begriff) »Mensch« | zum Allgemeinen, Kallias 17b
hingegen zum Einzelnen –, und notwendigerweise ist es auch teils etwas Allgemeines, teils etwas Einzelnes, wovon man behauptet, daß ihm etwas zukommt oder daß es ihm nicht zukommt. Wenn man nun in allgemeiner Weise von etwas Allgemeinem behauptet, daß ihm etwas zukommt oder daß es ihm nicht zukommt, so werden sich konträre Behauptungen ergeben. | Ich meine, wenn ich davon spreche, daß von etwas Allgemeinem in allgemeiner Weise etwas behauptet wird, Behauptungen wie »Jeder Mensch ist weiß«, »Kein Mensch ist weiß«. Wenn man jedoch über etwas Allgemeines nicht in allgemeiner Weise Behauptungen aufstellt, so sind diese zwar nicht konträr, aber das, was man mit ihnen zu verstehen gibt, kann zuweilen konträr sein. Ich meine, wenn ich davon spreche, daß von etwas

καθόλου, οἷον ἔστι ‖ λευκὸς ἄνθρωπος, οὐκ ἔστι λευκὸς ἄνθρωπος· καθόλου γὰρ ὄντος | τοῦ ἄνθρωπος οὐχ ὡς καθόλου κέχρηται τῇ ἀποφάνσει· τὸ | γὰρ πᾶς οὐ τὸ καθόλου σημαίνει, ἀλλ' ὅτι καθόλου.

Ἐπὶ δὲ τοῦ | κατηγορουμένου καθόλου τὸ καθόλου κατηγορεῖν καθόλου οὐκ ἔστιν ἀλη|θές· οὐδεμία γὰρ κατάφασίς ⟨γε⟩ ἀληθὴς ἔσται, ἐν ᾗ τοῦ κατη‖γορουμένου καθόλου τὸ καθόλου ⟨καθόλου⟩ κατηγορηθήσεται, οἷον ἔστι πᾶς | ἄνθρωπος πᾶν ζῷον.

Ἀντικεῖσθαι μὲν οὖν κατάφασιν ἀπο|φάσει λέγω ἀντιφατικῶς τὴν τὸ καθόλου ⟨ὅτι καθόλου⟩ σημαίνουσαν ⟨τῇ⟩ τὸ | αὐτὸ ὅτι οὐ καθόλου, οἷον πᾶς ἄνθρωπος λευκός — οὐ πᾶς | ἄνθρωπος λευκός, οὐδεὶς ἄνθρωπος λευκός — ἔστι τις ἄνθρω‖πος λευκός· ἐναντίως δὲ τὴν τοῦ καθόλου ⟨καθόλου⟩ κατάφασιν καὶ | τὴν τοῦ καθόλου ⟨καθόλου⟩ ἀπόφασιν, οἷον | πᾶς ἄνθρωπος δίκαιος — οὐδεὶς ἄνθρωπος | δίκαιος. διὸ ταύτας μὲν οὐχ οἷόν τε ἅμα ἀληθεῖς εἶναι, | τὰς δὲ ἀντικειμένας

---

11 κέχρηται **ABCQV** α{le.} : χρῆται **n** Λ, ΣΓ *vid.* ‖ **12–13** ἐπὶ δὲ τοῦ κατηγορουμένου καθόλου τὸ καθόλου κατηγορεῖν καθόλου (Λ) ς{le.} : ἐπὶ δὲ τοῦ κατ.μένου τὸ καθ. κατηγορεῖν καθ. **Bn** *a.c.*, (Δ) : ἐπὶ δὲ τοῦ κατ.μένου καθ. κατηγορεῖν τὸ καθ. **AQ**, **Bn** *p.c.* (*al. m.*), (Δ) ‖ **14** γε *addidi* | ἀληθὴς **ACVd** α{(le.)} ς{le. 1, le. 2} : *om.* **BQn** ΔΛΣΓ α{(le.), expl.} ς{expl.} ‖ **15** *tert.* καθόλου *addidi* | κατηγορηθήσεται **n** *a.c.*, Γ ς{le.} : κατηγορεῖται **ABCQVd, n** *p.c.*, ΔΛΣ α{le., cit.} ‖ **17** ὅτι καθόλου *addidi; post* σημαίνουσαν *in marg. add. al. m. in cod. Oxon. Coll. Novi 225* (*saec. XIV*) ‖ **17–18** τῇ τὸ αὐτὸ *supra* τῷ αὐτῷ *scr. prima m., ut videtur, in cod. Oxon. Coll. Novi 225, al. m. in cod. Vat. Pal. gr. 74* (*saec. XV*) : τῷ αὐτῷ **ABCQVd**, **n**^{c} (ταὐτῷ, *corr. ex* αὐτῷ *prima m.* [*supra lin. add.* ταυ]), **n**^{c} *rec.* (τῷ αὐτῷ, *corr. ex* ταὐτῷ *al. m.* [ταυ *corr. in* τῷ]), Δ(Λ)ΣΓ α{le.} τ{expl.} ‖ **20–21** *alt.* καθόλου *utrobique addidi*

Allgemeinem nicht in allgemeiner Weise etwas behauptet wird, Behauptungen wie | »(Ein) Mensch ist weiß«, »(Ein) Mensch ist nicht weiß«. Denn (der Begriff) »Mensch« ist zwar etwas Allgemeines, aber er ist hier nicht in allgemeiner Weise zu der Behauptung in Beziehung getreten. Das Wort »jeder« bedeutet nämlich nicht die Allgemeinheit (von etwas Allgemeinem), sondern vielmehr, daß (von etwas Allgemeinem) in allgemeiner Weise die Rede ist.

Wenn man aber von etwas, das in allgemeiner Weise Gegenstand einer Prädikation ist, etwas Allgemeines in allgemeiner Weise prädiziert, so ist das, was man damit aussagt, nicht wahr. Keine bejahende Aussage ⟨jedenfalls⟩ kann ja wahr sein, in der von etwas, das | in allgemeiner Weise Gegenstand einer Prädikation ist, etwas Allgemeines ⟨in allgemeiner Weise⟩ prädiziert wird, wie zum Beispiel in der Aussage »Jeder Mensch ist jedes Lebewesen«.

Kontradiktorisch entgegengesetzt, sage ich nun, ist eine bejahende Aussage einer verneinenden dann, wenn die eine bedeutet, ⟨daß⟩ von etwas Allgemeinem ⟨in allgemeiner Weise⟩, und ⟨die andere⟩, daß von demselben Allgemeinen in nicht-allgemeiner Weise (die Rede ist), wie zum Beispiel im Falle der beiden Aussagenpaare »Jeder Mensch ist weiß« – »Nicht jeder Mensch ist weiß«, »Kein Mensch ist weiß« – »Irgendein Mensch ist | weiß«. Als konträr entgegengesetzt bezeichne ich hingegen eine auf etwas Allgemeines bezogene ⟨allgemein-⟩bejahende und die auf das(selbe) Allgemeine bezogene ⟨allgemein-⟩verneinende Aussage, wie zum Beispiel »Jeder Mensch ist gerecht« – »Kein Mensch ist gerecht«. Solche Aussagen können daher nicht zugleich wahr

αὐταῖς ἐνδέχεταί ποτε ἐπὶ τοῦ αὐτοῦ, ‖ οἷον οὐ πᾶς ἄνθρωπος λευκός καὶ ἔστι | τις ἄνθρωπος λευκός.

Ὅσαι μὲν οὖν ἀντιφάσεις τῶν καθόλου | εἰσὶ καθόλου, ἀνάγκη τὴν ἑτέραν ἀληθῆ εἶναι ἢ ψευδῆ, καὶ | ὅσαι ἐπὶ τῶν καθ᾽ ἕκαστα, οἷον ἔστι Σωκράτης λευκός — οὐκ | ἔστι Σωκράτης λευκός· ὅσαι δὲ ἐπὶ τῶν καθόλου μέν, μὴ καθ‖όλου δέ, οὐκ ἀεὶ ἡ μὲν ἀληθὴς ἡ δὲ ψευδής· ἅμα γὰρ ἀλη|θές ἐστιν εἰπεῖν ὅτι ἔστιν ἄνθρωπος λευκὸς καὶ ὅτι οὐκ ἔστιν | ἄνθρωπος λευκός, καὶ ἔστιν ἄνθρωπος καλός, καὶ οὐκ ἔστιν ἄν|θρωπος καλός. [εἰ γὰρ αἰσχρός, καὶ οὐ καλός· καὶ εἰ γίγνεταί | τι, καὶ οὐκ ἔστιν.] δόξειε δ᾽ ἂν ἐξαίφνης ἄτοπον εἶναι διὰ τὸ ‖ φαίνεσθαι σημαίνειν τὸ οὐκ ἔστιν ἄνθρωπος λευκός ἅμα καὶ | ὅτι οὐδεὶς ἄνθρωπος λευκός· τὸ δὲ οὔτε ταὐτὸν σημαίνει οὔθ᾽ | ἅμα ἐξ ἀνάγκης. |

Φανερὸν δὲ ὅτι καὶ μία ἀπόφασις μιᾶς καταφάσεως· | τὸ γὰρ αὐτὸ δεῖ ἀποφῆσαι τὴν ἀπόφασιν ὅπερ κατέ‖φη-

---

24 ποτε **ACVn** (*exp.* **n**ᶜ), α{(le.)} : *om.* **BQd** ΔΛΣΓ α{(le.), cit.} ‖ **30** ἡ μὲν ἀληθὴς ἡ δὲ (ἡ μὲν Σ) ψευδής **ABCVdn** ΛΣΓ α{le.} τ{cit.} (μὲν *om.* (α)) : μὲν ἀληθεῖς ἢ ψευδεῖς **Q** : ἡ μὲν ψευδὴς ἡ δὲ ἀληθής Δ ‖ **32** *post utrumque* καὶ *add.* ὅτι **Q** Γ, *post pr.* καὶ *add.* ὅτι α{le.}, *post alt.* καὶ *add.* ὅτι Σ α{(le.)} ‖ **33–34** εἰ γὰρ … οὐκ ἔστιν *seclusi* ‖ **34** δ᾽ *om.* **Q** (δόξοιεν [*sic*] ἂν *scr.*) ‖ **36** οὔτε … οὔθ᾽ **ABCVdn** α{le.} : οὐδὲ … οὐδὲ **Q**

sein, während dies bei den ihnen (kontradiktorisch) entgegengesetzten Aussagen in bezug auf ein und denselben (allgemeinen) Gegenstand bisweilen möglich ist, | zum Beispiel bei den Aussagen »Nicht jeder Mensch ist weiß« und »Irgendein Mensch ist weiß«.

Nun muß bei all denjenigen kontradiktorisch entgegengesetzten Aussagen, die etwas Allgemeines in allgemeiner Weise zum Gegenstand haben, notwendigerweise die eine wahr und die andere falsch sein und ebenso auch bei all denjenigen, die, wie zum Beispiel »Sokrates ist weiß« und »Sokrates ist nicht weiß«, etwas Einzelnes zum Gegenstand haben. Bei all denjenigen aber, die zwar etwas Allgemeines zum Gegenstand haben, aber nicht in allgemeiner | Weise, ist nicht immer die eine wahr und die andere falsch. Denn beides ist zugleich wahr, wenn man einerseits behauptet, daß (ein) Mensch weiß ist, und andererseits, daß (ein) Mensch nicht weiß ist, und auch, wenn man einerseits behauptet: »(Ein) Mensch ist schön« und andererseits: »(Ein) Mensch ist nicht schön«. [Wenn ein Mensch nämlich häßlich ist, so ist er nicht schön, und wenn er etwas erst wird, so ist er es noch nicht.] Auf den ersten Blick könnte man dies vielleicht für abwegig halten, weil | der Satz »(Ein) Mensch ist nicht weiß« (damit, daß er bedeutet, daß ein Mensch nicht weiß ist,) zugleich auch zu bedeuten scheint, daß kein Mensch weiß ist; aber weder bedeutet er dasselbe (wie der Satz »Kein Mensch ist weiß«), noch ist das, was er bedeutet, notwendigerweise zugleich (mit dem, was dieser Satz bedeutet,) der Fall.

Offenbar gibt es für genau eine bejahende jeweils auch genau eine verneinende Aussage; denn eine ver-

σεν ἡ κατάφασις, καὶ ἀπὸ τοῦ αὐτοῦ, ἢ τῶν καθ' ἕκαστά
18a ‖ τινος ἢ ἀπὸ τῶν καθόλου τινός, ἢ ὡς καθόλου ἢ μὴ ὡς καθόλου. | λέγω δέ, οἷον ἔστι Σωκράτης λευκός — οὐκ ἔστι Σωκράτης λευ|κός. ἐὰν δὲ ἄλλο τι ἢ ἀπ' ἄλλου τὸ αὐτό, οὐχ ἡ ἀντικει|μένη, ἀλλ' ἔσται ἐκείνης ἑτέρα. τῇ δὲ πᾶς ἄνθρωπος λευκός ‖ ἡ οὐ πᾶς ἄνθρωπος λευκός, τῇ δὲ τὶς ἄνθρωπος λευκός ἡ οὐ|δεὶς ἄνθρωπος λευκός, τῇ δὲ ἔστιν ἄνθρωπος λευκός ἡ οὐκ ἔστιν | ἄνθρωπος λευκός. |

Ὅτι μὲν οὖν μία κατάφασις μιᾷ ἀποφάσει ἀντίκειται | ἀντιφατικῶς, καὶ τίνες εἰσὶν αὗται, εἴρηται, καὶ ὅτι αἱ ἐναν‖τίαι ἄλλαι, καὶ τίνες εἰσὶν αὗται, εἴρηται, καὶ ὅτι οὐ πᾶσα | ἀληθὴς ἢ ψευδὴς ἀντίφασις, καὶ διὰ τί, καὶ πότε ἀληθὴς | ἢ ψευδής. |

8 Μία δέ ἐστι κατάφασις καὶ ἀπόφασις ἡ ἓν καθ' ἑνὸς | σημαίνουσα, ἢ καθόλου ὄντος καθόλου ἢ μὴ ὁμοίως,

---

40–18a 1 ἢ τῶν … ἢ ἀπὸ τῶν **ABCVdn** ΔΛΣΓ α{le., citt. 1, 2} (ἀπὸ *om.* α{(cit. 1)}, *alt.* ἢ *om.* α{cit. 2}) : τοῦ … καὶ τοῦ **Q**[c] (*corr. ex* τῶν … καὶ τῶν *vid.*) ‖ **18a 1** ἢ μὴ ὡς (*an* ἢ ὡς μὴ?) καθόλου *om.* **C** (*ante alt.* ἢ *add.* ὡς καθ. *al. m.*, *ante alt.* καθ. *add.* μὴ *al. m.*) | μὴ ὡς **n** *a.c.*, Γ : ὡς μὴ **ABQVd**, **n** *p.c.* (*al. m.*), ΔΣ α{le., citt. 1, 2} ‖ **8** μία κατάφασις μιᾷ ἀποφάσει **BCVdn** Γ : μία κατάφ. ἀποφ. μιᾷ **Q** : μιᾷ καταφ. μία ἀπόφ. **A** Σ α{(cit.)} : μία ἀπόφ. μιᾷ καταφ. Δ : μιᾷ ἀποφ. μία κατάφ. Λ α{le., (cit.)} ‖ **10** εἴρηται *om.* **V** (*add.* **V**[c]), **d** ΔΛΓ α | *post* ὅτι *iteravit* αἱ ἐναντίαι ἄλλαι (*9–10*) **Q** (*inter haec verba et verbum* ψευδὴς [*11*] *quid librarius scripserit, legi non potest*)

neinende Aussage muß jeweils dasselbe absprechen, was | die (ihr entsprechende) bejahende Aussage zugesprochen hat, und zwar ein und demselben, sei es irgend etwas Einzelnem | oder irgend etwas Allgemei- 18a
nem, sei es, daß sie es in allgemeiner, sei es, daß sie es nicht in allgemeiner Weise zum Gegenstand hat. Ich meine damit Aussagenpaare wie zum Beispiel »Sokrates ist weiß« – »Sokrates ist nicht weiß«. Wenn eine verneinende Aussage aber etwas anderes abspricht (als das, was eine bejahende Aussage zugesprochen hat,) oder dasselbe etwas anderem, so ist sie nicht die (ihr kontradiktorisch) entgegengesetzte, sondern eine von dieser verschiedene Aussage. Der Aussage »Jeder Mensch ist weiß« | (z. B.) ist die Aussage »Nicht jeder Mensch ist weiß« (kontradiktorisch) entgegengesetzt, der Aussage »Irgendein Mensch ist weiß« die Aussage »Kein Mensch ist weiß« und der Aussage »(Ein) Mensch ist weiß« die Aussage »(Ein) Mensch ist nicht weiß«.

Daß also genau eine bejahende Aussage genau einer verneinenden kontradiktorisch entgegengesetzt ist und welches diese (kontradiktorisch entgegengesetzten Aussagen) sind, ist nun dargelegt, und auch, daß die konträren | Aussagen andere sind und welches diese sind, ist nun dargelegt, und auch, daß von zwei kontradiktorisch entgegengesetzten Aussagen nicht in jedem Fall die eine wahr und die andere falsch ist, weshalb dem so ist, und wann von zwei solchen Aussagen die eine wahr und die andere falsch ist.

8 Einheitlich ist eine bejahende und desgleichen eine verneinende Aussage, die hinsichtlich dessen, was sie bedeutet, etwas Einheitliches von etwas aussagt, das

οἷον πᾶς ‖ ἄνθρωπος λευκός ἐστιν — οὐκ ἔστι πᾶς ἄνθρωπος λευκός, ἔστιν | ἄνθρωπος λευκός — οὐκ ἔστιν ἄνθρωπος λευκός, οὐδεὶς ἄνθρωπος | λευκός — ἔστι τις ἄνθρωπος λευκός, εἰ τὸ λευκὸν ἓν σημαίνει. | εἰ δὲ δυοῖν ἓν ὄνομα κεῖται, ἐξ ὧν μή ἐστιν ἕν, οὐ μία κατά|φασις οὐδὲ ἀπόφασις μία. οἷον εἴ τις θεῖτο ὄνομα ἱμάτιον ‖ ἵππῳ καὶ ἀνθρώπῳ, τὸ ἔστιν ἱμάτιον λευκόν, αὕτη οὐ μία κα|τάφασις [οὐδὲ ἀπόφασις μία]· οὐδὲν γὰρ διαφέρει τοῦτο εἰπεῖν | ἢ ἔστιν ἵππος καὶ ἄνθρωπος λευκός, τοῦτο δὲ οὐδὲν διαφέρει | τοῦ εἰπεῖν ἔστιν ἵππος λευκός, καὶ ἔστιν ἄνθρωπος λευκός. εἰ | οὖν αὗται πολλὰ σημαίνουσι καὶ εἰσὶ πολλαί, δῆλον ὅτι καὶ ‖ ἡ πρώτη ἤτοι πολλὰ ἢ οὐδὲν σημαίνει· οὐ γάρ ἐστί τις ἄν|θρωπος ἵππος. ὥστε οὐδ᾽ ἐν ταύταις ἀνάγκη τὴν μὲν ἀληθῆ | τὴν δὲ ψευδῆ εἶναι ἀντίφασιν. |

9 Ἐπὶ μὲν οὖν τῶν ὄντων καὶ γενομένων ἀνάγκη τὴν κα|τάφασιν ἢ τὴν ἀπόφασιν ἀληθῆ ἢ ψευδῆ εἶναι, καὶ

---

19 οὐδὲ ἀπόφασις μία **Ad** Σ α{(le.)} : οὐδὲ μία ἀπόφ. Δ(Λ) : οὐδὲ ἀπόφ. **CV**^{c} : *om.* **BVn** (Λ)Γ α{(le.)} | θεῖτο **ACV**, **d** *a.c.*, **n** *a.c. et p.c.*^{2}, **B** *p.c.* (*al. m.*), ΔΣΓ *vid.*, α{(le.), (citt. 1, 2)} : θείη τὸ **B** *a.c.*, **d** *p.c.* (*al. m.*), α{(citt. 1, 2)} ‖ **20** τὸ **ABCdn**, **V** *a.c.?*, ΔΛΓ, Σ (*an* ὅτι?), α{le.} : ὅτι **V** (*p.c.?*) ‖ **21** οὐδὲ ἀπόφασις μία **BCVdn** ΔΛΣΓ α{le.} (μία *om.* (α)) : οὔτε ἀπόφ. μία **A** : *recte secl. Minio-Paluello* | τοῦτο **ABCV** ΛΓ α{le.} : τοῦ **d** *a.c.* (*an* τοῦτο?), **n** : τοῦτο τοῦ **d** *p.c.* (*al. m. in ras.*) : *om.* Δ ‖ **22** ἢ **A**, **n** *vid.* (*eras.* **n**^{c}), Λ, Γ (*an* ἢ ὅτι?) : ἢ ὅτι **BC** : ὅτι **V**^{c} (*prima m.*), Δ α{(le.)} : *om.* **Vd** α{(le.)}

(ebenfalls) einheitlich ist, sei (letzteres) nun etwas Allgemeines, das sie in allgemeiner Weise, oder etwas Allgemeines, das sie nicht in dieser Weise zum Gegenstand hat, wie zum Beispiel »Jeder | Mensch ist weiß« – »Nicht jeder Mensch ist weiß«, »(Ein) Mensch ist weiß« – »(Ein) Mensch ist nicht weiß«, »Kein Mensch ist weiß« – »Irgendein Mensch ist weiß«, wenn das Wort »weiß« etwas Einheitliches bedeutet. Wenn aber ein einziges Wort zur Bezeichnung von zwei Dingen dient, aus denen sich nichts Einheitliches ergibt, liegt keine einheitliche bejahende und auch keine einheitliche verneinende Aussage vor. Würde man beispielsweise das Wort »Mantel« zur Bezeichnung von | Pferd und Mensch verwenden, so wäre die Aussage »(Ein) Mantel ist weiß« keine einheitliche bejahende [und auch keine einheitliche verneinende] Aussage. Denn es würde ja keinen Unterschied machen, ob man dies sagt oder »(Ein) Pferd und (ein) Mensch sind weiß«; mit diesem Satz würde man aber nichts anderes sagen als »(Ein) Pferd ist weiß« und »(Ein) Mensch ist weiß«. Wenn nun diese beiden Aussagen mehreres bedeuten und mehrere Aussagen sind, so bedeutet offenbar auch | die ursprüngliche entweder mehreres oder gar nichts; denn so etwas wie einen Pferde-Menschen gibt es ja nicht. Folglich ist es auch im Falle solcher Aussagen nicht notwendig, daß das eine Glied einer Kontradiktion wahr und das andere falsch ist.

9 Bei dem, was gegenwärtig der Fall ist, und dem, was bereits geschehen ist, muß nun, wenn es Gegenstand einer bejahenden oder (der ihr kontradiktorisch entgegengesetzten) verneinenden Aussage ist, diese not-

ἐπὶ μὲν ‖ τῶν καθόλου ὡς καθόλου ἀεὶ τὴν μὲν ἀληθῆ τὴν δὲ ψευδῆ | καὶ ἐπὶ τῶν καθ’ ἕκαστα, ὥσπερ εἴρηται, ἐπὶ δὲ τῶν | καθόλου μὴ καθόλου ληφθέντων οὐκ ἀνάγκη· εἴρηται δὲ καὶ | περὶ τούτων. ἐπὶ δὲ τῶν καθ’ ἕκαστα καὶ μελλόντων οὐχ ὁμοίως. |

Εἰ γὰρ πᾶσα κατάφασις καὶ ἀπόφασις ἀληθὴς ἢ ψευδής, ‖ καὶ ἅπαν ἀνάγκη ὑπάρχειν ἢ μὴ ὑπάρχειν, ὥστε εἰ ὁ μὲν | φήσει ἔσεσθαί τι, ὁ δὲ μὴ φήσει τὸ αὐτὸ τοῦτο, δῆλον ὅτι | ἀνάγκη ἀληθεύειν τὸν ἕτερον αὐτῶν, εἰ πᾶσα κατάφασις | καὶ ἀπόφασις ἀληθὴς ἢ ψευδής· ἄμφω γὰρ οὐχ ὑπάρξει | ἅμα ἐπὶ τοῖς τοιούτοις. εἰ γὰρ
18b ἀληθὲς εἰπεῖν ὅτι λευκὸν ἢ ‖ ὅτι οὐ λευκόν ἐστιν, ἀνάγκη εἶναι ἢ λευκὸν ἢ οὐ λευκόν, καὶ εἰ | ἔστιν ⟨ἢ⟩ λευκὸν ἢ οὐ λευκόν, ἀληθὲς ἦν ἢ φάναι ἢ ἀποφάναι· καὶ | εἰ μὴ ὑπάρχει, ψεύδεται, καὶ εἰ ψεύδεται, οὐχ ὑπάρχει, | ὥστε ἀνάγκη ἢ τὴν κατάφασιν ἢ τὴν ἀπόφασιν ἀληθῆ εἶναι ‖ ἢ ψευδῆ.

---

32 ληφθέντων **An** : λεχθέντων **BCSVd** ΔΛΣΓ α{le.} (*ante* μὴ καθόλου *pos.* **S** Δ α) ‖ **34** καὶ **A**, **n** *a.c.*, Δ α{(le.)} ς{le.} : ἢ **BCSVd**, **n** *p.c.*, ΛΣΓ α{(le.), (cit.)} τ{le. (ἢ *pro* ἡ *scr. Tarán*), cit. (*Tarán, p. 57, 9–10*)} ‖ **35** ὥστε εἰ **ABCVdn** Σ : εἰ γὰρ **S** ΔΓ : εἰ δὴ α{(le.)} : εἰ δὲ α{(le.)} : εἰ Λ ‖ **38** καὶ ἀπόφασις **A** (Δ) : ἢ ἀπόφ. **CS**, **d**[c] (*al. m.*), (Λ)Σ α{le.} : *om.* **BVdn** (Δ)(Λ)Γ τ{cit. (*Tarán, p. 57, 1*)} ‖ **18b 1** ὅτι *om.* **AS** ΔΛΣΓ α | *pr.* ἢ Γ : *om.* **ABCSVdn** ΔΛΣ α ‖ **2** *pr.* ἢ *addidi* | *tert.* ἢ (*ante* φάναι) (Λ)Σ : *om.* **ABCSVdn** Δ(Λ)Γ α ‖ **4** *pr.* ἢ **ACVd** (Λ)Σ α{(cit. 2)} : *om.* **BSn** Δ(Λ)Γ α{le., cit. 1, (cit. 2)}

wendigerweise wahr oder falsch sein. Und zwar muß dann, wenn | etwas Allgemeines in allgemeiner Weise Gegenstand zweier solcher Aussagen ist, stets die eine wahr und die andere falsch sein, und auch dann, wenn ihr Gegenstand etwas Einzelnes ist, wie bereits dargelegt wurde. Ist ihr Gegenstand hingegen etwas Allgemeines, das nicht in allgemeiner Weise aufgefaßt wird, so besteht diese Notwendigkeit nicht. Auch davon war ja bereits die Rede. Bei Einzelnem, das noch bevorsteht, aber verhält es sich (mit den Aussagen) nicht so.

Wenn nämlich jede bejahende und jede verneinende Aussage wahr oder falsch ist, | muß ja notwendigerweise auch alles zutreffen oder nicht zutreffen, so daß offenbar, wenn von ein und demselben (Einzelding) einer behauptet, daß es (das und das) sein wird, und ein anderer, daß es (dies) nicht sein wird, notwendigerweise einer von beiden die Wahrheit sagen muß, wenn jede bejahende und jede verneinende Aussage wahr oder falsch ist. Denn beides kann ja nicht zugleich zutreffen, wenn es sich um Dinge dieser Art handelt. Notwendigerweise muß ein solches Ding nämlich, wenn (z. B.) die Aussage, daß es weiß, oder die Aussage, | daß 18 b
es nicht weiß ist, wahr ist, entweder weiß sein oder nicht weiß; und wenn es ⟨entweder⟩ weiß ist oder nicht weiß, so war entweder die bejahende Aussage wahr oder die verneinende. Und wenn das, was man von ihm aussagt, nicht auf es zutrifft, macht man eine falsche Aussage, und wenn man eine falsche Aussage macht, trifft das, was man von ihm aussagt, nicht auf es zu. Daher gilt notwendigerweise entweder für die bejahende Aussage oder für die verneinende, daß sie wahr | oder daß sie falsch ist.

Οὐδὲν ἄρα οὔτε ἔστιν οὔτε γίγνεται οὔτε ἀπὸ τύχης οὔτε | ὁπότερ’ ἔτυχεν οὐδὲ ἔσται ἢ οὐκ ἔσται, ἀλλ’ ἐξ ἀνάγκης ἅπαν|τα καὶ οὐχ ὁπότερ’ ἔτυχεν — ἢ γὰρ ὁ φὰς ἀληθεύει ἢ ὁ ἀπο|φάς —· ὁμοίως γὰρ ἂν ἐγίγνετο ἢ οὐκ ἐγίγνετο· τὸ γὰρ ὁπότερ’ ἔτυχεν | οὐδὲν μᾶλλον οὕτως ἢ μὴ οὕτως ἔχει ἢ ἕξει.

Ἔτι εἰ ἔστι λευκὸν ‖ νῦν, ἀληθὲς ἦν εἰπεῖν πρότερον ὅτι ἔσται λευκόν, ὥστε ἀεὶ ἀλη|θὲς ἦν εἰπεῖν ὁτιοῦν τῶν γενομένων ὅτι ἔσται. εἰ δὲ ἀεὶ | ἀληθὲς ἦν εἰπεῖν ὅτι ἔστιν ἢ ἔσται, οὐχ οἷόν τε τοῦτο μὴ εἶναι | οὐδὲ μὴ ἔσεσθαι. ὃ δὲ μὴ οἷόν τε μὴ γενέσθαι, ἀδύνατον μὴ | γενέσθαι· ὃ δὲ ἀδύνατον μὴ γενέσθαι, ἀνάγκη γενέσθαι. ἅπαντα ‖ οὖν τὰ ἐσόμενα ἀναγκαῖον γενέσθαι. οὐδὲν ἄρα ὁπότερ’ ἔτυχεν | οὐδὲ ἀπὸ τύχης ἔσται· εἰ γὰρ ἀπὸ τύχης, οὐκ ἐξ ἀνάγκης.

---

7 ἀληθεύει **BCSVdn** ΔΛΣΓ : ἀληθεύσει **A** α{le., cit.} ‖ **9** *post* ἔτι *add.* δὲ **V**[c] (*prima m. vid.*), Γ ‖ **11** γενομένων **ABCVd** ΔΛΓ, Σ? : γινομένων **Sn** α{le.} | *ante* ἔσται *add.* ἔστιν ἢ **C** *vid.* (*eras.* **C**[c]), α{(le.)} ‖ **12** εἰπεῖν *om.* **d** *vid.* (*in ras. add. al. m.*) ‖ **13** οὐδὲ **ABCVn**, **d** *p.c.* (*al. m. in ras.*), Δ(Λ)ΣΓ α{le.} : ἢ **S**, **d** *a.c.*?, (Λ) ‖ **15** *post* ἀναγκαῖον (ἀναγκαίως Δ) *add.* ἦν **S**, **n** *vid.* (*eras.* **n**[c]), Δ ‖ **16** *post* ἔσται *add.* ἀλλ’ ἐξ ἀνάγκης ἅπαντα **A**

Nichts ist der Fall und nichts geschieht folglich als bloßes Ergebnis eines (glücklichen oder unglücklichen) Zufalls oder je nachdem, wie es sich gerade trifft, und es wird auch nichts in dieser Weise sein oder nicht sein, sondern alles wird mit Notwendigkeit geschehen und nicht je nachdem, wie es sich gerade trifft – denn es sagt ja entweder derjenige die Wahrheit, der die bejahende, oder derjenige, der die verneinende Aussage macht –; andernfalls könnte es nämlich ebensogut geschehen wie nicht geschehen, denn mit dem, was je nachdem, wie es sich gerade trifft, geschieht oder nicht geschieht, verhält es sich um nichts eher so – oder wird es sich um nichts eher so verhalten – als nicht so.

Ferner konnte man, wenn etwas jetzt weiß ist, | schon früher wahrheitsgemäß von ihm behaupten, daß es weiß sein werde, und so konnte von jedem beliebigen Ereignis, das irgendwann einmal eintrat, schon immer wahrheitsgemäß behauptet werden, daß es eintreten werde. Wenn aber von etwas schon immer wahrheitsgemäß behauptet werden konnte, daß es gegenwärtig eintritt oder daß es in Zukunft eintreten wird, so hätte es nicht gegenwärtig nicht eintreten bzw. nicht in Zukunft nicht eintreten können. Für etwas, das nicht nicht geschehen kann, ist es aber unmöglich, daß es nicht geschieht; und für etwas, für das es unmöglich ist, daß es nicht geschieht, ist es notwendig, daß es geschieht. Das Eintreten aller | Ereignisse, die in Zukunft eintreten werden, ist folglich notwendig. Nichts wird sich also je nachdem, wie es sich gerade trifft, ereignen oder als bloßes Ergebnis eines (glücklichen oder unglücklichen) Zufalls eintreten; denn wenn ein Ereignis als ein bloßes Zufallsergebnis eintritt, tritt es nicht mit Notwendigkeit ein.

Ἀλ|λὰ μὴν οὐδ’ ὡς οὐδέτερόν γε ἀληθὲς ἐνδέχεται λέγειν, οἷον ὅτι | οὔτε ἔσται οὔτε οὐκ ἔσται. πρῶτον μὲν γὰρ οὔσης τῆς καταφάσεως | ψευδοῦς ἡ ἀπόφασις οὐκ ἀληθής, καὶ ταύτης ψευδοῦς οὔσης τὴν ‖ κατάφασιν συμβαίνει μὴ ἀληθῆ εἶναι. καὶ πρὸς τούτοις, εἰ | ἀληθὲς εἰπεῖν ὅτι λευκὸν καὶ μέγα, δεῖ ἄμφω ὑπάρχειν, εἰ | δὲ ὑπάρξει εἰς αὔριον, ὑπάρξειν εἰς αὔριον. εἰ δὲ μήτε ἔσται | μήτε μὴ ἔσται αὔριον, οὐκ ἂν εἴη ὁπότερ’ ἔτυχεν, οἷον ναυ|μαχία· δέοι γὰρ ἂν μήτε γενέσθαι ναυμαχίαν μήτε ‖ μὴ γενέσθαι. |

Τὰ μὲν δὴ συμβαίνοντα ἄτοπα ταῦτα καὶ τοιαῦτα | ἕτερα, εἴπερ πάσης καταφάσεως καὶ ἀποφάσεως, ἢ ἐπὶ τῶν | καθόλου λεγομένων ὡς καθόλου ἢ ἐπὶ τῶν καθ’ ἕκαστα, ἀνάγκη | τῶν ἀντικειμένων εἶναι τὴν μὲν ἀληθῆ τὴν δὲ ψευδῆ, μηδὲν ‖ δὲ ὁπότερ’ ἔτυχεν εἶναι ἐν τοῖς γιγνομένοις, ἀλλὰ πάντα | εἶναι καὶ γίγνεσθαι ἐξ ἀνάγκης. ὥστε οὔτε βουλεύεσθαι δέοι | ἂν οὔτε πραγμα-

---

20 καὶ πρὸς **ABCSVd** ΣΓ α{le.} : πρὸς δὲ **n** ‖ **21** μέγα **ABdn**, **CS** *p.c.*, **V** *p.c.*² *et etiam a.c. vid.*, Λ α{le., expl.} : μέλαν **CS** *a.c.*, **V**ᶜ *vid.* (*prima m.?*), ΔΣΓ ‖ **22** ὑπάρξει **ACSd**, **Bn** *p.c.*, ΛΣΓ α{le.} : -ξειν **Bn** *a.c.*, **V** *p.c.* : -χει **V** *a.c.* : -χειν Δ | ὑπάρξειν **A**, **BS** *a.c. et p.c.*², **V** *a.c.*, **Cdn** *p.c.*, Δ α{(le.)} : -ξει **n** *a.c.*, **BS** *p.c.*¹, **V** *p.c.*, α{(le.)} : -χει **C** *a.c. vid.* : -χειν **d** *a.c.*, Λ, Γ *vid.* ‖ **23** *ante* ὁπότερ’ ἔτυχεν *add.* τὸ **ABCSVd** Δ α{le., cit.} τ{le.} : *om.* **n** (*add.* **n**ᶜ [*prima m.?*]), ΣΓ *vid.* ‖ **24** *post* ναυμαχίαν *add.* αὔριον **AS** α{le.} : *om.* **BCVdn** ΔΛΣΓ ‖ **24** *et* **25** γενέσθαι **ABCSVd**, **n** *p.c.*, ΣΓ α{le.} : γίγνεσθαι **n** *a.c.*, Δ ‖ **28** ἕκαστα **CSn** α{le.} : ἕκαστον **ABVd**

Es besteht aber auch nicht die Möglichkeit zu sagen, daß keines von beidem wahr ist, das heißt zu sagen, daß (das und das) weder der Fall sein noch nicht der Fall sein wird. Denn sonst wäre erstens, wenn die bejahende Aussage falsch wäre, die verneinende nicht wahr; und wenn diese falsch wäre, ergäbe es sich, daß die | bejahende nicht wahr wäre. Und überdies muß, wenn (beispielsweise) von etwas wahrheitsgemäß behauptet werden kann, daß es weiß und daß es groß ist, beides auf es zutreffen; und wenn (von beidem wahrheitsgemäß behauptet werden kann, daß) es morgen auf es zutreffen wird, so muß beides morgen auf es zutreffen. Wenn aber etwas morgen weder der Fall sein noch nicht der Fall sein würde, so wäre es nicht etwas, das je nachdem, wie es sich gerade trifft, der Fall oder nicht der Fall sein wird; denn eine Seeschlacht zum Beispiel müßte ja dann (morgen) sowohl nicht stattfinden als auch nicht | nicht stattfinden.

Es sind also die hier aufgezeigten und andere derartige absurde Konsequenzen, die sich ergäben, wenn denn notwendigerweise für jede bejahende und die ihr (kontradiktorisch) entgegengesetzte verneinende Aussage – sei es, daß sie etwas Allgemeines zum Gegenstand haben, das in allgemeiner Weise angesprochen wird, sei es, daß sie etwas Einzelnes zum Gegenstand haben – gälte, daß die eine von ihnen wahr und die andere falsch ist; es ergäbe sich nämlich, (wie gesagt,) daß überall dort, wo etwas geschieht, nichts | je nachdem, wie es sich gerade träfe, so oder nicht so wäre, sondern daß alles mit Notwendigkeit der Fall wäre und geschähe, so daß wir weder Überlegungen anzustellen noch in der Erwägung tätig zu sein bräuchten, es

τεύεσθαι, ὡς ἐὰν μὲν τοδὶ ποιήσωμεν, ἔσται | τοδί, ἐὰν δὲ μὴ τοδί, οὐκ ἔσται. οὐδὲν γὰρ κωλύει καὶ εἰς | μυριοστὸν ἔτος τὸν μὲν φάναι τοῦτο ἔσεσθαι τὸν δὲ μὴ φά‖ναι, ὥστε ἐξ ἀνάγκης ἔσεσθαι ὁποτερονοῦν αὐτῶν ἀληθὲς ἦν | εἰπεῖν τότε.

Ἀλλὰ μὴν οὐδὲ τοῦτο διαφέρει, εἴ τινες εἶπον τὴν | ἀντίφασιν ἢ μὴ εἶπον. δῆλον γὰρ ὅτι οὕτως ἔχει τὰ πράγ|ματα, κἂν μὴ ὁ μὲν καταφήσῃ τι, ὁ δὲ ἀποφήσῃ· οὐ γὰρ | διὰ τὸ καταφαθῆναι ἢ ἀποφαθῆναι ἔσται ἢ οὐκ 19a ἔσται, οὐδ᾽ εἰς ‖ μυριοστὸν ἔτος μᾶλλον ἢ ἐν ὁποσῳοῦν χρόνῳ. ὥστε εἰ ἐν ἅπαντι | χρόνῳ οὕτως εἶχεν ὥστε τὸ ἕτερον ἀληθεύεσθαι, ⟨ἀεὶ⟩ ἀναγκαῖον | ἦν τοῦτο γενέσθαι, καὶ ἕκαστον τῶν γενομένων ἀεὶ οὕτως εἶχεν | ὥστε ἐξ ἀνάγκης γενέσθαι. ὅ τε γὰρ ἀληθῶς εἶπέ τις ὅτι ‖ ἔσται, οὐχ οἷόν τε μὴ γενέσθαι· καὶ τὸ γενόμενον ἀληθὲς ἦν | εἰπεῖν ἀεὶ ὅτι ἔσται. |

---

33 καὶ **ABCSVd** Δ α{le.} : *om.* **n** (*add.* **n**[c]), ΛΣΓ ‖ **35** ὁποτερονοῦν **ABC**, **Vd** *a.c.* : ὁπότερον **Sn**, **Vd** *p.c.*, α{le.} ‖ **38** τι *om.* **Sn** ΔΛΣ ‖ **39** καταφαθῆναι ἢ ἀποφαθῆναι **n** *a.c.* : καταφανθ. ἢ ἀποφανθ. **n** *p.c.* : ἀποφανθ. ἢ καταφανθ. **ACd**, **B** *a.c.*, **V** *a.c. et p.c.*[2] : ἀποφαθ. ἢ καταφαθ. **B** *p.c.* : καταφάναι ἢ ἀποφάναι **S** Δ(Λ)ΣΓ α{le.} (κατα *om.* (α)) : ἀποφάναι ἢ καταφάναι (Λ) ‖ **19a 2** *ante* χρόνῳ *add.* τῷ **C**, **n** *vid.* (*eras.* **n**[c]) : *om.* **ABSVd** Δ α | ἀεὶ *addidi* ‖ **3** εἶχεν **ABCSVdn** ΔΓ α{le.} : ἔχειν Λ (habere, *sed haud scio an scribendum sit* habere⟨t⟩ [*cf. Meiser I, p. 119, 15; II, p. 227, 22*]) : ἔχει Σ (ʾīt lāh, *sed fortasse scribendum est* ʾīt ⟨(h)wā⟩ lāh [εἶχεν])

werde, wenn wir das und das tun, das und das der Fall sein, wenn wir es aber nicht tun, nicht. Denn es steht ja nichts im Wege, daß selbst zehntausend Jahre im voraus einer behauptete, das und das werde dann sein, und ein anderer, dies werde dann nicht sein, | so daß mit Notwendigkeit eintreffen würde, was auch immer von beidem schon damals wahrheitsgemäß hätte vorhergesagt werden können.

Dabei spielt es freilich überhaupt keine Rolle, ob irgendwer die beiden kontradiktorisch entgegengesetzten Behauptungen tatsächlich aufstellte oder nicht. Denn offenbar verhält es sich ja mit den Dingen so, (wie es sich nun einmal mit ihnen verhält,) auch wenn nicht einer etwas von ihnen behauptete und ein anderer es bestritt. Nicht deshalb, weil (im voraus) behauptet oder bestritten wurde, (daß es dann sein werde,) wird etwas nämlich (dann und dann) sein oder nicht sein, und zwar ebensowenig (deshalb, weil) | zehntausend Jahre im voraus, wie (deshalb, weil) im Abstand einer auch noch so kurzen Zeitspanne (behauptet oder bestritten wurde, daß es dann sein werde). Es war folglich, wenn es sich im Abstand jeder beliebigen Zeitspanne so verhielt, daß eines von beidem wahr war, ⟨schon immer⟩ notwendig, daß dies eintreffen würde; und es verhielt sich dann mit jedem Ereignis, das tatsächlich eintrat, schon immer so, daß es mit Notwendigkeit eintreten mußte. Denn ein Ereignis, von dem jemand wahrheitsgemäß behauptete, daß es | eintreten werde, hätte ja nicht nicht eintreten können; und von einem Ereignis, das eintrat, konnte dann ja schon immer wahrheitsgemäß behauptet werden, daß es eintreten werde.

Εἰ δὴ ταῦτα ἀδύνατα — ὁρῶμεν γὰρ ὅτι ἔστιν ἀρχὴ | τῶν ἐσομένων καὶ ἀπὸ τοῦ βουλεύεσθαι καὶ ἀπὸ τοῦ πρᾶξαί | τι, καὶ ὅτι ὅλως ἔστιν ἐν τοῖς μὴ ἀεὶ ἐνεργοῦσι τὸ δυνατὸν ‖ εἶναι καὶ μή, ἐν οἷς ἄμφω ἐνδέχεται, καὶ τὸ εἶναι | καὶ τὸ μὴ εἶναι, ὥστε καὶ τὸ γενέσθαι καὶ τὸ μὴ γενέσθαι· | καὶ πολλὰ ἡμῖν δῆλά ἐστιν οὕτως ἔχοντα, οἷον ὅτι τουτὶ τὸ | ἱμάτιον δυνατόν ἐστι διατμηθῆναι καὶ οὐ διατμηθήσεται, ἀλλ' | ἔμπροσθεν κατατριβήσεται· ὁμοίως δὲ καὶ τὸ μὴ διατμη‖θῆναι δυνατόν· οὐ γὰρ ἂν ὑπῆρχε τὸ ἔμπροσθεν αὐτὸ κατα|τριβῆναι, εἴγε μὴ δυνατὸν ἦν τὸ μὴ διατμηθῆναι· ὥστε καὶ | ἐπὶ τῶν ἄλλων γενέσεων, ὅσαι κατὰ δύναμιν λέγονται τὴν | τοιαύτην —, φανερὸν ἄρα ὅτι οὐχ ἅπαντα ἐξ ἀνάγκης οὔτε ἔστιν | οὔτε γίγνεται, ἀλλὰ τὰ μὲν ὁπότερ' ἔτυχε καὶ οὐδὲν μᾶλλον ‖ ἡ κατάφασις ἢ ἡ ἀπόφασις ἀληθής, τὰ δὲ μᾶλλον μὲν καὶ | ὡς ἐπὶ τὸ πολὺ θάτερον, οὐ μὴν ἀλλ' ἐνδέχεται γενέσθαι καὶ | θάτερον, θάτερον δὲ μή. |

---

8 *alt.* ἀπὸ τοῦ *om.* **n** (*add. al. m.*), Λ ‖ **10** *pr.* καὶ **ABCSdn** ΔΛΣΓ α{le.} : ἢ **V** | *post* μὴ *add.* ὁμοίως **ABCSVd** (*ante* ὁμοίως *add.* εἶναι **V**^{c}), α{le.}, *add.* εἶναι ὁμοίως Σ (*post* εἶναι *interpunxit et* ἐν οἷς *om.*) ‖ **11** *pr.* τὸ (*ante* μὴ εἶναι) *om.* **Sn** (*add.* **n**^{c}) ‖ **13** διατμηθήσεται **ABCVdn** ΔΓ α{le.} : διατμηθῆναι **S**, Σ? ‖ **15–16** αὐτὸ κατατριβῆναι **ABCVd** Δ α{(le.)} : κατατρ. αὐτὸ **n** α{(le.)} ‖ **20** ἡ κατάφασις ἢ ἡ ἀπόφασις **ABCVdn**, (Λ) *vid.*, α{le.} : ἢ κατάφασις ἢ ἀπόφασις Δ(Λ)ΣΓ

Wenn nun also die besagten Konsequenzen unmöglich sind – denn wir sehen doch, daß es für das, was in Zukunft sein wird, sowohl in unseren Überlegungen als auch in unserem Handeln einen Ursprung gibt und daß überhaupt für diejenigen Dinge, die sich nicht immer im Zustand der Verwirklichung (einer bestimmten Möglichkeit) befinden, die Möglichkeit besteht, | (das und das) zu sein, und auch die Möglichkeit, (es) nicht zu sein, wobei für diese Dinge jeweils beides möglich ist, sowohl, daß sie (das und das) sind, als auch, daß sie (es) nicht sind, und demzufolge sowohl, daß sie (es) werden, als auch, daß sie (es) nicht werden; und bei vielen Dingen ist es doch ganz offenkundig für uns, daß es sich so mit ihnen verhält, zum Beispiel bei diesem Mantel da, daß es zwar für ihn möglich ist, irgendwann auseinandergeschnitten zu werden, daß er aber dann doch nicht auseinandergeschnitten, sondern zuvor aufgetragen wird; ebenso möglich ist es dann auch, daß man ihn nicht | auseinanderschneidet; denn es könnte ja nicht dazu kommen, daß man ihn zuvor aufträgt, wenn es nicht möglich wäre, daß man ihn nicht auseinanderschneidet; und so verhält es sich demnach auch mit allen anderen Geschehnissen, die im Sinne dieser Art von Möglichkeit als möglich bezeichnet werden – (wenn also die besagten Konsequenzen unmöglich sind), so leuchtet ein, daß nicht alles mit Notwendigkeit der Fall ist oder geschieht, sondern daß manches je nachdem, wie es sich gerade trifft, geschieht oder nicht geschieht, wobei die bejahende Aussage um nichts eher | wahr ist als die verneinende, während bei anderem zwar eher und in der Regel das eine eintrifft, aber gleichwohl an seiner Stelle auch das andere eintreffen kann.

Τὸ μὲν οὖν εἶναι τὸ ὄν, ὅταν ᾖ, καὶ τὸ μὴ ὂν μὴ εἶναι, | ὅταν μὴ ᾖ, ἀνάγκη· οὐ μέντοι οὔτε τὸ ὂν ἅπαν ἀνάγκη εἶναι οὔτε ‖ τὸ μὴ ὂν μὴ εἶναι. οὐ γὰρ ταὐτόν ἐστι τὸ ὂν ἅπαν εἶναι ἐξ | ἀνάγκης, ὅτε ἔστιν, καὶ τὸ ἁπλῶς εἶναι ἐξ ἀνάγκης· ὁμοίως | δὲ καὶ ἐπὶ τοῦ μὴ ὄντος. καὶ ἐπὶ τῆς ἀντιφάσεως ὁ αὐτὸς | λόγος. εἶναι μὲν ⟨δὴ⟩ ἢ μὴ εἶναι ἅπαν ἀνάγκη καὶ ἔσεσθαί γε | ἢ μή· οὐ μέντοι διελόντα γε εἰπεῖν θάτερον ἀναγκαῖον. λέγω ‖ δέ, οἷον ἀνάγκη μὲν ἢ ἔσεσθαι ναυμαχίαν αὔριον ἢ μὴ ἔσεσθαι, | οὐ μέντοι γενέσθαι ναυμαχίαν αὔριον ἀναγκαῖον οὐδὲ μὴ | γενέσθαι· γενέσθαι μέντοι ἢ μὴ γενέσθαι ἀναγκαῖον.

Ὥστε, ἐπεὶ | ὁμοίως οἱ λόγοι ἀληθεῖς ὥσπερ τὰ πράγματα, δῆλον ὅτι | ὅσα οὕτως ἔχει ὥστε ὁπότερ' ἔτυχε καὶ τὰ ἐναντία ἐνδέχεσθαι, ‖ ἀνάγκη ὁμοίως ἔχειν καὶ τὴν ἀντίφασιν. ὅπερ συμβαίνει ἐπὶ | τοῖς μὴ ἀεὶ

24 μέντοι **n**, ΣΓ *vid.*, α{le.} : μὴν **ABCVd** ‖ **25** *post* μὴ ὂν *add.* ἀνάγκη **V**^{c} (*prima m. vid.*), ΛΣ α{le.} | *post* μὴ εἶναι *add.* ἀνάγκη Δ ‖ **27–28** ὁ αὐτὸς λόγος *om.* **n** (*supra lin. add. al. m.*) ‖ **28** δὴ *addidi* ‖ **30** *pr.* ἢ **n** (*exp.* **n**^{c}) : *om.* **ABCVd** ΔΛΣΓ α ‖ **31** γενέσθαι **n** α{le.} : ἔσεσθαί γε **ABVd** τ{le.} : γε ἔσεσθαι **C** : τὸ ἔσεσθαι Δ | ναυμαχίαν αὔριον **n** ΔΣ α{le.} : αὔριον ναυμαχίαν **ABCVd** (ναυμαχίαν *post* ἀναγκαῖον *pos.* **C**), ΛΓ τ{le.} ‖ **33** ὁμοίως οἱ λόγοι **ABVd** ΔΛΣΓ ατ{le.} : οἱ λόγοι ὁμοίως **Cn**

Freilich ist es für das, was ist, notwendig, daß es ist, wenn es ist, und für das, was nicht ist, notwendig, daß es nicht ist, wenn es nicht ist. Aber es ist weder für alles, was ist, notwendig, daß es ist, noch ist es | für alles, was nicht ist, notwendig, daß es nicht ist. Denn daß alles, was ist, dann mit Notwendigkeit ist, wenn es ist, und daß es schlechthin mit Notwendigkeit ist, ist nicht dasselbe; und ebenso verhält es sich auch mit dem, was nicht ist. Und dasselbe gilt für die (Glieder einer) Kontradiktion. ⟨Somit⟩ ist es zwar für alles notwendig, daß es (entweder) ist oder nicht ist, und auch, daß es (entweder) sein oder nicht sein wird; nicht aber ist das, was man behauptet, wenn man das eine getrennt vom anderen behauptet, notwendig. Ich meine damit, daß es | beispielsweise zwar notwendig ist, daß morgen eine Seeschlacht entweder stattfinden oder nicht stattfinden wird, daß es aber nicht notwendig ist, daß morgen eine Seeschlacht stattfindet, und auch nicht notwendig, daß morgen keine Seeschlacht stattfindet. Daß jedoch morgen eine Seeschlacht (entweder) stattfindet oder nicht stattfindet, ist notwendig.

Da es sich mit dem Wahrsein der Sätze in derselben Weise verhält wie mit den Dingen, ist es demnach bei allem, womit es sich so verhält, daß (sich) je nachdem, wie es sich gerade trifft, (die eine oder die andere von zwei einander entgegengesetzten Möglichkeiten verwirklicht), und überhaupt so, daß einander entgegengesetzte Möglichkeiten bestehen, offensichtlich | notwendig, daß es sich auch mit dem (Wahrsein der Glieder des entsprechenden) kontradiktorischen Aussagenpaar(es) in dieser Weise verhält. Dies ist nun bei denjenigen Dingen der Fall, die nicht immer (so und so) sind

οὖσιν ἢ μὴ ἀεὶ μὴ οὖσιν. τούτων γὰρ ἀνάγκη μὲν | θάτερον μόριον τῆς ἀντιφάσεως ἀληθὲς εἶναι ἢ ψεῦδος, οὐ | μέντοι τόδε ἢ τόδε, ἀλλ' ὁπότερ' ἔτυχεν, καὶ μᾶλλον μὲν | ἀληθῆ τὴν ἑτέραν, οὐ μέντοι ἤδη ἀληθῆ ἢ ψευδῆ.

19b Ὥστε δῆλον ‖ ὅτι οὐκ ἀνάγκη πάσης καταφάσεως καὶ ἀποφάσεως τῶν ἀν|τικειμένων τὴν μὲν ἀληθῆ τὴν δὲ ψευδῆ εἶναι· οὐ γὰρ ὥσπερ | ἐπὶ τῶν ὄντων, οὕτως ἔχει καὶ ἐπὶ τῶν μὴ ὄντων, δυνατῶν | δὲ εἶναι ἢ μὴ εἶναι, ἀλλ' ὥσπερ εἴρηται. ‖

10 Ἐπεὶ δέ ἐστι τὶ κατὰ τινὸς ἡ κατάφασις σημαίνουσα, | τοῦτο δέ ἐστιν ἢ ὄνομα ἢ τὸ ἀνώνυμον — ἓν δὲ δεῖ εἶναι καὶ καθ' | ἑνὸς τὸ ἐν τῇ καταφάσει, τὸ δὲ ὄνομα εἴρηται καὶ τὸ ἀνώνυμον | πρότερον· τὸ γὰρ οὐκ ἄνθρωπος ὄνομα μὲν οὐ λέγω, ἀλλ' ἀόριστον | ὄνομα· ἓν

36 ἢ μὴ ἀεὶ μὴ οὖσιν *om.* **A** ‖ **37** ψεῦδος **ABdn**, **C** *a.c.*, α{le.} : ψευδές **V**, **C** *p.c.* (*al. m. vid.*) ‖ **39** *post* ψευδῆ *add.* εἶναι **A** ‖ **19b 1** καὶ **ABCVdn** (Λ)Γ α{le.} : ἢ Δ(Λ)Σ ‖ **3** *post* μὴ ὄντων *add.* μὲν **A**[c]**B**[c] (*aliae m.?*), **V**[c]**d**[c] (*primae m.?*) ‖ **6** *pr.* ἢ *om.* **CVd** (*add.* **V**[c]**d**[c]), ΔΓ | *post* εἶναι *add.* ἢ μὴ εἶναι **n** (*eras.* **n**[c]) | καὶ *om.* **n** (*add.* **n**[c]), Δ τ ‖ **7** καταφάσει **ABCVd**, **n** *p.c.* (*al. m.*), ΔΛΣΓ ατ{le.} : ἀποφάνσει **n** *a.c.*

oder nicht immer nicht (so und so) sind. Denn bei diesen ist es zwar notwendig, daß eines der beiden Kontradiktionsglieder wahr ist oder daß es falsch ist, aber nicht notwendig, daß dies für dieses oder jenes bestimmte gilt, sondern (nur) notwendig, daß es je nachdem, wie es sich gerade trifft, für das eine oder das andere gilt, und (gegebenenfalls) auch notwendig, daß die eine (Aussage) eher wahr (oder eher falsch) ist (als die andere), ohne daß sie jedoch deshalb schon wahr oder falsch sein müßte.

Es ist daher offensichtlich, | daß nicht notwendiger- 19b
weise für jede bejahende und die ihr (kontradiktorisch) entgegengesetzte verneinende Aussage gilt, daß die eine von ihnen wahr und die andere falsch ist. Denn so wie bei dem, was ist, verhält es sich (mit den Aussagen) nicht auch bei dem, was nicht ist, aber sein oder nicht sein kann, sondern hierbei verhält es sich (mit ihnen) so, wie es von uns dargelegt wurde. |

10 Eine bejahende Aussage fungiert in der Weise als (sprachliches) Zeichen, daß sie etwas etwas anderem zuspricht, wobei dieses andere entweder ein Nennwort ist oder ein Ausdruck jenes Typs, für den uns eine Benennung fehlt – freilich muß sowohl das, was in einer Aussage zugesprochen wird, als auch dasjenige, welchem es zugesprochen wird, etwas Einheitliches sein, wobei vom Nennwort und von jenem Typ von Ausdruck, für den uns eine Benennung fehlt, schon früher die Rede war; einen Ausdruck wie »Nicht-Mensch« bezeichne ich ja nicht einfach als ein Nennwort, sondern als ein unbestimmtes Nennwort, da er gewissermaßen etwas Einheitliches bedeutet, das unbe-

γάρ πως σημαίνει ἀόριστον· ὥσπερ καὶ τὸ οὐχ ‖ ὑγιαίνει οὐ ῥῆμα, ἀλλ' ἀόριστον ῥῆμα —, ἔσται πᾶσα κατάφασις | ἢ ἐξ ὀνόματος καὶ ῥήματος ἢ ἐξ ἀορίστου ὀνόμα|τος καὶ ῥήματος. ἄνευ δὲ ῥήματος οὐδεμία κατάφασις οὐδὲ ἀπό|φασις· τὸ γὰρ ἔστιν ἢ ἔσται ἢ ἦν ἢ γίγνεται ἢ ὅσα ἄλλα τοιαῦτα | ῥήματα ἐκ τῶν κειμένων ἐστίν· προσσημαίνει γὰρ χρόνον. ὥστε ‖ πρώτη κατάφασις καὶ ἀπόφασις τὸ ἔστιν ἄνθρωπος — οὐκ | ἔστιν ἄνθρωπος, εἶτα ἔστιν οὐκ ἄνθρωπος — οὐκ ἔστιν οὐκ ἄνθρωπος, | πάλιν ἔστι πᾶς ἄνθρωπος — οὐκ ἔστι πᾶς ἄνθρωπος, ἔστι πᾶς οὐκ | ἄνθρωπος — οὐκ ἔστι πᾶς οὐκ ἄνθρωπος. καὶ ἐπὶ τῶν ἐκτὸς δὲ | χρόνων ὁ αὐτὸς λόγος.

Ὅταν δὲ τὸ ἔστι τρίτον προσκατηγο‖ρῆται, ἤδη διχῶς λέγονται αἱ ἀντιθέσεις. λέγω δέ, οἷον ἔστι | δίκαιος ἄνθρωπος, τὸ ἔστι τρίτον φημὶ συγκεῖσθαι ὀνόμα⟨τι⟩ ἢ | ῥήμα⟨τι⟩ ἐν τῇ καταφάσει. ὥστε διὰ τοῦτο τέτταρα ἔσται ταῦτα, | ὧν τὰ μὲν δύο πρὸς τὴν κατάφασιν καὶ ἀπόφασιν ἕξει κατὰ | τὸ στοιχοῦν ὡς αἱ στερήσεις, τὰ δὲ δύο

---

9 σημαίνει ἀόριστον **n** *a.c.*, ΔΛΓ : σημ. καὶ τὸ ἀόρ. **AVd**, **B** *a.c.*, Σ α{cit.} : σημ. τὸ ἀόρ. **C**, **Bn** *p.c.*, ατ{le.} ‖ **10** ἀλλ' ἀόριστον ῥῆμα **ABCVd** (*ante* ἀλλ' *add.* λέγω $\mathbf{V}^{c}$ [*prima m.*]), $\mathbf{n}^{c}$ (*al. m. supra lin.*), ΛΣ : λέγω ἀλλ' ἀόρ. α{le.} : *om.* **n** ΔΓ | *post* κατάφασις *add.* καὶ ἀπόφασις **ABCVd**, $\mathbf{n}^{c}$ (*al. m. supra lin.*), Δ α{(le.)}, *add.* ἢ ἀπόφασις Σ : *om.* **n** ΛΓ α{(le.), cit.} ‖ **19–20** προσκατηγορῆται **ABCVd** α{le., cit., expl.} ς{le.} : προσκατηγορηθῇ **n** : προσκατηγορεῖται τ{le.} ‖ **20** ἤδη *om.* **n** ΛΓ ‖ **21–22** ὀνόματι ἢ ῥήματι *conieci* : ὄνομα ἢ ῥῆμα **ABCVdn** (Δ)ΛΣΓ ας{le., cit.} τ{le.} : ὀνόματι ἢ ἀορίστῳ ὀνόματι (*vel* ὀνόματος ἢ ἀορίστου ὀνόματος) (Δ)

stimmt ist; ebenso | bezeichne ich auch einen Ausdruck wie »gesundet nicht« nicht einfach als ein Aussagewort, sondern als ein unbestimmtes Aussagewort –; daher wird jede bejahende Aussage entweder aus einem (gewöhnlichen) Nennwort und einem Aussagewort bestehen oder aus einem unbestimmten Nennwort und einem Aussagewort. Ohne Aussagewort aber gibt es keine bejahende und auch keine verneinende Aussage. Bei »ist« (im Sinne von »existiert«), »wird sein«, »war«, »entsteht« oder welchen anderen Wörtern dieser Art auch immer handelt es sich ja unserer obigen Festsetzung gemäß um Aussagewörter; denn sie bedeuten die Zeit mit hinzu. | Eine bejahende und eine verneinende Aussage sind daher zunächst die beiden Aussagen »(Ein) Mensch ist« – »(Ein) Mensch ist nicht«, sodann die beiden Aussagen »(Ein) Nicht-Mensch ist« – »(Ein) Nicht-Mensch ist nicht« und weiterhin die beiden Aussagen »Jeder Mensch ist« – »Nicht jeder Mensch ist« sowie die beiden Aussagen »Jeder Nicht-Mensch ist« – »Nicht jeder Nicht-Mensch ist«. Und für die Zeitformen außer (dem Präsens) gilt dasselbe.

Wenn aber das Wort »ist« als Drittes mit hinzuprädiziert | wird, ergeben sich jeweils gleich zwei Paare (kontradiktorisch) entgegengesetzter Aussagen. Was ich meine, sind Aussagen wie z. B. »(Ein) Mensch ist gerecht«. In einer Aussage wie dieser ist das Wort »ist«, so sage ich, als Drittes ⟨mit dem⟩ Nennwort oder vielmehr ⟨mit dem⟩ Aussagewort zusammengefügt. Deswegen wird es also jeweils vier (Glieder) geben, die so beschaffen sind, daß sich zwei von ihnen zur Bejahung und zur Verneinung hinsichtlich dessen, was (ihr) folgt, wie die privatorischen Aussagen verhalten und zwei nicht. Ich

οὔ. λέγω δὲ ὅτι τὸ ἔστιν ‖ ἢ τῷ δικαίῳ προσκείσεται ἢ τῷ οὐ δικαίῳ, ὥστε καὶ ἡ ἀπόφα|σις. τέτταρα οὖν ἔσται. νοῶμεν δὲ τὸ λεγόμενον ἐκ τῶν ὑπογε|γραμμένων·

ἔστι δίκαιος ἄνθρωπος	ἀπόφασις τούτου, οὐκ ἔστι | δίκαιος ἄνθρωπος
ἔστιν οὐ δίκαιος ἄνθρωπος	τούτου ἀπόφασις, | οὐκ ἔστιν οὐ δίκαιος ἄνθρωπος.

τὸ γὰρ ἔστιν ἐνταῦθα καὶ τὸ οὐκ ‖ ἔστιν τῷ δικαίῳ καὶ τῷ οὐ δικαίῳ πρόσκειται. [ταῦτα μὲν | οὖν, ὥσπερ ἐν τοῖς Ἀναλυτικοῖς λέγεται, οὕτω τέτακται.]

Ὁμοίως | δὲ ἔχει κἂν καθόλου τοῦ ὀνόματος ᾖ ἡ κατάφασις, οἷον

πᾶς | ἐστιν ἄνθρωπος δίκαιος	ἀπόφασις τούτου, οὐ πᾶς ἐστιν ἄνθρωπος | δίκαιος
πᾶς ἐστιν ἄνθρωπος οὐ δίκαιος	οὐ πᾶς ἐστιν ἄνθρωπος ‖ οὐ δίκαιος.

πλὴν οὐχ ὁμοίως τὰς κατὰ διάμετρον ἐνδέχεται | συναληθεύειν, ἐνδέχεται δὲ ποτέ.

30–31 ταῦτα … τέτακται **ABCVdn** ΔΛΣΓ α{le., expl.} ς{le., cit.} : *recte secl. Soreth* ‖ **36** συναληθεύειν **ACVd** Δ α{le., (cit. 1)} ς{le.} : συναληθεύεσθαι **B**, Σ *vid.*, τ{le.} : ἀληθεύεσθαι **n**, ΛΓ *vid.*, α{(cit. 1), cit. 2}

will damit sagen, daß das Wort »ist« | entweder dem Wort »gerecht« hinzugefügt sein wird oder dem Ausdruck »nicht-gerecht« und somit auch die Verneinung (»ist nicht«). Folglich wird es jeweils vier (Glieder) geben. Was gemeint ist, wollen wir aus dem folgenden Diagramm ersehen (I):

»(Ein) Mensch ist gerecht«	Die Verneinung hiervon: »(Ein) Mensch ist nicht gerecht«
»(Ein) Mensch ist nicht-gerecht«	Hiervon die Verneinung: »(Ein) Mensch ist nicht nicht-gerecht«

Das Wort »ist« und der Ausdruck | »ist nicht« sind hier ja dem Wort »gerecht« und dem Ausdruck »nicht-gerecht« hinzugefügt. [Diese (vier Glieder) sind also in der in den *Analytiken* beschriebenen Art und Weise angeordnet.]

Ebenso verhält es sich auch, wenn sich die Bejahung in allgemeiner Weise auf das Nennwort bezieht, wie in folgendem Beispiel (II):

»Jeder Mensch ist gerecht«	Die Verneinung hiervon: »Nicht jeder Mensch ist gerecht«
»Jeder Mensch ist nicht-gerecht«	»Nicht jeder Mensch ist | nicht-gerecht«

Nur können die sich diametral gegenüberstehenden Aussagen hier nicht in derselben Weise zusammen wahr sein; jedoch können sie es bisweilen sein.

Αὗται μὲν οὖν δύο ἀντίκειν|ται, ἄλλαι δὲ πρὸς τὸ οὐκ ἄνθρωπος ὡς ὑποκείμενόν τι⟨νος⟩ | προστεθέντος·

ἔστι δίκαιος οὐκ ἄνθρωπος	οὐκ ἔστι δίκαιος οὐκ ἄν|θρωπος
20 a ἔστιν οὐ δίκαιος οὐκ ἄνθρωπος	οὐκ ἔστιν οὐ δίκαιος οὐκ ‖ ἄνθρωπος.

πλείους δὲ τούτων οὐκ ἔσονται ἀντιθέσεις· αὗται δὲ | χωρὶς ἐκείνων αὐταὶ καθ' ἑαυτάς εἰσιν, ὡς ὀνόματι τῷ | οὐκ ἄνθρωπος χρώμεναι.

Ἐφ' ὅσων δὲ τὸ ἔστι μὴ ἁρμόττει, | οἷον ἐπὶ τοῦ ὑγιαίνει καὶ βαδίζει, ἐπὶ τούτων τὸ αὐτὸ ποιεῖ ‖ οὕτω τιθέμενον ὡς ἂν εἰ τὸ ἔστι προσήπτετο, οἷον ὑγιαίνει πᾶς | ἄνθρωπος — οὐχ ὑγιαίνει πᾶς ἄνθρωπος, ὑγιαίνει πᾶς οὐκ ἄν|θρωπος — οὐχ ὑγιαίνει πᾶς οὐκ ἄνθρωπος. οὐ γάρ ἐστι τὸ οὐ πᾶς | ἄνθρωπος λεκτέον, ἀλλὰ τὸ οὔ, τὴν ἀπόφασιν, τῷ ἄνθρωπος | προσθετέον· τὸ γὰρ πᾶς

36–37 *post* ἀντίκεινται (-κειται **B**, **C** *a.c.*) *add.* ἀλλήλαις **V**^{c}**d** Σ. *Post hoc add. quattuor enuntiationum versibus 19 b 32–35 enumeratarum tabulam* Σ. *»Sed inserta sunt:* οὐ πᾶς ἄνθρωπος οὐ θεός — πᾶς ἄνθρωπος οὐ θεός, *quae Monophysitarum et Nestorianorum dissensum exprimunt.«* (*Hoffmann, p. 39 ad loc.*) ‖ **37** τινος *conieci* : τι **ABCVdn** ΔΛΣΓ α{le., cit.} ς{le.} ‖ **20 a 3** ἁρμόττει **BCVn**, ΔΛ (*an* ἐφαρμ. ?), Σ *vid.*, α{le.} : ἐφαρμόττει **A**, Γ *vid.*, τ{le.} : ἁρμόττῃ **d** ς{le.} ‖ **4** ὑγιαίνει καὶ βαδίζει **AB** ΔΣΓ : ὑγιαίνειν καὶ βαδίζειν **CVdn** ας{le.} : ὑγιαίνειν ἢ βαδίζειν Λ ('currere' vel 'ambulare') ‖ **5** τιθέμενον **ABCVd**, **n** *p.c.* (*al. m.*), ΔΣ, Γ *a.c.*, ς{le.} : τιθέμενα **n** *a.c. vid.*, Λ α{le.}, Γ *p.c.*

Von dieser Art sind also die zwei Paare (kontradiktorisch) entgegengesetzter Aussagen, die sich jeweils ergeben. (Zwei) Paare von anderer Art ergeben sich, wenn zu »Nicht-Mensch« als zugrundeliegendem Ausdruck ⟨etwas⟩ hinzugefügt wird (III):

»(Ein) Nicht-Mensch ist gerecht«	»(Ein) Nicht-Mensch ist nicht gerecht«
»(Ein) Nicht-Mensch ist nicht-gerecht«	»(Ein) Nicht-Mensch ist nicht nicht-gerecht« |

Mehr Arten kontradiktorischer Aussagenpaare als 20 a
die beiden erwähnten wird es nicht geben, wobei die Paare der zuletzt erwähnten Art denen der zuerst erwähnten Art insofern als eine Gruppe für sich gegenüberstehen, als bei ihnen der Ausdruck »Nicht-Mensch« als Nennwort fungiert.

In all denjenigen Fällen, in denen (ein Aussagewort von der Art ist, daß) das Wort »ist« (zu ihm als Ergänzung) nicht paßt, wie dies z. B. bei den Wörtern »gesundet« und »geht« der Fall ist, spielt es, | da es (im Satz) so gestellt wird, wie das Wort »ist« (gestellt wäre), wenn es (an seiner Stelle zum Subjekt) hinzugefügt wäre, dieselbe Rolle (wie das Wort »ist«), wie z. B. (»gesundet« in) »Jeder Mensch gesundet« – »Nicht jeder Mensch gesundet«, »Jeder Nicht-Mensch gesundet« – »Nicht jeder Nicht-Mensch gesundet«. Man darf nämlich nicht (statt »jeder Nicht-Mensch«) »Nicht-jeder-Mensch« sagen, sondern muß die Verneinungspartikel »nicht« zu »Mensch« hinzufügen; denn das Wort »jeder« bedeutet nicht die

οὐ τὸ καθόλου σημαίνει, ἀλλ᾽ ὅτι καθ‖όλου. δῆλον δὲ ἐκ τοῦδε· ὑγιαίνει ἄνθρωπος — οὐχ ὑγιαίνει ἄν|θρωπος, ὑγιαίνει οὐκ ἄνθρωπος — οὐχ ὑγιαίνει οὐκ ἄνθρωπος. | ταῦτα γὰρ ἐκείνων διαφέρει τῷ μὴ καθόλου. ὥστε τὸ πᾶς | ἢ μηδείς οὐδὲν ἄλλο προσσημαίνει ἢ ὅτι καθόλου τοῦ ὀνόματος | κατάφησιν ἢ ἀπόφησιν. τὰ οὖν ἄλλα τὰ αὐτὰ δεῖ προσ‖τιθέναι. |

Ἐπεὶ δὲ ἐναντία ἀπόφασίς ἐστι τῇ ἅπαν ἐστὶ ζῷον δί|καιον ἡ σημαίνουσα ὅτι οὐδέν ἐστι ζῷον δίκαιον, αὗται μὲν φα|νερὸν ὅτι οὐδέποτε ἔσονται οὔτε ἀληθεῖς ἅμα οὔτε ἐπὶ τοῦ αὐτοῦ, | αἱ δὲ ἀντικείμεναι ταύταις ἔσονταί ποτε, οἷον οὐ πᾶν ζῷον ‖ δίκαιον καὶ ἔστι τι ζῷον δίκαιον. ἀκολουθοῦσι δὲ αὗται, ἡ μὲν | οὐδεὶς ἄνθρωπος δίκαιος τῇ πᾶς ἐστιν ἄνθρωπος οὐ δίκαιος, | [τ]ἡ δὲ ἔστι τις δίκαιος ἄνθρωπος ⟨τ⟩ῇ ἀντικειμένῃ ὅτι οὐ πᾶς ἐστιν ἄν|θρωπος οὐ δίκαιος· ἀνάγκη γὰρ εἶναί τινα.

---

13 *post* ὀνόματος *add.* ἢ **ABCVd**, **n**^{c} (*al. m. vid.*), ΔΛ α{le., cit.} ‖ **14** κατάφησιν ἢ (καὶ Σ) ἀπόφησιν **Bn** *a.c.*, ΛΣ : -φασιν ἢ -φασιν **ACd**, **Bn** *p.c.*, Γ α{(le.), (cit.)} | οὖν **n** *a.c. vid.*, **V** *p.c.*, ΔΛΣ ατ{le.} : δὲ **ABCd**, **V** *a.c.*, **n** *p.c.* (*al. m. in ras.*), Γ ‖ **20–21** ἡ μὲν οὐδεὶς ἄνθρωπος δίκαιος τῇ πᾶς ἐστιν ἄνθρωπος οὐ δίκαιος **n** : τῇ μὲν πᾶς ἄνθρ. οὐ δίκαιός ἐστιν ἡ οὐδείς ἐστιν ἄνθρ. δίκ. **ABCVd** ΣΓ α{(le.), expl.} (*pr.* ἐστιν *post* πᾶς *pos.* ΣΓ α{(le.)}) : τῇ μὲν οὐδείς ἐστιν ἄνθρ. δίκ. ἡ πᾶς ἐστιν ἄνθρ. οὐ δίκ. Λ α{(le.)} ‖ **22** ἡ δὲ … τῇ ἀντικειμένῃ *conieci* (ἡ δὲ [illa vero] … (Λ)) : τῇ δὲ … ἡ ἀντικειμένη **ABCVdn** Δ(Λ)ΣΓ α{le., citt. 1, 2} ‖ **23** *post* εἶναί τινα *ponenda esse puto verba* σημαίνει δὲ … ταὐτὸν σημαίνει (*37–40*); *cf. in editione tertia commentarii a me conscripti* (*Weidemann 2014b*) *pp. 365–366*

Allgemeinheit (von etwas Allgemeinem), sondern vielmehr, daß (von etwas Allgemeinem) in allgemeiner | Weise die Rede ist. Dies wird aus folgendem Beispiel klar: »(Ein) Mensch gesundet« – »(Ein) Mensch gesundet nicht«, »(Ein) Nicht-Mensch gesundet« – »(Ein) Nicht-Mensch gesundet nicht«. Diese Aussagen unterscheiden sich nämlich von jenen nur darin, daß sie (das Allgemeine, das jene in allgemeiner Weise zum Gegenstand haben,) nicht in allgemeiner Weise zum Gegenstand haben. Daher bedeutet das Wort »jeder« oder das Wort »kein« (in einer Aussage) nichts anderes mit hinzu, als daß sie sich in allgemein-bejahender bzw. -verneinender Weise auf das (als ihr Subjekt fungierende) Nennwort bezieht. Das übrige muß man folglich unverändert | hinzufügen.

Da die der bejahenden Aussage »Jedes Lebewesen ist gerecht« konträr entgegengesetzte verneinende Aussage diejenige ist, welche bedeutet, daß kein Lebewesen gerecht ist, werden solche (einander konträr entgegengesetzten Aussagen) offenbar weder jemals zugleich noch jemals mit Bezug auf denselben Gegenstand wahr sein; jedoch werden es die ihnen (kontradiktorisch) entgegengesetzten Aussagen bisweilen sein, wie (im Falle des angeführten Beispiels) »Nicht jedes Lebewesen ist | gerecht« und »Irgendein Lebewesen ist gerecht«. Es folgt aber einerseits »Kein Mensch ist gerecht« aus »Jeder Mensch ist nicht-gerecht«, während andererseits [aus] »Irgendein Mensch ist gerecht« [die] ⟨aus der⟩ (kontradiktorisch) entgegengesetzte⟨n⟩ Aussage folgt, die besagt, daß nicht jeder Mensch nicht-gerecht ist; denn notwendigerweise ist dann ja irgendeiner gerecht.

Φανερὸν δὲ | καὶ ὅτι ἐπὶ μὲν τῶν καθ' ἕκαστον, εἰ ἀληθὲς ἐρωτηθέντα ἀπο‖φῆσαι, ὅτι καὶ καταφῆσαι ἀληθές, οἷον· ἆρά γε Σωκράτης | σοφός; οὔ. Σωκράτης ἄρα οὐ σοφός. ἐπὶ δὲ τῶν καθόλου οὐκ | ἀληθὴς ἡ ὁμοίως λεγομένη, ἀληθὴς δὲ ἡ ἀπόφασις, οἷον· ἆρά | γε πᾶς ἄνθρωπος σοφός; οὔ. πᾶς ἄρα ἄνθρωπος οὐ σοφός. | τοῦτο γὰρ ψεῦδος, ἀλλὰ τὸ οὐ πᾶς ἄρα ἄνθρωπος σοφός ‖ ἀληθές. αὕτη δέ γέ ἐστιν ἡ ἀντικειμένη, ἐκείνη δὲ ἡ ἐναντία. |

Αἱ δὲ κατὰ τὰ ἀόριστα ἀντικείμεναι ὀνόματα καὶ ῥή|ματα, οἷον ἐπὶ τοῦ μὴ ἄνθρωπος καὶ μὴ δίκαιος, ὥσπερ ἀπο|φάσεις ἄνευ ὀνόματος καὶ ῥήματος δόξαιεν ἂν εἶναι. οὐκ εἰσὶ | δέ· ἀεὶ γὰρ ἀληθεύειν ἀνάγκη ἢ ψεύδεσθαι τὴν ἀπόφασιν, ‖ ὁ δὲ εἰπὼν οὐκ ἄνθρωπος οὐδὲν μᾶλλον τοῦ ἄνθρωπος | ἀλλὰ καὶ ἧττον ἠλήθευκέ τι ἢ ἔψευσται, ἐὰν μή τι προστεθῇ. |

Σημαίνει δὲ τὸ ἔστι πᾶς οὐκ ἄνθρωπος δίκαιος οὐδεμιᾷ ἐκείνων | ταὐτόν, οὐδὲ ἡ ἀντικειμένη ταύτῃ ἡ

---

23 δὲ **ABVdn**, **C** *a.c. vid.*, (Δ)ΛΣΓ αςτ{le.} : δὴ **C** *p.c.* : *om.* (Δ) ‖ **24** καὶ ὅτι **An**, **V** *a.c.*, ατ{le.} : ὅτι καὶ **B**, **d** (καὶ *eras.* **d**^{c}), **V** *p.c.*, ΛΣΓ | καὶ *om.* **C** Δ ς | ἕκαστον **ACVn**, **d** *a.c.*, α{(le.)} ςτ{le.} : ἕκαστα **B**, **d** *p.c.*, α{(le.)} ‖ **26** *post alt.* σοφός *add.* ἐστι ς{le.} τ{expl.} ‖ **29** ἄρα *om.* **n** (*add. al. m.*) ‖ **30** γέ **n** : *om.* **ABCVd** α ‖ **31** καὶ **ABCVdn** ΣΓ α{le., cit.} τ{le.} : ἢ ΔΛ ‖ **35** *post* τοῦ *add.* εἰπόντος **AV**^{c} ΔΣΓ ‖ **36** *pr.* τι *om.* Λ α ‖ **37–40** σημαίνει δὲ … ταὐτὸν σημαίνει *post* εἶναί τινα (*23*) *collocaverim*

Sodann ist auch offenkundig, daß bei einer ein Einzelding betreffenden Frage dann, wenn es der Wahrheit entspricht, sie verneinend | zu beantworten, als Antwort auch eine bejahende Aussage wahr ist; zum Beispiel: »Ist Sokrates weise?« – »Nein.« – »Also ist Sokrates nicht-weise.« Hingegen ist bei einer Frage, die etwas Allgemeines betrifft, die entsprechend formulierte bejahende Aussage dann nicht wahr, wohl aber ist die verneinende wahr; zum Beispiel: »Ist jeder Mensch weise?« – »Nein.« – »Also ist jeder Mensch nicht-weise.« Dies zu sagen ist dann ja falsch, zu sagen »Also ist nicht jeder Mensch weise« hingegen | wahr. Diese Aussage ist die (der Aussage »Jeder Mensch ist weise«) kontradiktorisch, jene die (ihr) konträr entgegengesetzte Aussage.

Diejenigen Ausdrücke, die als unbestimmte Nenn- oder Aussagewörter (den entsprechenden bestimmten Wörtern) entgegengesetzt sind, wie dies beispielsweise bei den Ausdrücken »Nicht-Mensch« und »nicht-gerecht« der Fall ist, könnten den Anschein erwecken, als seien sie so etwas wie verneinende Aussagen ohne Nenn- bzw. Aussagewort. Dies sind sie jedoch nicht. Denn eine verneinende Aussage sagt notwendigerweise stets etwas Wahres oder etwas Falsches aus; | wer aber »Nicht-Mensch« sagt, dem ist es, wenn nicht noch etwas hinzugefügt wird, ebensowenig wie jemandem, der einfach »Mensch« sagt, – ja sogar noch weniger als ihm – schon gelungen, etwas Wahres oder Falsches zu sagen.

Es bedeutet aber weder die Aussage »Jeder Nicht-Mensch ist gerecht« dasselbe wie eine der Aussagen jener Art noch die ihr (kontradiktorisch) entgegenge-

οὐκ ἔστι πᾶς οὐκ ἄνθρωπος | δίκαιος· τὸ δὲ πᾶς οὐ δίκαιος οὐκ ἄνθρωπος τῷ οὐδεὶς δίκαιος ‖ οὐκ ἄνθρωπος ταὐτὸν σημαίνει. ‖

20 b Μετατιθέμενα δὲ τὰ ὀνόματα καὶ τὰ ῥήματα ταὐτὸν | σημαίνει, οἷον ἔστι λευκὸς ἄνθρωπος — ἔστιν ἄνθρωπος λευκός. | εἰ γὰρ μὴ τοῦτό ἐστιν, τοῦ αὐτοῦ πλείους ἔσονται ἀποφάσεις, | ἀλλ' ἐδέδεικτο ὅτι μία μιᾶς. τοῦ μὲν γὰρ ἔστι λευκὸς ἄνθρω‖πος ἀπόφασις τὸ οὐκ ἔστι λευκὸς ἄνθρωπος· τοῦ δὲ ἔστιν ἄν|θρωπος λευκός, εἰ μὴ ἡ αὐτή ἐστι τῇ ἔστι λευκὸς ἄνθρωπος, | ἔσται ἀπόφασις ἤτοι τὸ οὐκ ἔστιν οὐκ ἄνθρωπος λευκός ἢ τὸ | οὐκ ἔστιν ἄνθρωπος λευκός. ἀλλ' ἡ ἑτέρα μέν ἐστιν ἀπόφασις | τοῦ ἔστιν οὐκ ἄνθρωπος λευκός, ἡ ἑτέρα δὲ τοῦ ἔστι λευκὸς ἄν‖θρωπος, ὥστε ἔσονται δύο μιᾶς. ὅτι μὲν οὖν μετατιθεμένου τοῦ | ὀνόματος καὶ τοῦ ῥήματος ἡ αὐτὴ γίγνεται κατάφασις καὶ | ἀπόφασις, δῆλον. |

11 Τὸ δὲ ἓν κατὰ πολλῶν ἢ πολλὰ καθ' ἑνὸς καταφά|ναι ἢ ἀποφάναι, ἐὰν μὴ ἕν τι ᾖ τὸ ἐκ τῶν πολλῶν συγκεί‖μενον, οὐκ ἔστι κατάφασις μία οὐδὲ ἀπόφασις. λέγω δὲ ἓν | οὐκ ἐὰν ὄνομα ἓν ᾖ κείμενον, μὴ ᾖ δὲ ἕν τι ἐξ ἐκείνων,

---

39–40 οὐδεὶς δίκαιος οὐκ ἄνθρωπος **ABCVd** ΔΛΓ α{le.} : οὐδεὶς οὐκ ἄνθρ. δίκ. **n** Σ ‖ **20 b 4** ἐδέδεικτο **ABCVdn** : δέδεικται ΛΣΓ *vid.*, α{le.} ‖ **8** ἄνθρωπος λευκός **BCn**, **AV** *p.c.* (*aliae m.*), (Λ) : λευκὸς ἄνθρ. **d**, **AV** *a.c.*, Δ(Λ)Γ α{le.} ‖ **14–15** συγκείμενον **n** ΔΣΓ α{le., citt. 1, 2} : δηλούμενον **ABCVd** : *om.* Λ ‖ **16** ὄνομα ἓν **ABSV**, **d** *p.c.* (ἓν *supra lin. add.* **d**[c] [*prima m. vid.*]), ΔΣΓ α{le., citt. 1, 3, (cit. 2)} τ{le.}, *Olympiodorus* : ἓν ὄνομα **n**, Λ *vid.*, α{(cit. 2)} : ὄνομα **C**, **d** *a.c.*

setzte Aussage »Nicht jeder Nicht-Mensch ist gerecht«. »Nicht-gerecht ist jeder Nicht-Mensch« hingegen bedeutet dasselbe wie »Gerecht ist kein | Nicht-Mensch«. |

Werden die Nenn- und die Aussagewörter umge- 20b
stellt, so bleibt die Bedeutung (der aus ihnen gebildeten Sätze), wie im Falle des Beispiels »(Ein) Mensch ist weiß« – »Weiß ist (ein) Mensch«, jeweils dieselbe. Wenn dies nämlich nicht so wäre, gäbe es für ein und dieselbe Aussage mehr als eine Verneinung, wohingegen es sich doch gezeigt hatte, daß es für eine jeweils nur eine gibt. Von »(Ein) Mensch ist weiß« | ist die Verneinung nämlich »(Ein) Mensch ist nicht weiß«; von »Weiß ist (ein) Mensch« hingegen würde, wenn diese Aussage mit der Aussage »(Ein) Mensch ist weiß« nicht identisch wäre, entweder »Weiß ist nicht (ein) Nicht-Mensch« oder »Weiß ist nicht (ein) Mensch« die Verneinung sein. Die eine dieser beiden Aussagen ist jedoch von »Weiß ist (ein) Nicht-Mensch« die Verneinung und die andere wiederum von »(Ein) Mensch ist weiß«, | so daß es für eine Aussage zwei Verneinungen gäbe. Daß man, wenn man Nennwort und Aussagewort umstellt, dieselbe bejahende und dieselbe verneinende Aussage erhält (wie vor der Umstellung), ist also offenkundig.

11 Wenn man ein Ding vielen oder viele Dinge einem zu- oder abspricht, so macht man, wenn das, wozu die vielen Dinge zusammengefügt sind, nichts Einheitliches ist, | keine einheitliche bejahende oder verneinende Aussage. Ich nenne (das, wozu die betreffenden Dinge zusammengefügt sind,) aber nicht schon dann einheitlich, wenn es eine einheitliche Bezeichnung trägt, ohne daß sich aus jenen Dingen selbst etwas

οἷον | ὁ ἄνθρωπος ἴσως ἐστὶ καὶ ζῷον καὶ δίπουν καὶ ἥμερον, ἀλλὰ | καὶ ἕν τι γίγνεται ἐκ τούτων· ἐκ δὲ τοῦ λευκοῦ καὶ τοῦ ἀνθρώπου | καὶ τοῦ βαδίζειν οὐχ ἕν. ὥστε οὔτε ἂν ἕν τι κατὰ τούτων κα‖ταφήσῃ τις μία κατάφασις, ἀλλὰ φωνὴ μὲν μία, κατα|φάσεις δὲ πολλαί, οὔτε ἐὰν καθ' ἑνὸς ταῦτα, ἀλλ' ὁμοίως | πολλαί.

Εἰ οὖν ἡ ἐρώτησις ἡ διαλεκτικὴ ἀποκρίσεώς ἐστιν αἴ|τησις, ἢ τῆς προτάσεως ἢ θατέρου μορίου τῆς ἀντιφάσεως, ἡ | δὲ πρότασις ἀντιφάσεως μιᾶς μόριον, οὐκ ἂν εἴη μία ἀπόκρισις ‖ πρὸς ταῦτα· οὐδὲ γὰρ ἡ ἐρώτησις μία, οὐδ' ἂν ᾖ ἀλη|θής. εἴρηται δὲ ἐν τοῖς Τοπικοῖς περὶ αὐτῶν. ἅμα δὲ δῆλον | ὅτι οὐδὲ τὸ τί ἐστιν ἐρώτησίς ἐστι διαλεκτική· δεῖ γὰρ δεδόσθαι | ἐκ τῆς ἐρωτήσεως ἑλέσθαι ὁπότερον βούλεται τῆς ἀντιφάσεως | μόριον ἀποφήνασθαι· ἀλλὰ δεῖ τὸν ἐρωτῶντα προσδιορίσαι ‖ πότερον τόδε ἐστὶν ὁ ἄνθρωπος ἢ οὐ τοῦτο. |

18 τοῦ *bis om.* **n** ‖ **19** *post pr.* ἕν *add.* τι Σ | οὔτε ἂν (οὔτε ἐὰν **B** α) **ABCdn** α{le.} : οὐδ' ἂν **S** : οὐδὲ ἐὰν **V** ‖ **19–20** καταφήσῃ **ABCSVd** α{le.} : καταφῇ **n** ‖ **20** μία κατάφασις **ABCVdn** ΔΣΓ α{le.} : κατάφ. ἔσται μία **S**, (Λ) *vid.* : ἔσται μία κατάφ. (Λ) ‖ **24** *post* μιᾶς *add.* ἐστι **C**, Δ? | μία ἀπόκρισις **Sn**, Λ *vid.*, Γ : ἀπόκρισις μία **ABCVd** ΔΣ α{le., citt. 1, 2} ‖ **30** τοῦτο *om.* **S**. *Versuum 20 b 22 – 21 a 5 textus in* **S** *magna ex parte legi non potest, cum membrana partim mutilata sit, partim maculata*

Einheitliches ergäbe. Ein Mensch z. B. ist doch wohl ein Lebewesen und zweifüßig und zahm; aus all dem ergibt sich aber auch etwas Einheitliches. Daraus, daß etwas weiß ist, daß es ein Mensch ist und daß es geht, hingegen ergibt sich nichts Einheitliches. Folglich liegt weder dann, wenn jemand diesen Dingen etwas Einheitliches | zuspricht, eine einheitliche bejahende Aussage vor, sondern vielmehr eine einheitliche stimmliche Äußerung und eine Vielheit bejahender Aussagen, noch dann, wenn jemand umgekehrt diese Dinge etwas Einheitlichem zuspricht, sondern ebenso wiederum eine Vielheit von Aussagen.

Wenn eine dialektische Frage dazu auffordert, sie entweder mit dem Satz zu beantworten, in dessen Gestalt sie vorgelegt wird, oder mit dem anderen Glied der Kontradiktion (deren eines Glied dieser Satz ist), und wenn dieser Satz das eine Glied einer einheitlichen Kontradiktion ist, so dürfte es auf eine die genannten Dinge betreffende Frage demnach keine einheitliche Antwort geben; | denn auch die Frage ist in diesem Falle ja keine einheitliche, auch dann nicht, wenn sie (in Gestalt eines Satzes vorgelegt wird, der als Behauptungssatz) wahr ist. Hiervon ist bereits in der *Topik* die Rede gewesen. Zugleich ist offenkundig, daß auch eine bloße »Was ist ...?«-Frage keine dialektische Frage ist; denn (in einem dialektischen Gespräch) muß (dem Antwortenden) ja die Möglichkeit gegeben sein, sich der gestellten Frage gemäß nach Belieben für die Behauptung des einen oder des anderen Gliedes einer Kontradiktion zu entscheiden. Vielmehr muß jemand, der (beispielsweise danach) fragt, (was ein Mensch ist, diese Frage dadurch) noch näher bestimmen, (daß er fragt,) | ob ein Mensch das und das ist oder nicht.

Ἐπεὶ δὲ τὰ μὲν κατηγορεῖται συντιθέμενα, ὡς ἓν τὸ | πᾶν κατηγόρημα, τῶν χωρὶς κατηγορουμένων, τὰ δὲ οὔ, τίς ἡ | διαφορά; κατὰ γὰρ τοῦ ἀνθρώπου ἀληθὲς εἰπεῖν καὶ χωρὶς | ζῷον καὶ χωρὶς δίπουν, καὶ ταῦτα ὡς ἕν, καὶ ἄνθρωπον καὶ ‖ λευκόν, καὶ ταῦτα ὡς ἕν· ἀλλ' οὐχί, εἰ σκυτεὺς καὶ ἀγαθός, | καὶ σκυτεὺς ἀγαθός. εἰ γάρ, ὅτι ἑκάτερον ἀληθές, εἶναι δεῖ | καὶ τὸ συνάμφω, πολλὰ καὶ ἄτοπα ἔσται. κατὰ γὰρ τοῦ | ἀνθρώπου καὶ τὸ ἄνθρωπος ἀληθὲς καὶ τὸ λευκόν, ὥστε καὶ τὸ | ἅπαν· πάλιν εἰ τὸ λευκὸν αὐτό, καὶ τὸ ἅπαν, ὥστε ἔσται ἄν‖θρωπος λευκὸς
21a λευκός, καὶ τοῦτο εἰς ἄπειρον· καὶ πάλιν ‖ μουσικὸς λευκὸς βαδίζων, καὶ ταῦτα πολλάκις πεπλεγμένα. | ἔτι εἰ ὁ Σωκράτης Σωκράτης καὶ ἄνθρωπος, καὶ | Σωκράτης ἄνθρωπος, καὶ εἰ ἄνθρωπος καὶ δίπους, | καὶ ἄνθρωπος δίπους. ‖ ὅτι μὲν οὖν, εἴ τις ἁπλῶς θήσει τὰς συμπλοκὰς

34 ταῦτα *om.* **n** ΔΛ ‖ **36** ὅτι **ABCdn**, **V** *a.c.*, Δ : διότι **V** *p.c.*, α{le., cit.} | ἀληθές, εἶναι δεῖ **ABCVd** Σ α{le., cit., (expl.)} : ἀληθές ἐστιν **n** : (...) εἶναι δ' οὔ εἰ τ{le.} : εἴη (*an* ᾖ?) Δ : λέγεται Λ : *om.* Γ ‖ **39** αὐτό *om.* **n** ΔΛΣΓ ‖ **21a 1** *post* πεπλεγμένα *add.* εἰς ἄπειρον **A**, **V**[c] (*prima m.?*), **d**[c] (*al. m.*) ‖ **3** Σωκράτης (*ante pr.* ἄνθρωπος) *bis scr.* **CVd** (*pr. eras.* **C**[c]), α{(le.)} ‖ **4** ἄνθρωπος (*ante* δίπους) *bis scr.* **CVd** (*alt. eras.* **C**[c]) ‖ **5** θήσει **n** *a.c.*, ΛΣΓ τ{le.} : φήσει **ABCVd**, **n** *p.c.* (*al. m.*), Δ α{le.}

Da nun das, was getrennt voneinander prädiziert wird, in manchen Fällen auch in Verbindung miteinander prädiziert wird, so daß die Gesamtheit des Prädizierten als ein einheitliches Prädikat fungiert, in anderen Fällen hingegen nicht, stellt sich die Frage, worin der Unterschied (zwischen diesen und jenen Fällen) besteht. Einem Menschen kann man ja wahrheitsgemäß sowohl das Prädikat »Lebewesen« für sich allein als auch das Prädikat »zweifüßig« für sich allein zusprechen, beide aber auch als ein einheitliches Prädikat, desgleichen »Mensch« für sich allein und | (z. B.) »weiß« für sich allein und auch diese beiden Prädikate wiederum als ein einheitliches. Jedoch ist ein Mensch, wenn er ein Schuster ist und außerdem gut, damit nicht auch schon ein guter Schuster. Es ergäbe sich ja, wenn zwei Prädikate deshalb, weil jedes von ihnen (für sich allein) zutrifft, auch miteinander zutreffen müßten, gewiß viel Abwegiges. Denn auf einen Menschen trifft ja sowohl das Prädikat »Mensch« zu als auch (— so nahmen wir beispielshalber an —) das Prädikat »weiß« und folglich auch das Gesamtprädikat (»weißer Mensch«). Es träfe (demnach), wenn »weiß« für sich allein auf ihn zutrifft, auch wiederum das (aus »weiß« und »weißer Mensch« gebildete) Gesamtprädikat auf ihn zu, so daß er ein | weißer, weißer Mensch wäre, und so fort ins Unendliche. Und weiterhin wäre ein Mensch (z. B.) | ein gehender, weißer Gebildeter, und zwar wiederum so, daß er dies in mehrfacher Verknüpfung wäre. Ferner wäre Sokrates, wenn er Sokrates ist und ein Mensch, auch der Mensch Sokrates; und wenn er ein Mensch ist und zweifüßig, so wäre er auch ein zweifüßiger Mensch. | Daß jemand, wenn er die Auffassung vertritt,

γί|γνεσθαι, πολλὰ συμβαίνει λέγειν ἄτοπα, δῆλον· ὅπως δὲ θε|τέον, λέγομεν νῦν.

Τῶν δὴ κατηγορουμένων, καὶ ἐφ' οἷς κατ|ηγορεῖσθαι συμβαίνει, ὅσα μὲν λέγεται κατὰ συμβεβηκός, | ἢ κατὰ τοῦ αὐτοῦ ἢ θάτερον κατὰ θατέρου, ταῦτα οὐκ ἔσται ‖ ἕν· οἷον ἄνθρωπος λευκός ἐστι καὶ μουσικός, ἀλλ' οὐχ ἓν τὸ | λευκὸν καὶ τὸ μουσικόν· συμβεβηκότα γὰρ ἄμφω τῷ αὐτῷ. | οὐδ' εἰ τὸ λευκὸν μουσικὸν ἀληθὲς εἰπεῖν, ὅμως οὐκ ἔσται τὸ | λευκὸν μουσικὸν ἕν τι· κατὰ συμβεβηκὸς γὰρ τὸ λευκὸν μουσι|κόν, ὥστε οὐκ ἔσται τὸ λευκὸν μουσικὸν ἕν τι. διὸ οὐδὲ ὁ σκυτεὺς ‖ ἁπλῶς ἀγαθός, ἀλλὰ ζῷον δίπουν· οὐ γὰρ κατὰ συμβεβη|κός. ἔτι οὐδ' ὅσα ἐνυπάρχει ἐν τῷ ἑτέρῳ. διὸ οὔτε τὸ λευκὸν | πολλάκις οὔτε ὁ ἄνθρωπος ἄνθρωπος ζῷόν ἐστιν ἢ δίπους· ἐνυπ|άρχει γὰρ ἐν τῷ ἀνθρώπῳ τὸ δίπουν καὶ τὸ ζῷον.

---

11 συμβεβηκότα **ABCSVd** ΔΛΣΓ α{le.} : συμβέβηκε **n** ‖ **13** λευκὸν μουσικὸν **n** Λ : μουσικὸν λευκὸν **ABCSVd** Γ α{(le.)} : λευκὸν καὶ μουσικὸν Σ ‖ **13–14** τὸ λευκὸν μουσικόν **Sn** (*ante* μουσικόν *add.* τὸ **S**[c] [*al. m.*]), (Δ)Γ α{(le.)} : τὸ μουσικὸν λευκόν **ABVd**, **C** *a.c. vid.*, Λ α{(le.)} : ἐστὶ μουσικὸν τὸ λευκόν **C** *p.c.* : λευκὸν καὶ (+ τὸ (Δ)) μουσικόν (Δ)Σ ‖ **14** τὸ *ante* μουσικὸν *pos.* **S** (*del.* **S**[c], *ante* λευκὸν *pos. al. m.*), Γ | *post* λευκὸν *add.* καὶ **B** (Δ) : *om.* **ACSVdn** (Δ)ΛΣΓ α | ἕν τι **ABCSVd**, **n** *p.c.*, Δ α{le.} : ἕν **n** *a.c.*, Σ : *om.* ΛΓ ‖ **17** δίπους *conieci* (*cf. 21 a 4*) : δίπουν **ABCSVdn** α{le.} ‖ **18** δίπουν … ζῷον **Sn** Δ(Λ)ΣΓ α{(le.)} : ζῷον … δίπουν **ABCVd** (Λ) α{(le.)}

die Verknüpfungen (mehrerer Prädikate zu einem) könnten ohne Einschränkung vorgenommen werden, in die Verlegenheit kommt, viel Abwegiges sagen zu müssen, ist also offenkundig. Welche Auffassung man (statt dessen) zu vertreten hat, legen wir jetzt dar.

Was die Dinge betrifft, die von anderen prädiziert werden, und auch die Dinge, von denen sie jeweils prädiziert werden, so bilden gewiß all diejenigen von ihnen, die – sei es von ein und demselben Gegenstand, sei es voneinander – akzidentell ausgesagt werden, keine | Einheit. So ist zum Beispiel ein Mensch weiß und gebildet; aber weiß (zu sein) und gebildet (zu sein) sind zwei Dinge, die nichts Einheitliches darstellen, denn sie sind beide akzidentelle Eigenschaften ein und desselben Gegenstandes. Und auch dann, wenn es wahr ist, von etwas Weißem zu sagen, es sei gebildet, ist doch gleichwohl etwas gebildetes Weißes nichts Einheitliches; denn nur akzidentell ist etwas Weißes gebildet, so daß etwas gebildetes Weißes nichts Einheitliches ist. Deshalb ist auch der besagte Schuster | als einer, der ohne Einschränkung gut ist, nichts Einheitliches (d. h. kein guter Schuster); wohl aber ist ein Lebewesen als eines, das zweifüßig ist, etwas Einheitliches, denn zweifüßig ist ein Lebewesen ja nicht bloß akzidentell. Ferner ist auch all das, was in etwas anderem bereits enthalten ist, (mit ihm zusammen) nichts Einheitliches. Deshalb ist weder etwas Weißes mehrfach weiß, noch ist ein Mensch ein Lebewesen-Mensch oder ein zweifüßiger Mensch; denn zweifüßig (zu sein) und (ein) Lebewesen (zu sein) sind im (Begriff des) Menschen bereits (als Merkmale) enthalten.

Ἀληθὲς | δέ ἐστιν εἰπεῖν κατὰ τοῦ τινὸς καὶ ἁπλῶς, οἷον τὸν τινὰ ⟨λευκὸν⟩ ἄνθρω‖πον ἄνθρωπον ἢ τὸν τινὰ λευκὸν ἄνθρωπον λευκόν· | οὐκ ἀεὶ δέ, ἀλλ᾽ ὅταν μὲν ἐν τῷ προσκειμένῳ τῶν ἀντικει|μένων τι ἐνυπάρχῃ οἷς ἕπεται ἀντίφασις, οὐκ ἀληθές, ἀλλὰ | ψεῦδος, οἷον τὸν τεθνεῶτα ἄνθρωπον ἄνθρωπον εἰπεῖν, ὅταν δὲ | μὴ ἐνυπάρχῃ, ἀληθές. ἢ ὅταν μὲν ἐνυπάρχῃ, ἀεὶ οὐκ ἀλη‖θές, ὅταν δὲ μὴ ἐνυπάρχῃ, οὐκ ἀεὶ ἀληθές, ὥσπερ Ὅμηρός | ἐστί τι, οἷον ποιητής. ἆρ᾽ οὖν καὶ ἔστιν, ἢ οὔ; κατὰ συμβεβηκὸς | γὰρ κατηγορεῖται τὸ ἔστιν τοῦ Ὁμήρου· ὅτι γὰρ ποιητής ἐστιν, | ἀλλ᾽ οὐ καθ᾽ αὑτό, κατηγορεῖται κατὰ τοῦ Ὁμήρου τὸ ἔστιν. |

Ὥστε ἐν ὅσαις κατηγορίαις μήτε ἐναντιότης ἔνεστιν, ἐὰν λόγοι ‖ ἀντ᾽ ὀνομάτων λέγωνται, καὶ καθ᾽ ἑαυτὰ κατηγορεῖται καὶ | μὴ κατὰ συμβεβηκός, ἐπὶ τούτων τὸ

---

19 λευκὸν *addidi* ‖ **20** *alt.* ἄνθρωπον (*ante* λευκόν) *bis scr.* **ABCVd** α{le.} ‖ **22** οἷς **S**, **n** *a.c.*, **C**^{c} *in ras.*, ΔΛΣΓ α{cit.} : ᾧ **ABVd**, **C** *p.c.*^{2} *et etiam a.c. vid.*, **n** *p.c.* (*al. m.*), α{(le.)} : *om.* α{(le.)} ‖ **27** τὸ ἔστιν τοῦ Ὁμήρου **Sn** ΔΛΓ α{(le.)} τ{le.} : τοῦ Ὁμ. τὸ ἔστιν **ABVd**, Σ?, α{(le.)} ‖ **28** κατὰ *om.* **S** ‖ **29** ἐὰν **ABCSdn** ΔΛΣΓ ατ{le.} : μήτε **V** (*supra lin. scr.* ἂν **V**^{c}) ‖ **30** κατηγορεῖται **BC**, **SV** *a.c.*, **d** : κατηγορῆται **An**, **SV** *p.c.*, α{le. (*in codice Ammoniano F* [*cod. Laur. 71, 3*] *ex* -ρεῖται *correctum*)}

Nun kann man einem einzelnen Gegenstand (auf den zwei Prädikate in Verbindung miteinander zutreffen, eines von beiden) aber auch ohne Einschränkung (durch das andere) für sich allein wahrheitsgemäß zusprechen, indem man beispielsweise von diesem ⟨weißen⟩ Menschen | da einfach sagt, er sei ein Mensch, oder von jenem weißen Menschen dort einfach, er sei weiß. Allerdings kann man dies nicht immer. Vielmehr ist dann, wenn in dem (zum anderen) hinzugefügten (einen der beiden Prädikate) irgend etwas (dem anderen) Entgegengesetztes enthalten ist, das einen Widerspruch zur Folge hat, die uneingeschränkte Aussage nicht wahr, sondern falsch. So ist es zum Beispiel falsch, wenn man von einem toten Menschen einfach sagt, er sei ein Mensch. Wenn jedoch in dem einen (der beiden Prädikate) etwas (dem anderen) Entgegengesetztes nicht enthalten ist, so ist die uneingeschränkte Aussage wahr. Oder vielmehr ist es so, daß sie zwar immer dann, wenn etwas solches in ihm enthalten ist, nicht wahr, | aber nicht auch immer dann, wenn etwas solches nicht in ihm enthalten ist, wahr ist. Homer beispielsweise ist ja irgend etwas, z. B. ein Dichter. Folgt daraus etwa, daß er auch (schlechthin) ist, oder nicht? (Doch wohl nicht); denn nur akzidentell wird das Wort »ist« hier von Homer prädiziert. Weil er nämlich ein Dichter ist, nicht aber an sich wird hier von Homer das Wort »ist« prädiziert.

Folglich wird in all denjenigen Fällen, in denen ein (zu einem anderen hinzugefügtes) Prädikat einerseits keinen Gegensatz (zum anderen) aufweist, wenn die jeweiligen Wörter durch Definitionen | ersetzt werden, und andererseits an sich und nicht bloß akzidentell

τὶ καὶ ἁπλῶς ἀληθὲς | ἔσται εἰπεῖν. τὸ δὲ μὴ ὄν, ὅτι δοξαστόν, οὐκ ἀληθὲς εἰπεῖν ὄν | τι· δόξα γὰρ αὐτοῦ οὐκ ἔστιν ὅτι ἔστιν, ἀλλ' ὅτι οὐκ ἔστιν. |

12 Τούτων δὲ διωρισμένων σκεπτέον ὅπως ἔχουσιν αἱ ἀπο‖φάσεις καὶ καταφάσεις πρὸς ἀλλήλας αἱ τοῦ δυνατὸν εἶναι | καὶ μὴ δυνατὸν καὶ ἐνδεχόμενον καὶ μὴ ἐνδεχόμενον καὶ | περὶ τοῦ ἀδυνάτου τε καὶ ἀναγκαίου· ἔχει γὰρ ἀπορίας τινάς. |

Εἰ γὰρ τῶν συμπλεκομένων αὗται ἀλλήλαις ἀντίκεινται ἀν|τιφάσεις, ὅσαι κατὰ τὸ εἶναι καὶ μὴ εἶναι τάττονται, οἷον ‖ τοῦ εἶναι ἄνθρωπον ἀπόφασις τὸ μὴ εἶναι ἄνθρωπον, οὐ τὸ εἶναι | μὴ ἄνθρωπον, καὶ τοῦ εἶναι λευκὸν ἄνθρωπον τὸ μὴ εἶναι λευ|κὸν ἄνθρωπον, ἀλλ' οὐ τὸ εἶναι μὴ λευκὸν ἄνθρωπον — εἰ γὰρ | κατὰ παντὸς ἡ κατάφασις ἢ ἡ ἀπόφασις, τὸ ξύλον ἔσται ‖ ἀληθὲς εἰπεῖν εἶναι μὴ λευκὸν ἄνθρωπον —, εἰ δὲ τοῦτο οὕτως, |

---

32 ἔσται **ABCVd** ΛΓ τ{le., expl.} : ἐστιν **S** Δ α{(le.)} : *om.* **n**, Σ?, α{(le.)} ‖ **33** *pr.* οὐκ ἔστιν **ACSdn** ΔΣΓ α{(cit.)} ς{le.} : ἐστιν οὐχ **BV** α{le., (cit.)} ‖ **34** δὲ **ABCVdn** ΔΛΣΓ αςτ{le.} : δὴ **S** ‖ **34–35** αἱ ἀποφάσεις καὶ καταφάσεις **ABCVd** ΛΓ α{le.} ς{le. 2} : αἱ καταφ. καὶ ἀποφ. **n** ΔΣ (αἱ *om.* Δ), τ{le. (*ante* ἀποφ. *add.* αἱ)} : αἱ ἀποφ. ς{le. 1} ‖ **38–39** *ante* ἀντιφάσεις *add.* αἱ **C**^{c}**d**^{c} (*eras.* **d**^{c} *rec.*), **n** α{(le.), (cit.)} : *om.* **ABCVd** Δ α{(le.), (cit.)} ‖ **21b 4** *ante pr.* ἡ *add.* ἢ Λ ‖ **5** ἀληθὲς εἰπεῖν **ABCVd**, ΔΛΣΓ *vid.*, ας{le.} : εἰπεῖν ἀληθὲς **n** | δὲ **Ad**, **BV** *a.c.*, ΔΛΣΓ α{(le.)} : δὴ **Cn**, **BV** *p.c.*, α{(le.)}

prädiziert wird, einem einzelnen Gegenstand (jedes der beiden Prädikate) auch ohne Einschränkung (durch das andere) für sich allein wahrheitsgemäß zugesprochen werden können. Von etwas Nichtseiendem kann aber nicht deshalb, weil es vermeintlich (seiend) ist, wahrheitsgemäß ausgesagt werden, es sei etwas Seiendes. Denn die (irrige) Meinung (es sei seiend) hat man von ihm ja nicht etwa deshalb, weil es seiend wäre, sondern gerade deshalb, weil es nichtseiend ist.

12 Nachdem diese Fragen geklärt sind, gilt es zu untersuchen, wie die verneinenden | und die bejahenden Ausdrücke »möglich« und »nicht möglich (für ...), daß es ist« und »angängig« und »nicht angängig (für ...), daß es ist« sich zueinander verhalten sowie diejenigen, die sich auf das Unmögliche und das Notwendige beziehen; denn diese Frage bereitet gewisse Schwierigkeiten.

Wenn nämlich unter den komplexen Ausdrücken jeweils diejenigen die einander kontradiktorisch entgegengesetzten sind, die nach (dem Kriterium, daß bei ihnen die Worte) »ist« und »ist nicht« (hinzugefügt sind, einander zu)geordnet werden, wie ja zum Beispiel | die 21b
Verneinung von »ist ein Mensch« lautet: »ist nicht ein Mensch« und nicht: »ist ein Nicht-Mensch« und die Verneinung von »ist ein weißer Mensch«: »ist nicht ein weißer Mensch«, nicht aber: »ist ein nicht-weißer Mensch« – denn andernfalls würde es ja, wenn auf alles (entweder) die Bejahung von etwas oder die Verneinung davon zutrifft, wahr sein, von einem Stück Holz | zu sagen, es sei ein nicht-weißer Mensch –, wenn es sich also damit so verhält und wenn zudem überall

καὶ ὅσοις τὸ εἶναι μὴ προστίθεται, τὸ αὐτὸ ποιήσει τὸ ἀντὶ | τοῦ εἶναι λεγόμενον, οἷον τοῦ ἄνθρωπος βαδίζει οὐ τὸ οὐκ ἄνθρω|πος βαδίζει ἀπόφασις ἔσται, ἀλλὰ τὸ οὐ βαδίζει ἄνθρωπος | — οὐδὲν γὰρ διαφέρει εἰπεῖν ἄνθρωπον βαδίζειν ἢ ἄνθρωπον βα‖δίζοντα εἶναι —, ὥστε εἰ οὕτω πανταχοῦ, καὶ τοῦ δυνατὸν εἶναι | ἀπόφασις ἔσται τὸ δυνατὸν μὴ εἶναι, ἀλλ᾽ οὐ τὸ μὴ δυνατὸν | εἶναι.

Δοκεῖ δὲ τὸ αὐτὸ δύνασθαι καὶ εἶναι καὶ μὴ εἶναι· | πᾶν γὰρ τὸ δυνατὸν τέμνεσθαι ἢ βαδίζειν καὶ μὴ βαδίζειν | καὶ μὴ τέμνεσθαι δυνατόν. λόγος δέ, ὅτι ἅπαν τὸ οὕτω δυ‖νατὸν οὐκ ἀεὶ ἐνεργεῖ, ὥστε ὑπάρξει αὐτῷ καὶ ἡ ἀπόφασις· | δύναται γὰρ καὶ μὴ βαδίζειν τὸ βαδιστικὸν καὶ μὴ ὁρᾶσθαι | τὸ ὁρατόν.

Ἀλλὰ μὴν ἀδύνατον κατὰ τοῦ αὐτοῦ ἀληθεύεσθαι | τὰς ἀντικειμένας φάσεις· οὐκ ἄρα τοῦ δυνατὸν εἶναι | τὸ δυνατὸν μὴ εἶναι αὕτη ἀπόφασίς ἐστι. συμβαίνει γὰρ ἐκ τούτων ἢ τὸ ‖ αὐτὸ φάναι καὶ ἀποφάναι ἅμα καὶ κατὰ

---

11 ἔσται **ABCVd** Δ α{le., cit.} : ἐστι (Λ)Σ : *om.* **n** (Λ)Γ ‖ **13–14** μὴ βαδίζειν καὶ μὴ τέμνεσθαι **ABCVd** ΔΛΣ α{(le.)} : μὴ τέμνεσθαι καὶ μὴ βαδίζειν **n** Γ α{(le.)} ‖ **15** αὐτῷ καὶ ἡ ἀπόφασις **ABCVd**, **n** *p.c.* (*al. m., ante* αὐτῷ *add.* τῷ), (Λ) α{le.} : ἡ ἀπόφ. αὐτοῦ **n** *a.c.* : αὐτοῦ (+ ἡ (Δ)) ἀπόφ. Δ : ἡ ἀπόφ. τῷ αὐτῷ Σ : αὐτῷ (ἡ) ἀπόφ. Γ ‖ **18–19** τοῦ δυνατὸν εἶναι τὸ δυνατὸν μὴ εἶναι αὕτη ἀπόφασίς ἐστι Σ : τοῦ δυν. εἶναι ἀπόφασίς ἐστι τὸ δυν. μὴ εἶναι **ABCVd** α{le.} : αὕτη ἀπόφασις **n**, **d**[c] (*supra lin., ante* ἀπόφ. *add.* ἡ), ΔΛΓ ‖ **20** *alt.* καὶ *om.* **dn** (*add.* **n**[c] [*al. m. vid.*]), ΔΛΣ α : *eras.* **B**[c]

dort, wo das Wort »ist« nicht hinzugefügt wird, das an seiner Stelle gebrauchte Wort dieselbe Rolle spielt wie es, wie ja zum Beispiel die Verneinung von »(Ein) Mensch geht« nicht etwa lautet: »(Ein) Nicht-Mensch geht«, sondern: »(Ein) Mensch geht nicht« – macht es doch keinen Unterschied, ob man sagt, daß ein Mensch geht, oder ob man sagt, daß ein Mensch | gehend ist –, wenn es sich also in allen Fällen so verhält, müßte folglich auch die Verneinung von »möglich (für ...), daß es ist« »möglich (für ...), daß es nicht ist« lauten und nicht etwa »nicht möglich (für ...), daß es ist«.

Nun scheint aber doch ein und derselbe Gegenstand sowohl die Möglichkeit zu haben, (das und das) zu sein, als auch die Möglichkeit, (es) nicht zu sein. Denn alles, was (beispielsweise) die Möglichkeit hat, geschnitten zu werden, oder die Möglichkeit zu gehen, hat auch die Möglichkeit, nicht zu gehen bzw. nicht geschnitten zu werden. Dies hat seinen Grund darin, daß alles, was eine Möglichkeit dieser Art besitzt, | sich nicht immer im Zustand ihrer Verwirklichung befindet, so daß ihm auch die Verneinung (der betreffenden Möglichkeit) zukommen müßte. Denn etwas, das gehen kann, hat ja auch die Möglichkeit, nicht zu gehen, und etwas Sichtbares auch die Möglichkeit, nicht gesehen zu werden.

Nun ist es aber unmöglich, daß auf ein und denselben Gegenstand (zwei kontradiktorisch) entgegengesetzte Ausdrücke zutreffen. Also ist es nicht das besagte »möglich (für ...), daß es nicht ist«, was die Verneinung von »möglich (für ...), daß es ist« darstellt. Aus den vorangehenden Überlegungen ergibt sich nämlich, daß man entweder ein und | dasselbe zugleich (wahrheits-

τοῦ αὐτοῦ, ἢ μὴ | κατὰ τὸ εἶναι καὶ μὴ εἶναι τὰ προστιθέμενα γίγνεσθαι φάσεις | καὶ ἀποφάσεις. εἰ οὖν ἐκεῖνο ἀδύνατον, τοῦτο ἂν εἴη αἱρετόν. |

Ἔστιν ἄρα ἀπόφασις τοῦ δυνατὸν εἶναι τὸ μὴ δυνατὸν εἶναι. | ὁ δὲ αὐτὸς λόγος καὶ περὶ τοῦ ἐνδεχόμενον εἶναι· καὶ γὰρ ‖ τούτου ἀπόφασις τὸ μὴ ἐνδεχόμενον εἶναι. καὶ ἐπὶ τῶν ἄλλων | δὲ ὁμοιοτρόπως, οἷον ἀναγκαίου τε καὶ ἀδυνάτου. γίγνεται γάρ, | ὥσπερ ἐπ' ἐκείνων τὸ εἶναι καὶ τὸ μὴ εἶναι προσθέσεις, τὰ δ' | ὑποκείμενα πράγματα τὸ μὲν λευκός, τὸ δὲ ἄνθρωπος, οὕτως | ἐνταῦθα τὸ μὲν εἶναι καὶ μὴ εἶναι ὡς ὑποκείμενον γίγνεται, ‖ τὸ δὲ δύνασθαι καὶ τὸ ἐνδέχεσθαι προσθέσεις διορίζουσαι, | ὥσπερ ἐπ' ἐκείνων τὸ εἶναι καὶ μὴ εἶναι τὸ ἀληθὲς καὶ τὸ | ψεῦδος, ὁμοίως αὗται ἐπὶ τοῦ εἶναι δυνατὸν καὶ εἶναι οὐ δυνα|τόν.

Τοῦ δὲ δυνατὸν μὴ εἶναι ἀπόφασις | τὸ οὐ δυνατὸν μὴ εἶναι. ‖ διὸ καὶ ἀκολουθεῖν | ἂν δόξαιεν ἀλλήλαις αἱ δυνατὸν εἶναι — δυνατὸν μὴ | εἶναι· τὸ γὰρ αὐτὸ δυνα-

---

27 *alt.* τὸ *om.* **n** (*add.* **n**^{c}), ς ‖ **28** λευκός (-ὸς) **n** *a.c.* : λευκὸν **ABCVd**, **n** *p.c.*, Λ α{le.} ‖ **29** καὶ μὴ εἶναι *om.* **d** *vid.*, **n** (Λ)Γ ‖ **30** *alt.* τὸ *om.* **n** ‖ **31** ὥσπερ **ABCVd** α{le.} : ὡς **n** ‖ **31–32** καὶ τὸ ψεῦδος *om.* **n** ΛΓ ‖ **36–37** αἱ δυνατὸν εἶναι — δυνατὸν μὴ εἶναι **n**, **V** *p.c.*, Γ : αἱ τοῦ δυν. εἶναι καὶ δυν. μὴ εἶναι **C** : τὸ δυν. εἶναι καὶ τὸ δυν. μὴ εἶναι **V** *a.c. vid.*, Σ : αἱ (+ τὸ (α)) δυν. εἶναι καὶ (+ τὸ (α)) δυν. μὴ εἶναι α{le.} : *om.* **ABd** ΔΛ ‖ **37** τὸ γὰρ … μὴ εἶναι *om.* **Vn** (*add.* **V**^{c} [*prima m. vid.*], *ut lectionem variam verbo* γρ[άφεται] *ita significatam in marg. adnotavit* **n**^{c} [*al. m.*])

gemäß) zu- und abspricht, und zwar ein und demselben Gegenstand, oder daß eben nicht die Hinzufügung von »ist« und »ist nicht« das für das Zustandekommen von Bejahungen und Verneinungen maßgebende Kriterium ist. Man wird sich also, wenn jenes unmöglich ist, doch wohl hierfür entscheiden müssen.

Die Verneinung von »möglich (für ...), daß es ist« lautet somit: »nicht möglich (für ...), daß es ist«. Dasselbe gilt auch für den Ausdruck »angängig (für ...), daß es ist«. | Dessen Verneinung lautet nämlich wiederum: »nicht angängig (für ...), daß es ist«. Und mit den anderen (Modalausdrücken), nämlich denjenigen für das Notwendige und das Unmögliche, verhält es sich in entsprechender Weise. Wie nämlich bei jenen zuerst betrachteten Beispielen »ist« und »ist nicht« Hinzufügungen sind, während es sich bei dem, was (ihnen) zugrunde liegt, um »weißer (Mensch)« auf der einen und »Mensch« auf der anderen Seite handelt, so werden hier »ist« und »ist nicht« zu dem, was zugrunde liegt, | wohingegen Ausdrücke wie »Es ist möglich für ..., daß es ...« und »Es ist angängig für ..., daß es ...« Hinzufügungen sind, die ebenso, wie bei jenen zuerst betrachteten Beispielen »ist« und »ist nicht« es tun, (beispielsweise) bei »Daß es ist, (ist für ...) möglich« und »Daß es ist, (ist für ...) nicht möglich« das Wahre und das Falsche gegeneinander abgrenzen.

Die Verneinung von »möglich (für ...), daß es nicht ist« aber lautet: »nicht möglich (für ...), daß es nicht ist«. | Deshalb könnte man die beiden Ausdrücke »möglich (für ...), daß es ist« und »möglich (für ...), daß es nicht ist« ja auch für zwei Ausdrücke halten, die auseinander folgen – für ein und denselben Gegenstand scheint es

τὸν εἶναι καὶ μὴ εἶναι· οὐ γὰρ ἀντι|φάσεις ἀλλήλων αἱ τοιαῦται. | ἀλλὰ τὸ δυνατὸν εἶναι καὶ τὸ μὴ δυνατὸν
22a εἶναι οὐδέποτε ‖ ἐπὶ τοῦ αὐτοῦ ἅμα ἀληθεύονται· ἀντίκεινται γάρ. οὐδέ γε τὸ | δυνατὸν μὴ εἶναι καὶ τὸ οὐ δυνατὸν μὴ εἶναι οὐδέποτε ἅμα ἐπὶ | τοῦ αὐτοῦ ἀληθεύονται.

Ὁμοίως δὲ καὶ τοῦ ἀναγκαῖον εἶναι ἀπό|φασις οὐ τὸ ἀναγκαῖον μὴ εἶναι, ἀλλὰ τὸ μὴ ἀναγκαῖον εἶ‖ναι, τοῦ δὲ ἀναγκαῖον μὴ εἶναι τὸ μὴ ἀναγκαῖον μὴ εἶναι· | καὶ τοῦ ἀδύνατον εἶναι οὐ τὸ ἀδύνατον μὴ εἶναι, ἀλλὰ τὸ μὴ | ἀδύνατον εἶναι, τοῦ δὲ ἀδύνατον μὴ εἶναι τὸ οὐκ ἀδύνατον μὴ | εἶναι.

Καὶ καθόλου δέ, ὥσπερ εἴρηται, τὸ μὲν εἶναι καὶ μὴ | εἶναι δεῖ τιθέναι ὡς τὰ ὑποκείμενα, κατάφασιν δὲ καὶ ἀπό‖φασιν ταῦτα ποιοῦντα πρὸς τὸ εἶναι καὶ μὴ εἶναι συνάπτειν. | καὶ ταύτας οἴεσθαι χρὴ εἶναι τὰς ἀντικειμένας φάσεις, δυ|νατόν — οὐ δυνατόν, ἐνδεχόμενον — οὐκ ἐνδεχόμενον, ἀδύνατον — | οὐκ ἀδύνατον, ἀναγκαῖον — οὐκ ἀναγκαῖον, [ἀληθές — οὐκ ἀληθές]. |

39 *alt.* τὸ **n** ΔΣ α{(le.)} : *om.* **ABCVd** Γ α{(le.)} ‖ **22 a 1** ἐπὶ τοῦ αὐτοῦ ἅμα ἀληθεύονται **ABCVd** α{(le.)} : ἅμα ἐπὶ τοῦ αὐτοῦ ἀληθεύεται (-ονται (α)) **n** α{(le.)} : ἐπὶ τοῦ αὐτοῦ ἀληθεύεται ἅμα ΔΣ : ἅμα Λ : ἀλλὰ Γ (ΑΜΑ *litteris uncialibus scriptum cum* ΑΛΛΑ *confudisse videtur*) ‖ **2** τὸ Δ α{le.} : *om.* **ABCVdn** ‖ **2–3** ἐπὶ τοῦ αὐτοῦ ἀληθεύονται *om.* **Vn** (*in marg. add.* **V**[c] [*prima m. vid.*], *ut lectionem variam verbo* γρ[άφεται] *ita significatam in marg. adnotavit* **n**[c] [*al. m.*]), ΔΛΣΓ ‖ **8** *pr.* καὶ *om.* **n** ‖ **10** συνάπτειν **n** *a.c.*, Γ α{(le.)} : συντάττειν **ABCVd**, **n** *p.c.* (*al. m.*), ΔΛΣ α{(le.)} ‖ **13** ἀληθές — οὐκ ἀληθές *seclusi*

ja sowohl möglich zu sein, daß er (das und das) ist, als auch möglich, daß er (es) nicht ist –; denn Ausdrücke ihrer Form sind einander nicht kontradiktorisch entgegengesetzt. Hingegen treffen die beiden Ausdrücke »möglich (für ...), daß es ist« und »nicht möglich (für ...), daß es ist« niemals | miteinander auf ein und denselben 22 a
Gegenstand zu; denn sie sind einander (kontradiktorisch) entgegengesetzt. Auch die beiden Ausdrücke »möglich (für ...), daß es nicht ist« und »nicht möglich (für ...), daß es nicht ist« treffen niemals miteinander auf ein und denselben Gegenstand zu.

Ebenso lautet dann auch die Verneinung von »notwendig (für ...), daß es ist« nicht: »notwendig (für ...), daß es nicht ist«, sondern: »nicht notwendig (für ...), daß es ist«, | während von »notwendig (für ...), daß es nicht ist« die Verneinung »nicht notwendig (für ...), daß es nicht ist« lautet. Und von »unmöglich (für ...), daß es ist« lautet sie nicht: »unmöglich (für ...), daß es nicht ist«, sondern: »nicht unmöglich (für ...), daß es ist«, während sie von »unmöglich (für ...), daß es nicht ist« lautet: »nicht unmöglich (für ...), daß es nicht ist«.

Überhaupt muß man, wie gesagt, »ist« und »ist nicht« als dasjenige behandeln, was jeweils zugrunde liegt, wohingegen es die erwähnten (Modalausdrücke) sind, die man in die Form der Bejahung und der Verneinung | bringen und so als Hinzufügungen mit »ist« und »ist nicht« verbinden muß. Und die folgenden Ausdrücke hat man für die (kontradiktorisch) entgegengesetzten zu halten: »möglich« – »nicht möglich«, »angängig« – »nicht angängig«, »unmöglich« – »nicht unmöglich«, »notwendig« – »nicht notwendig«, [»wahr« – »nicht wahr«].

13 Καὶ αἱ ἀκολουθήσεις δὲ κατὰ λόγον γίγνονται οὕτω τιθε‖μένοις· τῷ μὲν γὰρ δυνατῷ εἶναι τὸ ἐνδέχεσθαι εἶναι, καὶ | τοῦτο ἐκείνῳ ἀντιστρέφει, καὶ τὸ μὴ ἀδύνατον εἶναι καὶ τὸ μὴ | ἀναγκαῖον εἶναι· τῷ δὲ δυνατῷ μὴ εἶναι καὶ ἐνδεχομένῳ μὴ | εἶναι τό τε μὴ ἀναγκαῖον μὴ εἶναι καὶ τὸ οὐκ ἀδύνατον μὴ εἶναι, | τῷ δὲ μὴ δυνατῷ εἶναι καὶ μὴ ἐνδεχομένῳ εἶναι τὸ ἀναγ‖καῖον μὴ εἶναι καὶ τὸ ἀδύνατον εἶναι, τῷ δὲ μὴ δυνατῷ μὴ | εἶναι καὶ μὴ ἐνδεχομένῳ μὴ εἶναι τὸ ἀναγκαῖον εἶναι καὶ | τὸ ἀδύνατον μὴ εἶναι. θεωρείσθω δὲ ἐκ τῆς ὑπογραφῆς ὡς | λέγομεν· |

<table>
<tr><td>δυνατὸν εἶναι
ἐνδεχόμενον εἶναι
οὐκ ἀδύνατον εἶναι
οὐκ ἀναγκαῖον εἶναι</td><td>οὐ δυνατὸν εἶναι ‖
οὐκ ἐνδεχόμενον εἶναι |
ἀδύνατον εἶναι |
ἀναγκαῖον μὴ εἶναι |</td></tr>
<tr><td>δυνατὸν μὴ εἶναι
ἐνδεχόμενον μὴ εἶναι
οὐκ ἀδύνατον μὴ εἶναι
οὐκ ἀναγκαῖον μὴ εἶναι</td><td>οὐ δυνατὸν μὴ εἶναι |
οὐκ ἐνδεχόμενον μὴ εἶναι ‖
ἀδύνατον μὴ εἶναι |
ἀναγκαῖον εἶναι |</td></tr>
</table>

18 τε **n** : *om.* **ABCVd** α ‖ **24–31** *Tabulam sic dispositam in marg. exhibent* **n** (ἀνάγκη *pro* ἀναγκαῖον *bis in alt. columna*), ς{expl. (*ante 21 a 38;* ἐνδέχεται *pro* ἐνδεχόμενον *quater,* ἀναγκ. εἶναι *supra et* ἀναγκ. μὴ εἶναι *infra in alt. columna*)}, *in textu* Σ α{le.} τ{expl.}, *uno tenore* (δυν. εἶναι, ἐνδεχ. εἶναι …, οὐκ ἀναγκ. μὴ εἶναι, οὐ δυν. εἶναι …, ἀναγκ. εἶναι) *in textu* **ABCVd**, *aliter dispositam in textu* Δ(Λ) : *om.* (Λ)Γ

13 Werden sie in dieser Weise angeordnet, so ergeben sich in Entsprechung zu dieser Anordnung auch ihre Folgebeziehungen. | Aus »möglich (für ...), daß es ist« folgt nämlich »angängig (für ...), daß es ist« – und aus diesem Ausdruck folgt auch umgekehrt jener – sowie »nicht unmöglich (für ...), daß es ist« und »nicht notwendig (für ...), daß es ist«. Aus »möglich (für ...), daß es nicht ist« und »angängig (für ...), daß es nicht ist« folgen sowohl »nicht notwendig (für ...), daß es nicht ist« als auch »nicht unmöglich (für ...), daß es nicht ist«, aus »nicht möglich (für ...), daß es ist« und »nicht angängig (für ...), daß es ist« hingegen »notwendig | (für ...), daß es nicht ist« und »unmöglich (für ...), daß es ist« und aus »nicht möglich (für ...), daß es nicht ist« sowie »nicht angängig (für ...), daß es nicht ist« »notwendig (für ...), daß es ist« und »unmöglich (für ...), daß es nicht ist«. Was wir meinen, soll die folgende Tabelle veranschaulichen:

möglich (für ...), daß es ist	nicht möglich (für ...), daß es ist |
angängig (für ...), daß es ist	nicht angängig (für ...), daß es ist
nicht unmöglich (für ...), daß es ist	unmöglich (für ...), daß es ist
nicht notwendig (für ...), daß es ist	notwendig (für ...), daß es nicht ist
möglich (für ...), daß es nicht ist	nicht möglich (für ...), daß es nicht ist
angängig (für ...), daß es nicht ist	nicht angängig (für ...), daß es nicht ist |
nicht unmöglich (für ...), daß es nicht ist	unmöglich (für ...), daß es nicht ist
nicht notwendig (für ...), daß es nicht ist	notwendig (für ...), daß es ist

Τὸ μὲν οὖν ἀδύνατον καὶ οὐκ ἀδύνατον τῷ ἐνδεχομένῳ | καὶ δυνατῷ καὶ οὐκ ἐνδεχομένῳ καὶ μὴ δυνατῷ ἀκολουθεῖ | μὲν ἀντιφατικῶς, ἀντεστραμμένως δέ. τῷ μὲν γὰρ δυνατῷ εἶ‖ναι ἡ ἀπόφασις τοῦ ἀδυνάτου εἶναι, τῇ δὲ ἀποφάσει ἡ κα|τάφασις· τῷ γὰρ οὐ δυνατῷ εἶναι τὸ ἀδύνατον εἶναι· κατάφα|σις γὰρ τὸ ἀδύνατον εἶναι, τὸ δὲ οὐκ ἀδύνατον ἀπόφασις. |

Τὸ δὲ ἀναγκαῖον πῶς, ὀπτέον. φανερὸν δὴ ὅτι οὐχ οὕτως ἔχει, | ἀλλ' αἱ ἐναντίαι ἕπονται, αἱ δὲ ἀντιφάσεις χωρίς. οὐ γάρ ἐστιν ‖ ἀπόφασις τοῦ ἀνάγκη μὴ εἶναι τὸ οὐκ ἀνάγκη εἶναι· ἐνδέχεται | γὰρ ἀληθεύεσθαι ἐπὶ τοῦ αὐτοῦ ἀμφοτέρας· τὸ γὰρ ἀναγκαῖον | μὴ εἶναι οὐκ ἀναγκαῖον εἶναι.

Αἴτιον δὲ τοῦ μὴ ἀκολουθεῖν | ὁμοίως τοῖς ἑτέροις, ὅτι ἐναντίως τὸ ἀδύνατον τῷ ‖ ἀναγκαίῳ ἀποδίδοται τὸ

---

33 μὴ **ABCVd** α{le.} : οὐ **n** | ἀκολουθεῖ **ABCVd** Δ(Λ)Σ α{le.} : ἀκολουθοῦσι **n** (Λ)Γ ‖ **34–35** εἶναι *om.* **n** *vid.* ‖ **35** εἶναι (*post* ἀδυνάτου) **n** (ἡ ἀπόφασις τοῦ ἀδυνάτου εἶναι *eras. et spat. parc. atque ante* εἶναι ἡ οὐκ ἀδύνατον *addens rescr.* **n**[c] [*al. m. vid.*]), ΔΣ : *om.* **BCVd** ΛΓ α : *om. et* ἀκολουθεῖ *add.* **A** ‖ **37** *post* οὐκ ἀδύνατον *add.* εἶναι **AC**[c] Σ ‖ **38** *post* πῶς *add.* ἔχει **n** Γ | δὴ **ABCVdn** α{(le.)} τ{le.} : δὲ ΣΓ α{(le.)} ς{le.} : *om.* ΔΛ | ἔχει (*post* οὕτως) *om.* **n** ΔΛΣΓ αςτ ‖ **22b 3** τοῦ **ABCVd**, **n** *a.c.*, ΛΣΓ αςτ{le.} : τούτου τὸ **n** *p.c.* (*prima m.*) : τὸ Δ | *post* ἀκολουθεῖν *add.* τὸ ἀναγκαῖον **AV** ατ{le.} ‖ **4** τοῖς ἑτέροις **ACdn**[i], **BV** *a.c.*, ας{le.} : ταῖς ἑτέραις **BV** *p.c.*

Was die Ausdrücke »unmöglich« und »nicht unmöglich« betrifft, so folgen sie aus »angängig« und »möglich« sowie aus »nicht angängig« und »nicht möglich« zwar so, daß auch sie einen kontradiktorischen Gegensatz bilden, aber in umgekehrter Anordnung. Denn aus der Möglichkeit, (das und das) zu sein, | folgt die Verneinung der Unmöglichkeit, (es) zu sein, und aus der Verneinung (der Möglichkeit) die Bejahung (der Unmöglichkeit). Aus »nicht möglich (für ...), daß es ist« folgt nämlich »unmöglich (für ...), daß es ist«; und »unmöglich (für ...), daß es ist« ist ja ein bejahender, »nicht unmöglich (für ...), daß es ist« hingegen ein verneinender Ausdruck.

Wie es sich jedoch bei der Notwendigkeit verhält, müssen wir uns genauer ansehen. Es fällt ja in die Augen, daß es sich bei ihr nicht in dieser Weise verhält. Vielmehr folgt jeweils (anstelle des einen der beiden Notwendigkeitsausdrücke) der (ihm) konträr entgegengesetzte andere, und die (ihnen) kontradiktorisch entgegengesetzten Ausdrücke (der Nicht-Notwendigkeit) sind jeweils (von ihnen) getrennt. Denn »nicht notwendig (für ...), daß es ist« ist ja nicht | die Verneinung von 22b
»notwendig (für ...), daß es nicht ist«. Diese Ausdrücke können nämlich beide auf ein und denselben Gegenstand zutreffen; denn für einen Gegenstand, für den es notwendig ist, daß er (das und das) nicht ist, ist es nicht notwendig, daß er (es) ist.

Daß sie (d. h. die Ausdrücke der Notwendigkeit und der Nicht-Notwendigkeit) nicht in derselben Weise folgen wie die anderen (d. h. die Ausdrücke der Unmöglichkeit und der Nicht-Unmöglichkeit), ist dadurch bedingt, daß ein Unmöglichkeitsausdruck auf konträre

αὐτὸ δυνάμενον. εἰ γὰρ ἀδύνατον | εἶναι, ἀναγκαῖον τοῦτο οὐχὶ εἶναι, ἀλλὰ μὴ εἶναι· εἰ δὲ ἀδύνα|τον μὴ εἶναι, τοῦτο ἀνάγκη εἶναι. ὥστε εἰ ἐκεῖνα ὁμοίως τῷ δυ|νατῷ καὶ μή, ταῦτα ἐξ ἐναντίας, ἐπεὶ οὐ σημαίνει γε ταὐτὸν | τό τε ἀναγκαῖον καὶ τὸ ἀδύνατον, ἀλλ' ὥσπερ εἴρηται, ἀντ‖εστραμμένως.

Ἢ ἀδύνατον οὕτω κεῖσθαι τὰς τοῦ ἀναγκαίου ἀν|τιφάσεις; τὸ μὲν γὰρ ἀναγκαῖον εἶναι δυνατὸν εἶναι· εἰ γὰρ | μή, ἡ ἀπόφασις ἀκολουθήσει· ἀνάγκη γὰρ ἢ φάναι ἢ ἀπο|φάναι. ὥστε εἰ μὴ δυνατὸν εἶναι, ἀδύνατον εἶναι· ἀδύνατον ἄρα | εἶναι τὸ ἀναγκαῖον εἶναι, ὅπερ ἄτοπον.

Ἀλλὰ μὴν τῷ γε δυ‖νατὸν εἶναι τὸ οὐκ ἀδύνατον εἶναι ἀκολουθεῖ, τούτῳ δὲ τὸ μὴ | ἀναγκαῖον εἶναι· ὥστε συμβαίνει τὸ ἀναγκαῖον εἶναι μὴ ἀναγ|καῖον εἶναι, ὅπερ ἄτοπον.

---

5 εἰ **ABCn**^{i}, **Vd** *a.c.*, ΔΛΣΓ : ὃ **Vd** *p.c.* (*al. m.*), α{le.} ‖ **6** οὐχὶ **BCn**^{i}, **V** *p.c.*, α{(le.)} : οὐκ **Ad**, **V** *a.c. vid.*, α{(le.)} | ἀλλὰ μὴ εἶναι *om.* α | εἰ **ABCn**^{i}, **Vd** *a.c.*, ΔΛΣΓ : ὃ **Vd** *p.c.* (*al. m.*), α{(le.)} ‖ **7** *post* ὁμοίως *add.* ἀκολουθεῖ α{le.} ‖ **8** οὐ *om.* **n**^{i} ΛΣΓ ‖ **12** *pr.* ἢ *om.* **Cd** (*add.* **d**^{c} [*al. m. vid.*]), Σ ‖ **14** *pr.* εἶναι *om.* **S** ‖ **15** οὐκ *om.* **V** (*add.* **V**^{c}) ‖ **16** μὴ **ABCVdn**^{i} α{le.} : οὐκ **S**

Weise durch | einen gleichbedeutenden Notwendigkeitsausdruck wiedergegeben wird. Wenn es nämlich für einen Gegenstand unmöglich ist, daß er (das und das) ist, so ist es für ihn notwendig, daß er (es) – nicht etwa ist, sondern – nicht ist; ist es hingegen unmöglich für einen Gegenstand, daß er (das und das) nicht ist, so ist es notwendig für ihn, daß er (es) ist. Wenn also jene Ausdrücke so, daß sie mit ihnen übereinstimmen, aus den Ausdrücken der Möglichkeit und der Nicht-Möglichkeit folgen, so folgen diese in der Weise aus ihnen, daß dabei eine Umkehrung ins konträre Gegenteil stattfindet, da ein Notwendigkeitsausdruck ja, wie gesagt, nur dann, wenn er einem Unmöglichkeitsausdruck umgekehrt zugeordnet ist, dieselbe Bedeutung hat wie er. |

Sind es dann vielleicht die den beiden Ausdrücken der Notwendigkeit kontradiktorisch entgegengesetzten Ausdrücke, deren Anordnung so nicht haltbar ist? Für etwas, für das es notwendig ist, daß es (das und das) ist, ist es ja auch möglich, (es) zu sein. Andernfalls müßte nämlich die Verneinung folgen – denn man muß ja entweder bejahen oder verneinen –, so daß es, wenn es nicht auch möglich für es wäre, (es) zu sein, unmöglich für es sein müßte, (es) zu sein. Unmöglich wäre es dann also für etwas, für das es notwendig ist, daß es (das und das) ist, (ebendies) zu sein, was widersinnig wäre.

Nun folgt aber daraus, daß es für etwas möglich | ist, (das und das) zu sein, daß es nicht unmöglich für es ist, (es) zu sein, woraus (nach unserer Tabelle) wiederum folgt, daß es nicht notwendig für es ist, (es) zu sein, so daß schließlich herauskommt, daß es für etwas, für das es notwendig ist, (das und das) zu sein, nicht notwendig ist, (es) zu sein, was widersinnig ist.

Ἀλλὰ μὴν οὐδὲ τὸ ἀναγκαῖον εἶναι | ἀκολουθεῖ τῷ δυνατὸν εἶναι, οὐδὲ τὸ ἀναγκαῖον μὴ εἶναι. τῷ μὲν | γὰρ ⟨αὐτῷ⟩ ἄμφω ἐνδέχεται συμβαίνειν, τούτων δὲ ὁπότερον ἂν ἀλη‖θὲς ᾖ, οὐκέτι ἔσται ἐκεῖνα ἀληθῆ· ἅμα γὰρ δυνατὸν εἶναι καὶ | μὴ εἶναι· εἰ δὲ ἀνάγκη εἶναι ἢ μὴ εἶναι, οὐκ ἔσται δυνατὸν | ἄμφω.

Λείπεται τοίνυν τὸ οὐκ ἀναγκαῖον μὴ εἶναι ἀκολουθεῖν | τῷ δυνατὸν εἶναι. τοῦτο γὰρ ἀληθὲς καὶ κατὰ τοῦ ἀναγκαίου | εἶναι. καὶ γὰρ αὕτη γίγνεται ἀντίφασις τῇ ἑπομένῃ τῷ οὐ δυνα‖τῷ εἶναι· ἐκείνῳ γὰρ ἀκολουθεῖ τὸ ἀδύνατον εἶναι καὶ ἀναγ|καῖον μὴ εἶναι, οὗ ἀπόφασις τὸ οὐκ ἀναγκαῖον μὴ εἶναι. ἀκο|λουθοῦσί τε ἄρα καὶ αὗται αἱ ἀντιφάσεις κατὰ τὸν εἰρημένον | τρόπον, καὶ οὐδὲν ἀδύνατον συμβαίνει τιθεμένων οὕτως. |

Ἀπορήσειε δ' ἄν τις εἰ τῷ ἀναγκαῖον εἶναι τὸ δυνατὸν ‖ εἶναι ἕπεται. εἴ τε γὰρ μὴ ἕπεται, ἡ ἀντίφασις

---

18 δυνατὸν **Cn**^{i}, **V** *p.c.*, α{le.} : δυνατῷ **ABSd**, **V** *a.c. vid.* ‖ **19** αὐτῷ *addidi* ‖ **22** τοίνυν **ABCVdn**^{i} α{le.} : ἄρα **S** : οὖν ἄρα τ{le.} ‖ **23** ἀναγκαίου τ{le.} : ἀναγκαῖον **ABCSVdn**^{i} ΔΛΣΓ α{le., cit.} ‖ **24** τῇ ἑπομένῃ **ABCSVd** ΔΓ ατ{le.} : τῆς ἑπομένης **n**^{i} ΛΣ ‖ **24–25** δυνατῷ **ABSdn**^{i}, **V** *a.c. vid.*, α{(le.)} : δυνατὸν **C**, **V** *p.c.*, α{(le.)} τ{le., expl.} ‖ **27** τε **AB** (*eras.* **A**^{c}), ΔΣ : *om.* **CSVdn**^{i} ΛΓ α ‖ **28** τιθεμένων οὕτως **ABCSVdn**^{i} α{le.} : οὕτως τιθεμένων ΔΛΓ : οὕτως ὑποτιθεμένων Σ *vid. Tabulam correctam post hoc in textu add.* Σ τ{expl.}, *post* ἕπεται (*22 b 30*) *in marg. ob eam causam amplificato add.* **n**^{i} (ἀνάγκη *pro* ἀναγκαῖον *bis in inferiore parte*), *post* ἄλογον (*22 b 39*) *in textu add.* **S**, *ante 22 b 3 in marg. add.* ς{expl.} ‖ **30** ἀντίφασις **ABSVd**, **C** *a.c.*, ΔΛΣΓ α{le.} : ἀπόφασις **n**^{i}, **C** *p.c.*

Nun folgt daraus, daß es für etwas möglich ist, (das und das) zu sein, aber auch nicht, daß es notwendig für es ist, (es) zu sein, und auch nicht, daß es notwendig für es ist, (es) nicht zu sein. Denn ⟨ein und⟩ dem⟨selben⟩ Gegenstand kann ja beides zukommen (sowohl, daß er das und das ist, als auch, daß er es nicht ist). Träfe aber einer dieser beiden (Notwendigkeitsausdrücke) da, welcher auch immer es wäre, | auf ihn zu, so würden jene beiden (Möglichkeitsausdrücke) dort nicht mehr (miteinander) auf ihn zutreffen. Es ist ja für ihn möglich, daß er (das und das) ist, und zugleich auch möglich, daß er (es) nicht ist. Wäre aber eines von beidem, daß er (es) ist oder daß er (es) nicht ist, für ihn notwendig, so wäre nicht beides für ihn möglich.

So bleibt denn nur noch übrig, daß »nicht notwendig (für ...), daß es nicht ist« aus »möglich (für ...), daß es ist« folgt. Dieser Ausdruck trifft ja auch auf etwas zu, für das es notwendig ist, daß es (das und das) ist; und zudem erweist er sich ja auch für denjenigen (Notwendigkeitsausdruck) als dessen kontradiktorisches Gegenteil, der aus »nicht möglich (für ...), daß es ist« folgt. | Hieraus folgt nämlich »unmöglich (für ...), daß es ist« und »notwendig (für ...), daß es nicht ist«, wovon die Verneinung »nicht notwendig (für ...), daß es nicht ist« lautet. Einerseits folgen also auch hier (im Falle der Notwendigkeit) die (den bejahenden) kontradiktorisch entgegengesetzten (verneinenden) Ausdrücke in der beschriebenen Weise, und andererseits kommt nichts Unmögliches dabei heraus, wenn sie in dieser Weise angeordnet werden.

In Verlegenheit könnte man geraten, wenn man sich fragt, ob aus »notwendig (für ...), daß es ist« tatsächlich

ἀκολουθήσει, τὸ | μὴ δυνατὸν εἶναι· καὶ εἴ τις ταύτην μὴ φήσειεν εἶναι ἀντίφα|σιν, ἀνάγκη λέγειν τὸ δυνατὸν μὴ εἶναι, ἅπερ ἄμφω ψευδῆ | κατὰ τοῦ ἀναγκαίου εἶναι. ἀλλὰ μὴν πάλιν τὸ αὐτὸ εἶναι | δοκεῖ δυνατὸν τέμνεσθαι καὶ μὴ τέμνεσθαι καὶ εἶναι καὶ μὴ εἶ‖ναι, ὥστε ἔσται τὸ ἀναγκαῖον εἶναι ἐνδεχόμενον μὴ εἶναι· τοῦτο | δὲ ψεῦδος. φανερὸν ⟨δὲ⟩ δὴ ὅτι οὐ πᾶν τὸ δυνατὸν ἢ εἶναι ⟨ἢ μὴ εἶναι⟩ [ἢ βαδί|ζειν] καὶ τὰ ἀντικείμενα δύναται, ἀλλ' ἔστιν ἐφ' ὧν οὐκ ἀληθές. |

[Πρῶτον μὲν ἐπὶ τῶν μὴ κατὰ λόγον δυνατῶν, οἷον τὸ πῦρ θερ|μαντικὸν καὶ ἔχει δύναμιν ἄλογον. αἱ μὲν οὖν 23a μετὰ λόγου ‖ δυνάμεις αἱ αὐταὶ πλειόνων καὶ τῶν ἐναντίων, αἱ δὲ ἄλογοι | οὐ πᾶσαι, ἀλλ' ὥσπερ εἴρηται, τὸ πῦρ οὐ δυνατὸν θερμαίνειν | καὶ μή, οὐδὲ ὅσα ἄλλα

---

31 ταύτην μὴ **ABVdn**[i], Σ *vid.* (ταύτην *post* μὴ φήσ. *pos.*), α{(le.)} : μὴ ταύτην **CS** ΔΛΓ α{(le.)} τ{cit.} | φήσειεν **ABCSVd** α{le.} τ{cit.} : φήσῃ **n**[i] ‖ **31–32** ἀντίφασιν **ABCVd** ΔΛΣΓ α{le.} τ{cit.} : ἀπόφασιν **n**[i] ‖ **32** λέγειν *om.* **n**[i] | ἅπερ ἄμφω **ABCSVd** Γ α{le.} : ἄμφω δὲ **n** ΔΛΣ ‖ **33** ἀναγκαίου **S** *a.c.*, Δ *vid.* : ἀναγκαῖον **ABCVdn**, **S** *p.c.* (*al. m.*), ΛΣΓ α{le.} ‖ **33–34** εἶναι δοκεῖ **ABSVd** Δ α{le.} : δοκεῖ εἶναι **Cn** ‖ **35** *ante* ὥστε *add.* πᾶν γὰρ τὸ δυνατὸν τέμνεσθαι καὶ μὴ τέμνεσθαι δυνατόν **S** ‖ **36** δὲ δὴ *conieci* : δὴ **ABCSVdn** α{le.} : δὲ ΔΛΣΓ ‖ **36–37** ἢ μὴ εἶναι *conieci* : ἢ βαδίζειν **ABCSVdn** ΔΛΣΓ α{le.} : καὶ βαδίζειν α{cit.} ‖ **38–23a 7** πρῶτον μὲν ... εἰσιν *seclusi* ‖ **38–23a 26** πρῶτον μὲν ... μόνον *secl. Becker*

»möglich (für …), | daß es ist« folgt. Folgt dieser Ausdruck nämlich nicht, so muß sein kontradiktorisches Gegenteil folgen, d. h. »nicht möglich (für …), daß es ist«; und falls jemand bestreiten sollte, daß dies sein kontradiktorisches Gegenteil ist, so müßte er sagen, es sei der Ausdruck »möglich (für …), daß es nicht ist«. Beide Ausdrücke treffen auf etwas, für das es notwendig ist, daß es (das und das) ist, aber nicht zu. Andererseits scheint es nun aber für ein und denselben Gegenstand sowohl möglich zu sein, daß er geschnitten wird, als auch möglich, daß er nicht geschnitten wird, und überhaupt sowohl möglich, daß er (das und das) ist, als auch möglich, daß er (es) nicht ist, | so daß es für einen Gegenstand, für den es notwendig ist, daß er (das und das) ist, angängig sein müßte, daß er (es) nicht ist. Dies ist jedoch falsch. ⟨Aber⟩ es ist ja doch offenbar so, daß nicht für alles, was die Möglichkeit hat, sei es, (das und das) zu sein, ⟨sei es, (das und das) nicht zu sein,⟩ [sei es, zu gehen,] jeweils auch das Entgegengesetzte möglich ist; vielmehr gibt es Dinge, bei denen dies nicht zutrifft.

[Zunächst einmal trifft es bei denjenigen nicht zu, für die im Rahmen eines nicht auf die Vernunft bezogenen Vermögens etwas möglich ist, wie zum Beispiel Feuer zu wärmen vermag, indem es hierzu ein vernunftloses Vermögen besitzt. Von den vernünftigen | Vermögen bezieht sich allerdings jeweils ein und dasselbe auf mehreres, und zwar auf Gegensätzliches, von den vernunftlosen hingegen nicht jedes; vielmehr ist (beispielsweise) für Feuer, wie gesagt, nicht beides möglich, nämlich zu wärmen und auch nicht zu wärmen, und dergleichen ist auch für alle anderen Dinge nicht möglich, die ein bestimmtes Vermögen im-

ἐνεργεῖ ἀεί. ἔνια μέντοι δύναται καὶ | τῶν κατὰ τὰς ἀλόγους δυνάμεις ἅμα τὰ ἀντικείμενα· ‖ ἀλλὰ τοῦτο μὲν τούτου χάριν εἴρηται, ὅτι οὐ πᾶσα δύναμις τῶν | ἀντικειμένων, οὐδὲ ὅσαι λέγονται κατὰ τὸ αὐτὸ εἶδος.]

[Ἔνιαι δὲ | δυνάμεις ὁμώνυμοί εἰσιν.] τὸ γὰρ δυνατὸν οὐχ ἁπλῶς λέγε|ται, ἀλλὰ τὸ μὲν ὅτι ἀληθὲς ὡς ἐνεργείᾳ ὄν, οἷον δυνατὸν | βαδίζειν ὅτι βαδίζει, καὶ ὅλως δυνατὸν εἶναι ὅτι ἤδη ἔστι ‖ κατ᾽ ἐνέργειαν ὃ λέγεται εἶναι δυνατόν, τὸ δὲ ὅτι ἐνεργήσειεν | ἄν, οἷον δυνατὸν βαδίζειν ὅτι βαδίσειεν ἄν. [καὶ αὕτη | μὲν ἐπὶ τοῖς κινητοῖς ἐστι μόνοις ἡ δύναμις, ἐκείνη δὲ καὶ ἐπὶ | τοῖς ἀκινήτοις.] ἄμφω δὲ ἀληθὲς εἰπεῖν τὸ μὴ ἀδύνατον εἶναι | βαδίζειν ἢ εἶναι, καὶ τὸ βαδίζον ἤδη καὶ ἐνεργοῦν καὶ

---

23 a 4 *post* ἀντικείμενα *add.* δέξασθαι **ABCVd** α{le., (cit.)} : *om.* **Sn** ΔΛΣΓ α{(cit.)} ‖ **8** ἐνεργείᾳ **ABVd**, **S**? (*quamquam, ubi positus sit accentus, perspici non potest et iota mutum, quo tamen in adscribendo parum diligens fuit, desideratur, librarium hoc scripsisse, cum* ὄν *non omiserit, veri simile est*), ΔΛΣΓ α{le.} : ἐνέργεια **Cn** | ὄν **BS**, **A**^{c}**V**^{c} (*primae m. vid.*), ΔΣΓ α{(le.)} : *om.* **ACVdn**, Λ *vid.*, α{(le.)} ‖ **10** εἶναι *om.* **Sn** ΛΓ α{(le.)} ‖ **11** *ante* δυνατὸν *add.* τὸ **S** (Δ) | *post* δυνατὸν *add.* εἶναι **ABCVd** α{(le.)} : *om.* **Sn** ΔΛΣΓ α{(le.)} ‖ **11–13** καὶ ... ἀκινήτοις *seclusi* ‖ **12** ἐστι μόνοις **ABCVdn** α{(le.), cit.} : μόνοις ἐστὶ **S** α{(le.)} : ἐστι μόνον ς{le.} ‖ **13** μὴ ἀδύνατον **ABCdn**, **SV** *p.c.* (μὴ ἀ *supra lin. add. litteris uncialibus* **S**^{c}, *minusculis* **V**^{c} [*primae m. vid.*]), Λ α{(le.), expl. (*lectio varia ab Ammonio adlata*)} : δυνατὸν **SV** *a.c.*, ΔΣ α{(le.), cit.} : *om.* Γ

mer verwirklichen. Auch unter denjenigen Dingen, für die im Rahmen eines vernunftlosen Vermögens etwas möglich ist, gibt es freilich einige, für die zugleich Entgegengesetztes möglich ist. | Aber das zuvor Gesagte zielt ja darauf ab, daß nicht alle Vermögen sich auf Entgegengesetztes beziehen, und zwar nicht einmal all diejenigen, die in dem Sinne als Vermögen bezeichnet werden, daß Vermögen ein und derselben Art mit ihnen gemeint sind.]

[Einige Vermögen aber sind in einem anderen Sinne dieses Wortes Vermögen als die anderen.] Davon, daß etwas für etwas möglich ist, wird nämlich nicht ohne Bedeutungsunterschied gesprochen. Vielmehr wird von manchem deshalb gesagt, etwas sei für es möglich, weil dies (von ihm zu behaupten) insofern wahr ist, als es sich im Zustand der Verwirklichung der betreffenden Möglichkeit befindet; so sagt man zum Beispiel von etwas, es sei für es möglich zu gehen, weil es wirklich geht, und überhaupt, es sei für es möglich, (das und das) zu sein, weil es das, wovon man sagt, es zu sein sei für es möglich, bereits | in Wirklichkeit ist. Von anderem hingegen sagt man deshalb, etwas sei für es möglich, weil es in den Zustand der Verwirklichung der betreffenden Möglichkeit kommen könnte, beispielsweise, es sei für es möglich zu gehen, weil es anfangen könnte zu gehen. [Ein Vermögen dieser Art gibt es jedoch nur bei den veränderlichen, ein Vermögen jener anderen Art hingegen auch bei den unveränderlichen Dingen.] Von beidem kann aber wahrheitsgemäß behauptet werden, daß es nicht unmöglich für es ist, zu gehen oder (das und das) zu sein, sowohl von demjenigen, was bereits geht, und überhaupt von demjenigen,

τὸ βα‖διστικόν. τὸ μὲν οὖν οὕτω δυνατὸν οὐκ ἀληθὲς κατὰ τοῦ ἀναγ|καίου ἁπλῶς εἰπεῖν, θάτερον δὲ ἀληθές. ὥστε, ἐπεὶ τῷ ἐν μέ|ρει τὸ καθόλου ἕπεται, τῷ ἐξ ἀνάγκης ὄντι ἕπεται τὸ δύνα|σθαι εἶναι, οὐ μέντοι πᾶν. [καὶ ἔστι δὴ ἀρχὴ ἴσως τὸ ἀναγ|καῖον καὶ μὴ ἀναγκαῖον πάντων ἢ εἶναι ἢ μὴ εἶναι, καὶ ‖ τὰ ἄλλα ὡς τούτοις ἀκολουθοῦντα ἐπισκοπεῖν δεῖ.] |

[Φανερὸν δὴ ἐκ τῶν εἰρημένων ὅτι τὸ ἐξ ἀνάγκης ὂν κατ' | ἐνέργειάν ἐστιν, ὥστε εἰ πρότερα τὰ ἀίδια, καὶ ἐνέργεια δυ|νάμεως προτέρα. καὶ τὰ μὲν ἄνευ δυνάμεως ἐνέργειαί εἰσιν, | οἷον αἱ πρῶται οὐσίαι, τὰ δὲ μετὰ δυνάμεως, ἃ τῇ μὲν φύ‖σει πρότερα, τῷ δὲ χρόνῳ ὕστερα, τὰ δὲ οὐδέποτε ἐνέργειαί εἰ|σιν, ἀλλὰ δυνάμεις μόνον.] |

14 [Πότερον δὲ ἐναντία ἐστὶν ἡ κατάφασις τῇ ἀποφάσει ἢ | ἡ κατάφασις τῇ καταφάσει, καὶ ὁ λόγος τῷ λόγῳ ὁ

16–17 τῷ ἐν μέρει τὸ **ACSVdn**, **B** *p.c.* (*al. m.*), ΛΣΓ α{le., (cit.)} : τὸ ἐν μέρει τῷ **B** *a.c.*, α{(cit.)} ‖ **18–20** καὶ … δεῖ *seclusi* ‖ **21–26** φανερὸν … μόνον *seclusi. Tabulam correctam, ita tamen, ut necessarii et non necessarii nomina primo loco posita sint, immutatam huic textus particulae inseruit* **n** (ἀνάγκη *pro* ἀναγκαῖον *bis in inferiore parte,* ἐνδέχεται *pro* ἐνδεχόμενον *quater*), *post* μόνον *add.* **S** Σ, *ante 23 a 11 in marg. add.* ς{expl.} ‖ **23** ἐνέργειαί εἰσιν **ACSVdn** (Λ)ΣΓ α{le., cit.} ς{le.}, *Didymus Caecus vid.* (*cf. PTura III 80, 4–5* [*CPF I 1*, p. 303*]) : ἐνεργείᾳ εἰσίν **B** Δ(Λ) (*ante* εἰσιν *add.* ἀεί Δ) ‖ **25** δὲ χρόνῳ **ABCSVd** ς{le.}, *Didymus Caecus vid.* (*cf. PTura III 80, 13* [*CPF I 1*, p. 304*]) : χρόνῳ δὲ **n** α{le.} ‖ **25–26** ἐνέργειαί εἰσιν **ACSVdn** Γ α{le.} : ἐνεργείᾳ εἰσίν **B** ΔΛΣ ‖ **26** δυνάμεις **ABCSVdn** Σ α{le.}, *Didymus Caecus vid.* (*cf. PTura III 80, 14* [*CPF I 1*, p. 304*]) : δυνάμει ΔΛΓ ‖ **27–24 b 9** πότερον … τῷ αὐτῷ (= *cap. 14*) *Bonitz secutus seclusi*

was (das und das) bereits in Wirklichkeit ist, als auch von demjenigen, was lediglich gehen | kann. Daß etwas, das schlechthin notwendig für es ist, in dem zuletzt genannten Sinne möglich für es ist, kann man von etwas nun freilich nicht wahrheitsgemäß behaupten, wohl aber, daß es in jenem anderen Sinne möglich für es ist. Es folgt also, da aus dem Partikulären das Allgemeine folgt, aus der Notwendigkeit, (das und das) zu sein, in der Tat die Möglichkeit, (es) zu sein, jedoch nicht jede Art von Möglichkeit. [Und in der Notwendigkeit und der Nicht-Notwendigkeit, sei es, (etwas) zu sein, sei es, (etwas) nicht zu sein, haben ja wohl alle (anderen) Weisen, (etwas) zu sein oder (etwas) nicht zu sein, ihren Ursprung, und | man muß die anderen Weisen als diejenigen betrachten, die aus diesen beiden folgen.]

[So leuchtet denn aufgrund des Gesagten ein, daß das notwendigerweise Seiende in Wirklichkeit seiend ist, so daß, wenn das Immerwährende den Vorrang hat, auch die Wirklichkeit der (nicht immer verwirklichten) Möglichkeit gegenüber vorrangig ist. Und manche Dinge, wie die ersten Wesenheiten, sind ja auch Wirklichkeiten ohne (eine solche) Möglichkeit, während andere Dinge Wirklichkeiten mit (einer solchen) Möglichkeit sind, die dieser Möglichkeit dann zwar der Natur | nach vorgeordnet, aber hinsichtlich der Zeit nachgeordnet sind; und wieder andere sind niemals Wirklichkeiten, sondern bloße Möglichkeiten.]

14 [Ist eine bejahende Aussage einer verneinenden Aussage konträr entgegengesetzt oder einer bejahenden Aussage? Das heißt: Ist der Satz, der besagt, daß jeder

λέ|γων ὅτι πᾶς ἄνθρωπος δίκαιος τῷ οὐδεὶς ἄνθρωπος δίκαιος ‖ ἢ τὸ πᾶς ἄνθρωπος δίκαιος τῷ πᾶς ἄνθρωπος ἄδικος; οἷον | ἔστι Καλλίας δίκαιος — οὐκ ἔστι Καλλίας δίκαιος — Καλλίας ἄδι|κός ἐστιν, ποτέρα δὴ ἐναντία τούτων;

Εἰ γὰρ τὰ μὲν ἐν τῇ φωνῇ | ἀκολουθεῖ τοῖς ἐν τῇ διανοίᾳ, ἐκεῖ δὲ ἐναντία δόξα ἡ τοῦ ἐναν|τίου, οἷον ὅτι πᾶς ἄνθρωπος δίκαιος τῇ πᾶς ἄνθρωπος ἄδικος, ‖ καὶ ἐπὶ τῶν ἐν τῇ φωνῇ καταφάσεων ἀνάγκη ὁμοίως ἔχειν. | εἰ δὲ μὴ ἐκεῖ ἡ τοῦ ἐναντίου δόξα ἐναντία ἐστίν, οὐδὲ ἡ κατάφα|σις τῇ καταφάσει ἔσται ἐναντία, ἀλλ' ἡ εἰρημένη ἀπόφασις. | ὥστε σκεπτέον ποία δόξα ψευδὴς ἀληθεῖ δόξῃ ἐναντία, πότε|ρον ἡ τῆς ἀποφάσεως ἢ ἡ τὸ ἐναντίον εἶναι δοξάζουσα.

Λέγω ‖ δὲ ὧδε· ἔστι τις δόξα ἀληθὴς τοῦ ἀγαθοῦ ὅτι
23b ἀγαθόν, ἄλλη δὲ ‖ ὅτι οὐκ ἀγαθὸν ψευδής, ἑτέρα δὲ ὅτι κακόν. ποτέρα δὴ τούτων | ἐναντία τῇ ἀληθεῖ; καὶ εἰ ἔστι

---

30 ἄδικος; οἷον **ABCVd** Γ α{le.} : ἄδικός ἐστι· **n** Λ : ἄδικός ἐστιν; οἷον ΔΣ ‖ **31** ἔστι Καλλίας δίκαιος **ABCVd** Γ α{(le.)} : Κ. δίκαιός ἐστιν **n** ΔΛΣ α{(le.)} | οὐκ ἔστι Κ. δίκ. **ABCVdn** ΣΓ α{(le.)} : Κ. δίκ. οὐκ ἔστιν ΔΛ α{(le.)} ‖ **31–32** Καλλίας ἄδικός ἐστιν **ABCVdn** ΔΛΣ α{le.} (*post* οἷον [*30*] *pos.* Σ) : ἔστι Κ. ἄδικος Γ ‖ **36** μὴ **BVdn**, **A** *a.c.*, Δ α{(le.)} : μηδὲ **C**, **A** *p.c.* (*al. m.*), ΛΣΓ α{(le.)} ‖ **37** ἔσται **ABCVd** ΔΛ α{le.} : ἐστὶν **n** ΣΓ ‖ **38** ψευδὴς ἀληθεῖ **B** *p.c.* (*al. m. in ras.*), **C** *p.c.* (*al. m. supra lin.*), *cod. Par. gr. 1843* (*saec. XII*), *cod. Basil. F II 21* (*saec. XII/XIII*) (ἀληθεῖ *post* δόξῃ *pos.*), *cod. Laur. 72, 3* (*saec. XIII*), *cod. Vat. gr. 1693* (*saec. XIV/XV*) : ἀληθὴς ψευδεῖ **AVdn**, **BC** *a.c.*, ΔΛΣΓ α{le., cit.} ‖ **39** ἀποφάσεως **ABCVdn** ΛΓ α{le.} : ἀντιφάσεως ΔΣ ‖ **23b 1** ἑτέρα **ABCVd** α{le.} : ἄλλη **n**

Mensch gerecht ist, dem Satz »Kein Mensch ist gerecht« konträr entgegengesetzt, | oder ist »Jeder Mensch ist gerecht« das konträre Gegenteil von »Jeder Mensch ist ungerecht«? Ein anderes Beispiel: »Kallias ist gerecht«, »Kallias ist nicht gerecht«, »Kallias ist ungerecht«. Welche der beiden zuletzt genannten Aussagen ist denn (der zuerst genannten) konträr entgegengesetzt?

(Solche Fragen müssen gestellt werden.) Denn wenn sich die (sprachlichen) Äußerungen unserer Stimme nach den Vorgängen in unserem Denken richten und wenn dort jeweils diejenige Meinung einer anderen konträr entgegengesetzt ist, die das konträre Gegenteil (des Inhalts der anderen) zum Inhalt hat, wie zum Beispiel die Meinung, daß jeder Mensch gerecht ist, der Meinung, daß jeder Mensch ungerecht ist, | dann muß es sich notwendigerweise auch mit den Aussagen so verhalten, die wir mit der Stimme äußern. Wenn aber dort nicht die Meinung mit dem konträren Inhalt die konträre ist, so wird es auch nicht die (ihr entsprechende) bejahende Aussage sein, die der (anderen) bejahenden Aussage konträr entgegengesetzt ist, sondern die oben erwähnte verneinende Aussage. Es gilt daher zu untersuchen, welche falsche Meinung einer richtigen jeweils konträr entgegengesetzt ist, ob es diejenige ist, welche die Verneinung (des Inhalts der richtigen) zum Inhalt hat, oder diejenige, der zufolge dessen konträres Gegenteil der Fall ist.

Was ich sagen will, | ist folgendes: Es gibt einerseits eine richtige Meinung vom Guten, nämlich die, daß es
gut ist, andererseits aber auch | eine falsche, daß es 23 b
nicht gut ist, und noch eine andere (falsche), daß es schlecht ist. Welche von diesen beiden (falschen) ist

μία, κατὰ ποτέραν ἐναντία; | τὸ μὲν δὴ τούτῳ οἴεσθαι τὰς ἐναντίας δόξας ὡρίσθαι, τῷ τῶν | ἐναντίων εἶναι, ψεῦδος. τοῦ γὰρ ἀγαθοῦ ὅτι ἀγαθὸν καὶ τοῦ κακοῦ ‖ ὅτι κακὸν ἡ αὐτὴ ἴσως, καὶ ἀληθής, εἴτε πλείους εἴτε | μία ἐστίν· ἐναντία δὲ ταῦτα· ἀλλ' ⟨ἄρα⟩ οὐ τῷ ἐναντίων εἶναι ἐναντίαι, | ἀλλὰ μᾶλλον τῷ ἐναντίως.

Εἰ δὴ ἔστι μὲν τοῦ ἀγαθοῦ ὅτι ἐστὶν | ἀγαθὸν δόξα, ἔστι δὲ ὅτι οὐκ ἀγαθόν, ἔστι δὲ ὅτι ἄλλο τι ὃ οὐχ | ὑπάρχει οὐδὲ οἷόν τε ὑπάρξαι — τῶν μὲν δὴ ἄλλων οὐδεμίαν ‖ θετέον, οὔτε ὅσαι ὑπάρχειν τὸ μὴ ὑπάρχον δοξάζουσιν οὔτε ὅσαι | μὴ ὑπάρχειν τὸ ὑπάρχον — ἄπειροι γὰρ ἀμφότεραι, καὶ ὅσαι | ὑπάρχειν δοξάζουσι τὸ μὴ ὑπάρχον καὶ ὅσαι μὴ ὑπάρχειν τὸ | ὑπάρχον —,

2 κατὰ ποτέραν ἐναντία **n** : καθ' ὁποτέραν ἡ ἐναντία **ABCVd** α{le., cit.} ‖ **3** ὡρίσθαι **ABCVdn**, ΣΓ *vid.*, α{(le.)} ς{le.} : ὁρίζεσθαι ΔΛ *vid.*, τ{le.} ‖ **5** *post* ἴσως *add.* ἔσται **V** | *post* ἀληθὴς *add.* ἔσται **ABd** ‖ **6** ἄρα *addidi* | ἐναντίαι **n** ΛΣΓ : ἐναντία **ABCVd**, Δ *vid.*, α{le., cit.} ‖ **7** ἐστὶν *om.* **n** ‖ **8** *pr.* ἔστι **n** ΔΛΓ : ἄλλη **ABCVd** Σ α{le.} | *alt.* ὅτι **n** *a.c.*, Λ : καὶ **V**^{c}, **n** *p.c.*, Γ α{(le.)} : *om.* **ABCVd**, Δ?, Σ α{(le.)} τ ‖ **9** δὴ *om.* **n** ‖ **10** ὑπάρχειν τὸ μὴ ὑπάρχον **ABCVd**, **n** *p.c.* (*al. m.*), ΔΛΣΓ α{le.} : οὐχ ὑπάρχειν τὸ ὑπάρχον **n** *a.c.* ‖ **10–11** ὅσαι μὴ ὑπάρχειν τὸ ὑπάρχον **ABCVd**, **n** *p.c.* (*al. m.*), ΔΛΣΓ α{le.} : ὅσαι ὃ μὴ ὑπάρχει ὑπάρχειν **n** *a.c.*

denn nun der richtigen konträr entgegengesetzt? Und falls sie beide eine einzige Meinung darstellen, im Sinne welcher von ihnen ist diese ihr dann konträr entgegengesetzt? Gewiß ist es falsch zu glauben, konträr entgegengesetzte Meinungen seien dadurch bestimmt, daß sie sich auf konträr Entgegengesetztes beziehen. Denn die Meinung vom Guten, daß es gut ist, und die vom Schlechten, | daß es schlecht ist, sind ja doch wohl miteinander identisch, jedenfalls aber sind sie (beide) richtig, ob sie nun mehrere Meinungen darstellen oder nur eine einzige. Diese (beiden Dinge, nämlich das Gute und das Schlechte,) sind aber konträr entgegengesetzt. ⟨Also⟩ sind Meinungen nicht etwa dadurch, daß sie sich auf konträr Entgegengesetztes beziehen, einander konträr entgegengesetzt, sondern vielmehr dadurch, daß sie sich in konträrer Weise zueinander verhalten.

Wenn es nun also vom Guten einerseits die Meinung gibt, daß es gut ist, andererseits die, daß es nicht gut ist, und schließlich die, daß es etwas anderes ist, das ihm nicht zukommt und auch gar nicht zukommen kann – von den übrigen Meinungen darf man freilich keine | für die konträre halten, weder eine von denjenigen, denen zufolge dem Guten etwas, das ihm nicht zukommt, angeblich zukommt, noch eine von denjenigen, denen zufolge dem Guten etwas, das ihm zukommt, angeblich nicht zukommt; denn von beiderlei Meinungen gibt es ja unbegrenzt viele, sowohl von denjenigen, denen zufolge dem Guten etwas ihm nicht Zukommendes angeblich zukommt, als auch von denjenigen, denen zufolge dem Guten etwas ihm Zukommendes angeblich nicht zukommt; vielmehr muß

ἀλλ' ἐν ὅσαις ἐστὶν ἡ ἀπάτη· αὕτη δὲ ἐξ ὧν | καὶ αἱ γενέσεις· ἐκ τῶν ἀντικειμένων δὲ αἱ γενέσεις, ὥστε καὶ αἱ ‖ ἀπάται —, εἰ οὖν τὸ ἀγαθὸν καὶ ἀγαθὸν καὶ οὐ κακόν ἐστιν, καὶ | τὸ μὲν καθ' αὑτό, τὸ δὲ κατὰ συμβεβηκός — συμβέβηκε γὰρ | αὐτῷ οὐ κακῷ εἶναι —, μᾶλλον δὲ ἑκάστου ἀληθὴς ἡ καθ' ἑαυτό, | καὶ ψευδής, εἴπερ καὶ ἀληθής, ἡ μὲν οὖν ὅτι οὐκ ἀγαθὸν τὸ | ἀγαθὸν τοῦ καθ' ἑαυτὸ ὑπάρχοντος ψευδής, ἡ δὲ τοῦ ὅτι κα‖κὸν τοῦ κατὰ συμβεβηκός, ὥστε μᾶλλον ἂν εἴη ψευδὴς τοῦ | ἀγαθοῦ ἡ τῆς ἀποφάσεως ἢ ἡ τοῦ ἐναντίου δόξα.

Διέψευσται δὲ | μάλιστα περὶ ἕκαστον ὁ τὴν ἐναντίαν ἔχων δόξαν· τὰ γὰρ ἐναν|τία τῶν πλεῖστον διαφερόντων περὶ τὸ αὐτό. εἰ οὖν ἐναντία μὲν | τούτων ἡ ἑτέρα,

---

13 ἐστὶν ἡ ἀπάτη **ABCVdn** ΔΛΓ α{le.} (ἐστὶν *om.* Δ) : εἰσὶν ἀπάται Σ?, τ{le.} | αὕτη (Λ) : αὗται **ABCVdn** Δ(Λ)ΣΓ α{le.} τ{le., cit.} | *post* δέ *add.* εἰσιν **V**^{c} Δ, *post* ὧν *add.* εἰσιν Σ ‖ **14** *pr.* καὶ (*ante* αἱ γενέσεις) (Λ)Γ : *om.* **ABCVdn** Δ(Λ)Σ ατ ‖ **21** δόξα *om.* **n** (*add. al. m.*), ΔΓ : *post* ἀποφάσεως *pos.* Λ, *post* ψευδὴς (*20*) *pos.* Σ ‖ **22** μάλιστα **ABCdn** ΔΣΓ α{le.} : μᾶλλον **V** Λ ‖ **23** *post* τὸ αὐτὸ *add.* γένος **CV**^{c}

man eine von denjenigen Meinungen für die konträre halten, auf denen die Täuschung (über das Gute) beruht; diese hat aber denselben Ausgangspunkt, den auch die Prozesse des Werdens haben, und für die Prozesse des Werdens sind die beiden Gegenteile der Ausgangspunkt (nämlich das kontradiktorische Gegenteil und das konträre), von denen somit auch die | Täuschungen ausgehen – (wenn es nun also vom Guten die drei genannten Meinungen gibt) und wenn das Gute sowohl gut ist als auch nicht schlecht, und zwar das eine an sich, das andere hingegen nur akzidentell – denn es kommt ihm ja nur akzidentell zu, nicht schlecht zu sein –, und wenn jeweils diejenige Meinung über etwas richtiger ist, die hinsichtlich dessen, was es an sich ist, richtig ist, und auch (die entsprechende falsche) falscher, wenn anders (jene) richtiger ist, so ist (von den beiden falschen Meinungen über das Gute) die Meinung, daß das Gute nicht gut ist, hinsichtlich dessen, was dem Guten an sich zukommt, falsch, die Meinung, daß es schlecht ist, hingegen | hinsichtlich dessen, was ihm nur akzidentell zukommt, so daß doch wohl diejenige Meinung vom Guten, welche die Verneinung (davon, daß es gut ist,) zum Inhalt hat, falscher sein dürfte als diejenige, die das konträre Gegenteil (hiervon) beinhaltet.

Am meisten befindet sich aber jeweils derjenige in bezug auf etwas im falschen Glauben, der die (der jeweiligen richtigen) konträr entgegengesetzte Meinung hat; denn das konträr Entgegengesetzte ist von der Art dessen, was sich in bezug auf dasselbe am meisten voneinander unterscheidet. Wenn es also eine der beiden genannten Meinungen ist, die (der Meinung

ἐναντιωτέρα δὲ ἡ τῆς ἀντιφάσεως, δῆλον ὅτι ‖ αὕτη ἂν εἴη ἡ ἐναντία. ἡ δὲ τοῦ ὅτι κακὸν τὸ ἀγαθὸν συμπε|πλεγμένη ἐστίν· καὶ γὰρ ὅτι οὐκ ἀγαθὸν ἀνάγκη ἴσως ὑπο|λαμβάνειν τὸν αὐτόν.

Ἔτι δέ, εἰ καὶ ἐπὶ τῶν ἄλλων ὁμοίως | δεῖ ἔχειν, καὶ ταύτῃ ἂν δόξειε καλῶς εἰρῆσθαι· ἢ γὰρ παν|ταχοῦ ἡ τῆς ἀντιφάσεως ἢ οὐδαμοῦ. ὅσοις δὲ μή ἐστιν ἐναν‖τία, περὶ τούτων ἔστι μὲν ψευδὴς ἡ τῇ ἀληθεῖ ἀντικειμένη, | οἷον ὁ τὸν ἄνθρωπον οὐκ ἄνθρωπον οἰόμενος διέψευσται. εἰ οὖν αὗ|ται ἐναντίαι, καὶ αἱ ἄλλαι αἱ τῆς ἀντιφάσεως.

Ἔτι ὁμοίως | ἔχει ἡ τοῦ ἀγαθοῦ ὅτι ἀγαθὸν καὶ ἡ τοῦ μὴ ἀγαθοῦ ὅτι οὐκ ἀγα|θόν, καὶ πρός γε ταύταις ἡ τοῦ ἀγαθοῦ ὅτι οὐκ ἀγαθὸν καὶ ἡ τοῦ μὴ ‖ ἀγαθοῦ ὅτι ἀγαθόν. τῇ οὖν τοῦ μὴ ἀγαθοῦ ὅτι οὐκ ἀγαθὸν ἀληθεῖ | οὔσῃ δόξῃ τίς ἐναντία; οὐ γὰρ δὴ ἥ γε λέγουσα ὅτι κα|κόν· ἅμα γὰρ ἄν ποτε εἴη ἀληθής, οὐδέποτε δὲ

---

24 ἀντιφάσεως **ABdn**, **V** *a.c. vid.*, ΛΓ α{(le.)} : ἀποφάσεως **C**, **V** *p.c.*, ΔΣ α{(le.)} ‖ **29** ἡ **n** *a.c. vid.*, Λ τ{le.} : τὸ **ABCVd**, **n** *p.c.* (*al. m.*), α{le.} | ἀντιφάσεως **ABCVd**, **n** *p.c.* (*al. m.*), ΔΛΣΓ ατ{le.} : ἀποφάσεως **n** *a.c. vid.* ‖ **30** ἡ *om.* **n** (*add.* **n**[c] [*al. m. vid.*]), Δ ‖ **31** οὐκ **ABCVd** : μὴ **n** α{le.} ‖ **32** *post* ἐναντίαι *add.* ἐναντίαι **n** (*non per dittographiam; interpunxit enim post pr.* ἐν.) | *pr.* αἱ *om.* **n** (*add.* **n**[c]) | *alt.* αἱ *om.* **n** Σ | *post* ἔτι *add.* δὲ Σ ‖ **34** γε **n** : *om.* **ABCVd** α ‖ **36** τίς ἐναντία **n** Γ : τίς ἂν εἴη ἡ ἐν. **ABC**, **V** *vid.* (τίς ἂν εἴ… [*membrana perforata*] …αντία), **d** Δ α{(le.)} (ἡ *om.* Δ (α)) : τίς ἐστιν ἐν. ΛΣ α{(le.)} | γε **n** : *om.* **ABCVd** ας ‖ **37** εἴη ἀληθής **ABCVd** Δ(Λ)Γ α{(le.)} : εἶεν ἀληθεῖς **n** (Λ)Σ α{(le.)} ς{le.}

vom Guten, es sei gut,) konträr entgegengesetzt ist, und wenn diejenige von ihnen, die das kontradiktorische Gegenteil zum Inhalt hat, konträrer ist als die andere, so ist offenbar | doch sie die (im eigentlichen Sinne) konträre. Die Meinung, das Gute sei schlecht, aber ist komplex. Denn wer sie vertritt, muß ja wohl notwendigerweise vom Guten auch annehmen, daß es nicht gut ist.

Ferner scheint doch wohl, wenn es sich in anderen Fällen so verhalten muß, auch in diesem Falle richtig zu sein, was wir gesagt haben. Denn entweder ist in allen Fällen diejenige Meinung die konträre, die das kontradiktorische Gegenteil zum Inhalt hat, oder in keinem Fall. Im Falle dessen, wozu es nichts konträr Entgegengesetztes gibt, | ist aber die der jeweiligen richtigen (ihrem Inhalt nach kontradiktorisch) entgegengesetzte Meinung sicherlich falsch. So befindet sich zum Beispiel derjenige im falschen Glauben, der von einem Menschen glaubt, er sei kein Mensch. Wenn nun zwei Meinungen dieser Art einander konträr entgegengesetzt sind, so sind es auch die anderen, die kontradiktorisch Entgegengesetztes zum Inhalt haben.

Ferner verhält es sich mit der Meinung vom Guten, daß es gut ist, so wie mit derjenigen vom Nicht-Guten, daß es nicht gut ist, und außerdem mit derjenigen vom Guten, daß es nicht gut ist, so wie mit derjenigen vom Nicht-|Guten, daß es gut ist. Welche Meinung ist nun der Meinung vom Nicht-Guten, daß es nicht gut ist, die ja richtig ist, konträr entgegengesetzt? Gewiß ist es ja nicht diejenige, die besagt, daß es schlecht ist. Denn diese könnte auch einmal zugleich mit ihr richtig sein; niemals aber ist einer richtigen Meinung eine ebenfalls

ἀληθὴς ἀλη|θεῖ ἐναντία· ἔστι γάρ τι μὴ ἀγαθὸν κακόν, ὥστε ἐνδέχεται ἅμα | ἀληθεῖς εἶναι. οὐδ᾽ αὖ ἡ ὅτι οὐ κακόν· ἀληθὴς γὰρ καὶ αὕτη· ‖ ἅμα γὰρ καὶ ταῦτα ἂν εἴη.
24 a λείπεται οὖν τῇ τοῦ μὴ ἀγαθοῦ ‖ ὅτι οὐκ ἀγαθὸν ἐναντία ἡ τοῦ μὴ ἀγαθοῦ ὅτι ἀγαθόν· ψευδὴς | γὰρ αὕτη. ὥστε καὶ ἡ τοῦ ἀγαθοῦ ὅτι οὐκ ἀγαθὸν τῇ τοῦ ἀγα|θοῦ ὅτι ἀγαθόν.

Φανερὸν δὲ ὅτι οὐδὲν διοίσει οὐδ᾽ ἂν καθόλου τι|θῶμεν τὴν κατάφασιν· ἡ γὰρ καθόλου ἀπόφασις ἐναντία ‖ ἔσται, οἷον τῇ δόξῃ τῇ δοξαζούσῃ ὅτι πᾶν ὃ ἂν ᾖ ἀγαθὸν ἀγα|θόν ἐστιν ἡ ὅτι οὐδὲν τῶν ἀγαθῶν ἀγαθόν. ἡ γὰρ τοῦ ἀγαθοῦ ὅτι | ἀγαθόν, εἰ καθόλου τὸ ἀγαθόν, ἡ αὐτή ἐστι τῇ ὅ τι ἂν ᾖ | ἀγαθὸν δοξαζούσῃ ὅτι ἀγαθόν· τοῦτο δὲ οὐδὲν διαφέρει τοῦ ὅτι | πᾶν ὃ ἂν ᾖ ἀγαθὸν
24 b ἀγαθόν ἐστιν. ὁμοίως δὲ καὶ ἐπὶ τοῦ μὴ ‖ ἀγαθοῦ.

Ὥστε, εἴπερ ἐπὶ δόξης οὕτως ἔχει, εἰσὶ δὲ αἱ ἐν τῇ φωνῇ | καταφάσεις καὶ ἀποφάσεις σύμβολα τῶν ἐν τῇ ψυχῇ, δῆ|λον ὅτι καὶ καταφάσει ἐναντία μὲν ἀπόφασις ἡ

---

39 ἀληθὴς γὰρ καὶ αὕτη **ABCVdn** (Δ)ΣΓ α{(le.)} : ἀληθὴς γὰρ αὕτη (Δ) α{(le.), cit.} : οὐκ ἀληθὴς γὰρ αὕτη α{expl., *lectio varia ex Alexandro adlata, ab Ammonio non probata*} : *om.* Λ : *secl.* *Minio-Paluello* ‖ **40** οὖν **ABCVd** Σ α{le.} (*ante* οὖν *add.* δὴ (α)) : δὴ **n** : δὲ ΔΓ ‖ **24 a 1–2** ψευδὴς γὰρ αὕτη **CV** *p.c.*, Σ α{le.} : ψευδής (ψευδεῖς Γ)· ἀληθὴς γὰρ αὕτη **ABd** (ἀληθὴς *del.* **d**[c]), **CV** *a.c. vid.*, **n**[c] (ἀληθὴς *in ras.*), Γ : οὐ γὰρ ἀληθὴς αὕτη Δ : *om.* Λ : *secl.* *Minio-Paluello* ‖ **6** ἐστιν **ABCn**[c] , **V** *p.c.*, ΔΛ : ἔσται **d**, **V** *a.c. vid.* : *om.* **n** ΣΓ α ‖ **24 b 3** *ante* ἀπόφασις *add.* ἡ **n** (Δ) α{(le.)}

richtige andere konträr entgegengesetzt. Es gibt ja
Nicht-Gutes, das schlecht ist, so daß die beiden ge-
nannten Meinungen zugleich richtig sein können. Es ist
aber andererseits auch nicht diejenige, die besagt, daß
es nicht schlecht ist. Auch diese kann nämlich richtig
sein; | denn auch dies (nämlich, daß etwas nicht gut
und daß es nicht schlecht ist,) könnte zugleich der Fall
sein. So bleibt denn als die der Meinung vom Nicht-
Guten, | es sei nicht gut, konträr entgegengesetzte Mei- 24a
nung nur die Meinung vom Nicht-Guten übrig, es sei
gut; und diese ist ja gewiß falsch. Demnach ist auch die
Meinung vom Guten, es sei nicht gut, der Meinung
vom Guten, es sei gut, konträr entgegengesetzt.

Offensichtlich macht es aber auch keinen Unter-
schied, wenn wir die bejahende Meinung als eine all-
gemein-bejahende auffassen. Denn ihr wird dann die
(entsprechende) allgemein-verneinende Meinung kon-
trär entgegengesetzt | sein, zum Beispiel der Meinung,
der zufolge alles, was nur immer gut sein mag, gut ist,
die Meinung, daß nichts von dem, was gut ist, gut ist.
Denn die Meinung vom Guten, daß es gut ist, ist ja,
wenn das Gute in seiner Allgemeinheit aufgefaßt wird,
identisch mit der Meinung, der zufolge, was auch
immer gut sein mag, gut ist. Dies unterscheidet sich
aber in nichts davon, daß alles, was nur immer gut sein
mag, gut ist. Und so ist es auch beim Nicht-|Guten. 24b

Wenn es sich also bei der Meinung so verhält und
wenn diejenigen bejahenden und diejenigen verneinen-
den Aussagen, die wir mit der Stimme äußern, für die-
jenigen Symbole sind, die wir uns in der Seele bilden,
so ist offenbar auch einer (allgemein-)bejahenden Aus-
sage (unserer Stimme) die auf denselben Gegenstand in

περὶ τοῦ | αὐτοῦ καθόλου, οἷον τῇ ὅτι πᾶν ἀγαθὸν ἀγαθὸν ἢ ὅτι πᾶς ἄν‖θρωπος ἀγαθὸς ἡ ὅτι οὐδὲν ἢ οὐδείς, [ἀντιφατικῶς δὲ ἡ ὅτι οὐ | πᾶν ἢ οὐ πᾶς].

Φανερὸν δὲ καὶ ὅτι ἀληθῆ ἀληθεῖ οὐκ ἐνδέχεται | ἐναντίαν εἶναι οὔτε δόξαν οὔτε ἀντίφασιν. ἐναντίαι μὲν γὰρ αἱ | περὶ τὰ ⟨αὐτὰ⟩ ἀντικείμενα⟨ι⟩, περὶ τὰ αὐτὰ δὲ ἐνδέχεται ἀληθεύειν τὸν | αὐτόν· ἅμα δὲ οὐκ ἐνδέχεται τὰ ἐναντία ὑπάρχειν τῷ αὐτῷ.]

---

4 τῇ **A**^{c} (*al. m. supra lin.*), *cod. Par. gr. 1843* (*saec. XII*), *cod. Laur. 72, 3* (*saec. XIII*), *cod. Vat. gr. 1693* (*saec. XIV/XV*), Λ : ἢ **V**^{c} (*al. m. in ras., corr. ex* οἷον *vid.*) : τῷ **n**^{c} (*prima m. supra lin., atramento retractavit al. m.*) : *om.* **ABCVdn** ΔΣΓ α ‖ **5** *post pr.* ὅτι *add.* ἢ Γ | *alt.* ἡ ὅτι **d** *p.c.* (*al. m. vid.*), *cod. Par. gr. 1843* (*saec. XII*), *cod. Laur. 72, 3* (*saec. XIII*), *cod. Vat. gr. 1693* (*saec. XIV/XV*), Γ (*post* ὅτι *add.* ἢ) : ὅτι ἢ **An**, **V** (*an* **V**^{c}?), **d** *a.c.* : ὅτι ἡ **B** : ἡ **C** α{(le.)} : ὅτι Δ : ἢ Λ α{(le.)} : *om.* Σ ‖ **5–6** *verba* ἀντιφατικῶς δὲ ... οὐ πᾶς *non ab eo, qui cap. 14 conscripsit, orta, sed ab alio, qui Aristotelis doctrinae peritior erat, addita esse videntur; cf. in editione tertia commentarii a me conscripti* (*Weidemann 2014b*) *pp. 470–471 et p. 475* ‖ **8** *pr.* αὐτὰ *addidi* | ἀντικείμεναι *conieci* : ἀντικείμενα **ABCVdn** ΛΓ, Σ?, α{le., cit.} | *alt.* τὰ αὐτὰ ΔΛ α{(le.), (cit.), (expl.)} : ταῦτα **ABCVdn** ΣΓ α{(le.), (cit.), (expl.)}

allgemeiner Weise bezogene verneinende Aussage konträr entgegengesetzt, derjenigen zum Beispiel, die besagt, daß alles Gute gut ist oder daß jeder | Mensch gut ist, diejenige, die besagt, daß nichts Gutes gut bzw. kein Mensch gut ist; [kontradiktorisch entgegengesetzt ist ihr hingegen diejenige, die besagt, daß nicht alles Gute gut bzw. nicht jeder Mensch gut ist].

Es ist aber auch klar, daß es, wenn eine richtige Meinung oder eine wahre Aussage das kontradiktorische Gegenteil einer anderen ist, nicht eine ebenfalls richtige bzw. wahre sein kann, der sie dann konträr entgegengesetzt ist. Denn konträr sind zwar diejenigen (Meinungen und Aussagen), die einander in bezug auf das⟨selbe⟩ entgegengesetzt sind, und in bezug auf dasselbe kann ein und derselbe Mensch auch durchaus (mit mehr als nur einer Meinung oder Aussage) recht haben; es kann ein und demselben (Menschen) aber nicht zugleich konträr Entgegengesetztes zukommen.]

ANMERKUNGEN

Kapitel 1

16 a 1f. Aristoteles – im folgenden wird sein Name in der Regel mit »Ar.« abgekürzt – zählt einleitend die sechs Typen sprachlicher Ausdrücke auf, die er in den Kapiteln 2–6 behandelt, wobei er im Falle der letzten vier die Reihenfolge, in der er sie behandelt, bei ihrer Aufzählung umkehrt.

16 a 3–9. In diesem Abschnitt (vgl. zu ihm Weidemann 2012: 83–85) entwirft Ar. in Umrissen eine Theorie über das Verhältnis der sprachlichen Ausdrücke zu den in ihnen ausgedrückten Gedanken und den mit ihnen gemeinten Dingen. Nach dieser Theorie werden die Ausdrücke der gesprochenen Sprache von den Ausdrücken der geschriebenen Sprache symbolisiert und symbolisieren ihrerseits gewisse seelische Erscheinungen (wörtlich: »Widerfahrnisse der Seele«), die das erste sind, wofür die sprachlichen Ausdrücke als symbolische Zeichen fungieren. Diese seelischen Erscheinungen, bei denen es sich, wie aus dem Abschnitt 16 a 9–18 hervorgeht, um Gedanken handelt, bilden Dinge ab und sind ebenso wie die Dinge, deren Abbildungen sie sind, im Gegensatz zu den sprachlichen Ausdrücken für alle Menschen dieselben. Die Rede davon, daß diese seelischen Erscheinungen »an erster Stelle« (16 a 6; wörtlich: »als erstes«) von den sprachlichen Ausdrücken bezeichnet werden, läßt sich als ein versteckter Hinweis darauf verstehen, daß die sprachlichen Ausdrücke an zweiter

Stelle die Dinge bezeichnen, die von diesen seelischen Erscheinungen abgebildet werden.

Als eine Theorie darüber, wie die sprachlichen Ausdrücke ihre Rolle als Bedeutungsträger spielen, stellt die von Ar. entworfene Theorie zumindest ansatzweise eine semantische Theorie dar. Auf den ersten Blick erinnert diese Theorie zwar an die »unkritische Semantik«, die W. V. Quine als den »Mythos« verspottet hat, dem zufolge der menschliche Geist gewissermaßen ein »Museum« ist, »in dem die Ausstellungsstücke Bedeutungen und die Schildchen daran Wörter sind« (Quine 1984: 42; vgl. 32, 44, 112); daß es Ar. fernlag, diesem Mythos anzuhängen, zeigt jedoch die Art und Weise, in der er im dritten Kapitel erläutert, was es für ein Wort heißt, etwas zu bedeuten. Seine Erläuterung besagt, daß ein Wort insofern etwas bedeutet, als »jemand, der es ausspricht, sein Denken (bei der mit ihm gemeinten Sache) zum Stehen bringt und jemand, der es hört, (in seinem Denken bei dieser Sache) zum Stillstand kommt« (*De int.* 3, 16 b 20f.). Diese Erläuterung, mit der Ar. auf die Bemerkung Platons anspielt, das den Vorgang des Verstehens bezeichnende Wort scheine darauf hinzudeuten, daß dieser Vorgang »unsere Seele bei den Dingen zum Stehen kommen läßt« (*Kratylos*, 437 A 4f.), ist der Schlüssel zum richtigen Verständnis der Rede davon, daß die von den sprachlichen Ausdrücken an erster Stelle bezeichneten Gedanken Abbildungen von Dingen sind. Die von diesen Gedanken abgebildeten Dinge werden nicht etwa in dem Sinne in unserer Seele abgebildet, daß sie in unserer Seele geistige Bilder hinterließen, die mit Fotografien vergleichbar wären, sondern einfach in dem Sinne, daß wir, wenn wir über sie sprechen, in

Gedanken bei ihnen sind. Die Gedanken, die wir im Gespräch untereinander austauschen, bilden die Dinge, auf die wir uns mit unseren Worten beziehen, in dem Sinne in unserer Seele ab, daß wir diese Dinge, wenn wir jene Gedanken als Sprecher denken, meinen und daß wir, wenn wir jene Gedanken als Hörer denken, verstehen, daß unser Gesprächspartner sie meint.

Bei den in diesem Sinne gedanklich abgebildeten Dingen handelt es sich um Dinge in einem sehr weiten Sinne dieses Wortes, also nicht nur um real existierende, konkrete Gegenstände, sondern auch um abstrakte Gegenstände wie Begriffe und Sachverhalte sowie um Gegenstände, die es in Wirklichkeit gar nicht gibt. »Bezeichnen«, d. h. mit Worten meinen, »kann man ja«, wie Ar. in einem Kapitel der *Zweiten Analytik* bemerkt, in dem er den am Ende des vorliegenden Kapitels erwähnten Bockhirsch ebenfalls als Beispiel anführt, »auch Nichtseiendes« (*Anal. post.* II 7, 92 b 29f.; vgl. 92 b 5–8).

Wenn Ar. von den in der Seele abgebildeten Dingen behauptet, sie seien ebenso wie die sie abbildenden Gedanken für alle Menschen dieselben, so will er damit lediglich sagen, daß man mit dem unterschiedlichen Vokabular, über das die Sprecher verschiedener Sprachen verfügen, dieselben Gedanken zum Ausdruck bringen und auf dieselben Dinge Bezug nehmen kann. Mit dem Hinweis darauf, daß nicht alle Menschen dieselbe Sprache sprechen und nicht einmal alle dieselben Schriftzeichen verwenden, weist Ar. auf eine Tatsache hin, für die er im zweiten Kapitel eine Erklärung liefert: Die sprachlichen Ausdrücke haben die Bedeutung, die sie zu sprachlichen Ausdrücken macht, nicht von Natur aus, sondern verdanken sie einer Übereinkunft. Im Unterschied zu den Lauten, die Tiere von sich geben, sind die sprachlichen Äußerungen der menschlichen Stimme für das, was sie bedeuten, also keine natürlichen Zeichen, sondern Symbole (vgl. *De int.* 2, 16 a 27–29).

Um als die von Sprachgemeinschaft zu Sprachgemeinschaft variierenden symbolischen oder konventionellen Zeichen, die sie sind, gebraucht werden zu können, müssen die sprachlichen Ausdrücke in dem Sinne Gedanken an die mit ihnen gemeinten Dinge bezeichnen, daß sie als Zeichen für diese Dinge verstanden werden. Nur in ihrer Eigenschaft als die Gedanken, die man denkt, wenn man versteht, was die sprachlichen Ausdrücke bedeuten, werden die seelischen Erscheinungen, von denen im vorliegenden Kapitel die Rede ist, in der Schrift *Peri hermeneias* thematisiert, während sie in ihrer Eigenschaft als psychische Phänomene »Gegenstand einer anderen Disziplin« (16 a 9) sind, nämlich derjenigen, die Ar. in »den Büchern über die Seele« (16 a 8f.), d. h. in der Schrift *De anima*, behandelt.

Soweit es sich bei den Dingen, über die wir sprechen, um Dinge im engeren Sinne dieses Wortes handelt, also um alltägliche Dinge, denen wir in der Welt begegnen, kann man dieser Schrift folgende Antwort auf die Frage entnehmen, in welcher Weise solche Dinge in der Seele abgebildet werden (vgl. Charles 2000: 81–83, Weidemann 2014c: 392f.): Sie werden es in der Weise, daß ihre Formen als Inhalte von Gedanken an sie in die Seele übertragen werden, so daß die Seele unbeschadet ihrer sachlichen Verschiedenheit von ihnen formal mit ihnen identisch wird (vgl. *De an.* III 4, 429 a 13–18; III 8, 431 b 20 – 432 a 1).

16 a 9–18. Wie die Gedanken, die sie ausdrücken, so sind auch die sprachlichen Ausdrücke selbst teils von der Art, daß sie wahr oder falsch sind, und teils von der Art, daß ihnen diese Eigenschaft nicht zukommt. Wahr oder falsch ist ein sprachlicher Ausdruck dann, wenn er einen Gedanken ausdrückt, den zu denken heißt, etwas mit etwas anderem gedanklich zu verbinden oder etwas von etwas anderem gedanklich zu trennen, und zwar in dem Sinne, daß die gedankliche Verbindung einer Sache mit einer anderen in einem bejahenden und die gedankliche Trennung einer Sache von einer anderen in einem verneinenden Aussage- oder Behauptungssatz sprachlich zum Ausdruck kommt. Um wahr oder falsch zu sein und einen wahren oder falschen Gedanken auszudrükken, muß ein sprachlicher Ausdruck daher aus mindestens zwei anderen Ausdrücken zusammengesetzt sein, die ihn in der Weise zu einem Aussage- oder Behauptungssatz machen, daß der eine als Nennwort einen bestimmten Gegenstand namhaft macht oder benennt und der andere als Aussagewort diesem Gegenstand eine Eigenschaft entweder zu- oder abspricht, indem er entweder von ihm aussagt, daß sie ihm zukommt, oder von ihm aussagt, daß sie ihm nicht zukommt. Für sich allein sind die Nenn- und die Aussagewörter ebensowenig schon wahr oder falsch wie die in ihnen ausgedrückten Gedanken.

Einen sprachlichen Ausdruck, der einen wahren oder falschen Gedanken ausdrückt und damit auch selbst wahr oder falsch ist, erhält man also, wenn man zu einem Nennwort ein passendes Aussagewort hinzufügt, beispielsweise zu dem Nennwort »Mensch« das Aussagewort »weiß«, zu dem Ar. die von ihm nicht eigens erwähnte Kopula »ist« mit hinzugedacht wissen will, oder zu dem Nennwort »Bockhirsch« das im Sinne von »existiert« verstandene Aussagewort »ist«. Die Hinzufügung eines Aussagewortes zu einem Nennwort erfolgt einerseits entweder in bejahender oder in verneinender Form und andererseits entweder »schlechthin« oder »in einer temporal abgewandelten Form« (16 a 18), d. h. entweder in der Zeitform des Präsens oder in einer der anderen Zeitformen, die Ar. als temporale »Abwandlungen« der Gegenwartsform betrachtet (vgl. *De int.* 3, 16 b 16–18).

Mit dem, was er hier und in den folgenden drei Kapiteln über das Nennwort und das Aussagewort als die beiden grundlegenden Bestandteile eines einfachen Aussage- oder Behauptungssatzes und über die Eigenschaft eines solchen Satzes, im Gegensatz zu seinen Bestandteilen nicht nur Träger einer Bedeutung, sondern auch Träger eines Wahrheitswertes zu sein, ausführt, knüpft Ar. an die einschlägigen Ausführungen in Platons Dialog *Sophistes* an (vgl. 261 D – 263 D) und führt sie weiter.

Kapitel 2

16 b 19–26. Der Definition zufolge, die Ar. am Anfang des Kapitels aufstellt, ist ein Nennwort »eine stimmliche Äußerung«, die erstens »gemäß einer Übereinkunft etwas bedeutet«, die zweitens »ohne Bezug zur Zeit« ist und von der drittens »kein Teil eigenständig etwas bedeutet« (wörtlich: »kein Teil getrennt bedeutsam ist«). Das dritte dieser drei Definitionsmerkmale, mit dessen Erläuterung Ar. beginnt, ist eine Eigenschaft, die auch dem Aussagewort zukommt und durch die das Nennwort und das Aussagewort sich vom Wortgefüge unterscheiden. Das Wort »Pferd« beispielsweise ist zwar in dem Wortgefüge »schönes Pferd«, aber nicht in dem (als Eigenname dienenden) Nennwort »Schönpferd« als ein eigenständig etwas bedeutender Teil enthalten.

Was die Art und Weise betrifft, in der sie die genannte Eigenschaft besitzen, besteht ein Unterschied zwischen einfachen und zusammengesetzten Nennwörtern, den Ar. am Beispiel eines Wortes erläutert, dessen Bedeutung das in der vorliegenden Übersetzung gewählte Wort »Jollenkreuzer« zwar nicht genau wiedergibt, mit dem dieses Wort aber darin übereinstimmt, daß es ein aus den Namen zweier Schiffstypen gebildeter nautischer Fachausdruck ist, der ein Mittelding zwischen diesen beiden Typen bezeichnet, nämlich eine durch den Namen des ersten dieser beiden Typen bezeichnete Variante des zweiten. Das Wort »Jollenkreuzer« bezeichnet sozusagen die Jollen-Variante eines Kreuzers oder einen Kreuzer des Jollen-Typs. Da Ar. den mit »Jollenkreuzer« übersetzten Gattungsnamen als Beispiel für ein zusammengesetztes Nennwort anführt, will er den mit »Schönpferd« übersetzten Eigennamen offenbar als Beispiel für ein einfaches Nennwort aufgefaßt wissen, genauer gesagt: als Beispiel für ein Nennwort, das zwar seiner Herkunft nach zusammengesetzt, aber seiner Bedeutung nach einfach ist. Der Unterschied, auf den es ihm ankommt, besteht im Falle der beiden genannten Wörter darin, daß »-pferd« als Teil des Wortes »Schönpferd« überhaupt keine Bedeutung hat, während »-kreuzer« als Teil des Wortes »Jollenkreuzer« zwar eine Bedeutung hat, aber keine eigenständige Bedeutung.

Mit der von ihm nicht näher erläuterten Rede davon, daß ein bestimmter Teil eines Wortes innerhalb des Wortes, dessen Teil er ist, zwar etwas bedeutet, aber nicht eigenständig, meint Ar. vermutlich, daß der betreffende Teil, da er nicht als ein selbständiges Teilwort, sondern nur als ein unselbständiger Wortteil in dem betreffenden Wort enthalten ist, innerhalb des betreffenden Wortes eine Bedeutung hat, hinsichtlich deren er ergänzungsbedürftig ist. In dem Wort »Jollenkreuzer« z. B. ist das Wort »Kreuzer« nicht als ein selbständiges Teilwort, sondern nur als ein unselbständiger Wortteil enthalten, so daß es als Teil dieses Wortes hinsichtlich seiner Bedeutung der Ergänzung durch einen anderen Wortteil bedarf. Als Teil des Wortes »Jollenkreuzer« bedeutet es nicht einfach »Kreuzer«, sondern »…kreuzer«, d. h. »Kreuzer des …-Typs«.

16 a 27–29. Das hier erläuterte Definitionsmerkmal, nicht »von Natur aus«, sondern »gemäß einer Übereinkunft« etwas zu bedeuten, also kein natürliches, sondern ein konventionelles Zeichen und damit ein »Symbol« zu sein, ist eine Eigenschaft, die das Nennwort mit dem Aussagewort und dem Wortgefüge teilt. Wie im vierten Kapitel, in dem er diese Eigenschaft mit den Worten »… nicht nach Art eines Werkzeugs freilich, sondern, wie schon gesagt, gemäß einer Übereinkunft« (17 a 1f.) als ein Merkmal, das auch in der Definition des Wortgefüges enthalten ist, noch einmal in Erinnerung ruft, so spielt Ar. auch hier auf den Platonischen Dialog *Kratylos* an, in dem die Frage erörtert wird, ob die Wörter die mit ihnen benannten Dinge von Natur aus richtig benennen oder ob ihre Richtigkeit auf einer Übereinkunft beruht.

16 a 30–32. Ein verneinendes Nennwort wie »Nicht-Mensch« ist kein Nennwort im eigentlichen Sinne und kann daher nur mit dem einschränkenden Zusatz »unbestimmt« als Nennwort bezeichnet werden. Weshalb er einen Ausdruck wie »Nicht-Mensch« unbestimmt nennt, erläutert Ar. im zehnten Kapitel mit der beiläufigen Bemerkung, ein solcher Ausdruck bedeute »gewissermaßen etwas Einheitliches, das unbestimmt ist« (*De int.* 10, 19 b 9). Geht man mit Ar. davon aus, daß etwas Einheitliches zu bedeuten im Falle des Wortes »Mensch« zu bedeuten heißt, daß ein Gegenstand, auf den dieses Wort zutrifft, das ist, was einen Menschen zu einem Menschen macht (vgl. *Met.* Γ 4, 1006 a 32–34), so kann man sagen, daß der Ausdruck »Nicht-Mensch« insofern etwas Einheitliches bedeutet, als er bedeutet, daß ein Gegenstand, auf den er zutrifft, nicht das ist, was einen Menschen zu einem Menschen macht. Unbestimmt ist dieses Einheitliche insofern, als ein Gegenstand, der nicht das ist, was einen Menschen zu einem Menschen macht, alles Mögliche sein kann, so daß unbestimmt ist, was er ist und was ihn zu dem macht, was er ist.

Daß ein unbestimmtes Nennwort ein Wortgefüge ist, bestreitet Ar. offenbar deshalb, weil das Nennwort, dessen Negation es darstellt, als Teil von ihm keine eigenständige Bedeutung hat. Daß ein unbestimmtes Nennwort auch keine verneinende Aussage (wörtlich: »keine Verneinung«) ist, begründet er im zehnten Kapitel mit dem Hinweis darauf, daß es im Gegensatz zu einer solchen Aussage für sich allein nicht dazu gebraucht werden kann, etwas Wahres oder Falsches zu sagen (vgl. *De int.* 10, 20 a 31–36).

16 a 33 – b 5. Auch ein in einem obliquen Kasus stehendes Nennwort ist kein Nennwort im eigentlichen Sinne, da ein Nennwort nur dann, wenn es in der Form des Nominativs steht, lediglich durch ein Aussagewort ergänzt zu werden braucht, um etwas Wahres oder Falsches auszudrücken (d. h. einen Aussagesatz zu bilden), während es in einer der anderen Kasusformen hierzu noch einer weiteren Ergänzung bedarf. Der Eigenname »Philon« z. B. wird in der Form des Nominativs bereits durch das Wort »ist« allein zu einem Aussagesatz ergänzt, nämlich zu dem Satz »Philon ist« (d. h. »Philon existiert«), während er in der Form des Genitivs zusammen mit dem Wort »ist« erst dann einen vollständigen Satz bildet, wenn noch ein Ausdruck hinzugefügt wird, der Auskunft darüber gibt, *was* Philons in dem Sinne *ist*, daß es ihm gehört, beispielsweise der Ausdruck »dieser Acker«. Für die in der deutschen Alltagssprache ungebräuchliche Verbindung des Wortes »ist« mit einem possessiven Prädikats-Genitiv gibt es in der Sprache der deutschen Bibelübersetzung ein bekanntes Beispiel: »So gebt dem Kaiser, was des Kaisers ist, und Gott, was Gottes ist!« (*Matth.* 22, 21).

Die Tatsache, daß Ar. die Auffassung vertritt, nur ein im Nominativ stehendes Nennwort dürfe ohne Einschränkung als Nennwort bezeichnet werden, zeigt, daß das Nennwort für ihn in erster Linie nicht eine bestimmte Wortart ist, sondern ein sprachlicher Ausdruck, der in einem einfachen Aussagesatz als Subjekt zu fungieren vermag. Den Satz »Philons ist dieser Acker« (d. h. »Dieser Acker gehört dem Philon«) als so strukturiert zu betrachten, daß in ihm die beiden Ausdrücke »Philons« und »dieser Acker« als Subjekte des zweistelligen Prädikats »... ist ...« fungieren, ist eine moderne Sichtweise, die Ar. verschlossen war.

Kapitel 3

16 b 6–11. Das Aussagewort, das mit dem Nennwort darin übereinstimmt, daß es gemäß einer Übereinkunft etwas bedeutet (was Ar. nicht eigens erwähnt) und daß keiner seiner Teile als Teil von ihm eine eigenständige Bedeutung hat, unterscheidet sich vom Nennwort darin, daß es einerseits »stets für etwas, das von etwas anderem«, nämlich »von einem zugrundeliegenden Gegenstand«, »gesagt wird, ein Zeichen ist«, und daß es andererseits zu dem, was es als ein solches Zeichen bedeutet, in dem Sinne »die Zeit mit hinzubedeutet«, daß es außerdem ein Zeichen dafür ist, daß das von dem betreffenden Gegenstand Gesagte diesem Gegenstand »jetzt zukommt«. Auch im Falle des Aussageworts ist die Frage, welche Funktion es in einem einfachen Aussagesatz hat, also der leitende Gesichtspunkt, unter dem es von Ar. behandelt wird.

Im Unterschied zu dem in einem einfachen Aussagesatz als Subjekt fungierenden Nennwort, das den Gegenstand, von dem in einem solchen Satz etwas ausgesagt wird, lediglich bezeichnet, ist das Aussagewort als derjenige Bestandteil eines solchen Satzes, der in ihm als Prädikat fungiert, nicht einfach nur ein Zeichen für das, was von dem Gegenstand, den das Nennwort bezeichnet, ausgesagt wird, sondern zugleich ein Zeichen dafür, daß diesem Gegenstand das, was von ihm ausgesagt wird, zum Zeitpunkt der Äußerung des Satzes zukommt. Als Prädikat des Satzes bezeichnet das Aussagewort also nicht einfach nur das von diesem Gegenstand Ausgesagte, sondern sagt es auch von ihm aus; es bezeichnet nicht einfach nur die Eigenschaft, die diesem Gegenstand zu- oder abgesprochen wird, sondern spricht sie ihm auch zu bzw. ab.

Da nicht nur Verben diese prädikative Rolle spielen können, sondern auch Adjektive und Substantive in Verbindung mit dem (sei es ausdrücklich hinzugefügten, sei es mit hinzugedachten) Wort »ist«, können auch Wörter dieser Art in einem Satz als Aussagewörter fungieren. An der Stelle 16 a 14f. im ersten und der Stelle 20 b 1f. im zehnten Kapitel dient das Adjektiv »weiß« und an den beiden Stellen 19 b 20–22 und 20 a 31f. im zehnten Kapitel das Adjektiv »gerecht« offenbar als Beispiel für ein Aussagewort. Die beiden miteinander verwandten griechischen Wörter, die im vorliegenden Abschnitt als Beispiel für ein aus einem Nennwort und dem entsprechenden Aussagewort bestehendes Wortpaar angeführt werden, bedeuten eigentlich »Gesundheit« und »ist gesund«, wurden aber mit Rücksicht darauf, daß es sich bei ihnen um ein Substantiv und ein Verb handelt, mit »Gesundung« und »gesundet« übersetzt.

Die hinter den Worten »für etwas, das von einem zugrundeliegenden Gegenstand gesagt wird« überlieferten Worte »oder für etwas, das in einem zugrundeliegenden Gegenstand ist« (16 b 11) hat offenbar ein Leser hinzugefügt, der sich an die im zweiten Kapitel der Kategorienschrift eingeführte und im fünften Kapitel dieser Schrift wieder aufgegriffene Unterscheidung zwischen dem, was *von* etwas als dem, was ihm zugrunde liegt, *gesagt wird*, und dem, was *in* etwas als dem, was ihm zugrunde liegt, *ist*, erinnert fühlte (vgl. *Cat.* 5, 2 a 34f., 2 b 4f.). Im vorliegenden Kapitel sind die fraglichen Worte fehl am Platz.

16 b 12–15. Wie die verneinenden Nennwörter, so bezeichnet Ar. auch die verneinenden Aussagewörter als unbestimmt, was er in ihrem Falle damit begründet, daß sie »gleichermaßen auf alles« zutreffen, »sowohl auf Seiendes als auch auf Nichtseiendes« (16 b 15), daß also beispielsweise der Ausdruck »gesundet nicht« nicht nur auf diejenigen existierenden Lebewesen zutrifft, die tatsächlich nicht gesunden, sondern auch auf alle nicht existierenden Lebewesen, die deshalb, weil sie nicht existieren, überhaupt nicht gesunden und auch nicht erkranken können. Mit dieser Begründung setzt er sich dem Einwand aus, daß einem Lebewesen, auf das der Ausdruck »gesundet nicht« zutrifft, nicht etwa eine unbestimmte Eigenschaft, die ihm zugesprochen wird, zukommt, sondern eine ganz bestimmte Eigenschaft, die ihm abgesprochen wird, nicht zukommt (vgl. Ackrill 1963: 120). Da ein bejahender Satz, als dessen Prädikat ein unbestimmtes Aussagewort fungiert, nichts anderes besagt als der verneinende Satz, den man erhält, wenn man ihn negiert und sein Prädikat durch das entsprechende gewöhnliche Aussagewort ersetzt, ist die Unterscheidung zwischen gewöhnlichen und unbestimmten Aussagewörtern überflüssig.

16 b 16–18. Dafür, den Begriff des Aussagewortes in der Weise einzuengen, daß nur Aussagewörter in der Zeitform des Präsens im eigentlichen Sinne als Aussagewörter bezeichnet werden dürfen, gibt es keinen vernünftigen Grund. Nachträglich scheint Ar. dies selbst gesehen zu haben; denn im zehnten Kapitel nimmt er das im vorliegenden Abschnitt Gesagte wieder zurück, indem er erklärt: »Bei 'ist' (im Sinne von 'existiert') , 'wird sein', 'war', 'entsteht' oder welchen anderen Wörtern dieser Art auch immer handelt es sich ja unserer obigen (d. h. der am Anfang des dritten Kapitels getroffenen) Festsetzung gemäß um Aussagewörter; denn sie bedeuten die Zeit mit hinzu« (*De int.* 10, 19 b 13f.).

16 b 19–25. Wenn es für sich allein ausgesprochen (d. h. aus dem Zusammenhang eines Satzes herausgelöst) wird, ist ein Aussagewort deshalb ein Nennwort, weil ihm in der Isolation vom Kontext eines Satzes hinsichtlich seiner Bedeutung das fehlt, wodurch es sich von einem Nennwort unterscheidet. Für sich allein hat ein isoliertes Aussagewort nämlich nur insofern eine Bedeutung, als es ein Zeichen für eine bestimmte Sache ist, ohne zugleich ein Zeichen für das Sein oder das Nichtsein dieser Sache zu sein; es bedeutet also nur insofern etwas, als es eine bestimmte Eigenschaft bezeichnet, ohne dabei zum Ausdruck zu bringen, ob diese Eigenschaft auch auf seiten eines Gegenstandes als eine ihm zukommende Eigenschaft vorhanden ist oder nicht.

An der Stelle 16 b 22f. ist der von den griechischen Handschriften überlieferte Text, der Ar. von dem in der Form des Infinitivs »sein« angeführten Aussagewort »ist« behaupten läßt, »nicht einmal es« sei »ein Zeichen der Sache«, allem Anschein nach verderbt. Den vermutlich korrekten Text, dem zufolge Ar. behauptet, ein isoliertes Aussagewort sei »⟨für⟩ das Sein der (mit ihm gemeinten) Sache oder deren Nichtsein kein Zeichen«, scheinen Porphyrios und Boethius noch gelesen zu haben, und möglicherweise beruhen auf ihm auch die syrische Übersetzung des Araberbischofs Georg und die Erläuterung des byzantinischen Kommentators Michael Psellos (vgl. Hugonnard-Roche 2004: 68, Weidemann 2014b: 182–184).

Mit der Bemerkung, »auch das Wort 'seiend'« sei »dies nicht, wenn man es bloß für sich allein ausspricht« (16 b 23), weist Ar. den unausgesprochenen Einwand zurück, zumindest das Aussagewort »ist« sei doch bereits für sich allein ein Zeichen für das Sein einer Sache. Er weist diesen Einwand, der dadurch motiviert sein könnte, daß das Partizip »seiend«, in dessen Gestalt er das Wort »ist« hier anführt, soviel bedeutet wie »etwas, das ist«, unter Berufung darauf als unbegründet zurück, daß das vom Kontext eines Satzes isolierte Wort »ist« in dem Sinne »nichts ist« (16 b 24), daß es im Gegensatz zu den anderen Aussagewörtern nicht einmal für eine Sache, geschweige denn dafür, daß eine Sache als eine einem Gegenstand zukommende Eigenschaft vorhanden ist, ein Zeichen ist. Als Zeichen fungieren kann es nur in der Weise, daß es in einem Satz, in dem von einem Gegenstand ausgesagt wird, daß er das und das ist, zu dem, was die beiden Satzteile bedeuten, die es miteinander verknüpft, »eine gewisse Verbindung mit hinzubedeutet« (ebd.), nämlich die Verbindung der vom Prädikatsnomen des Satzes bezeichneten Sache mit der Sache, die das Subjekt des Satzes bezeichnet.

Die Rede ist hier also nur von dem als Kopula verwendeten Wort »ist«; die Möglichkeit, dieses Wort im Sinne von »existiert« zu verwenden, von der er in *Peri hermeneias* häufig Gebrauch macht, läßt Ar. hier unerwähnt. Er läßt im übrigen auch die Frage unbeantwortet, ob ein Aussagewort seiner Ansicht nach bereits dann ein Nennwort ist, wenn es in einer der finiten Formen, in denen es das Prädikat eines Satzes bilden kann, für sich allein ausgesprochen wird, oder erst dann, wenn man es in der nominalen Form eines Infinitivs oder eines Partizips für sich allein ausspricht.

Kapitel 4

16 b 26–33. Dem griechischen Wort λόγος, das im vorliegenden Kapitel je nachdem, ob es durch das Wort ἀποφαντικός (»behauptend«, »Behauptungs-«) näher bestimmt ist oder nicht, entweder mit »Satz« oder mit »Wortgefüge« übersetzte wurde, entspricht kein deutsches Wort, durch das es an allen Stellen wiedergegeben werden könnte, an denen es vorkommt. In *Peri hermeneias* wird es nicht nur in der Bedeutung »Wortgefüge« und der Bedeutung »Satz« verwendet, sondern auch in der Bedeutung »Vernunft« (Kap. 13, 22 b 38. 39, 23 a 1. 4 [innerhalb der mit »vernünftig«, »auf die Vernunft bezogen« und »vernunftlos« übersetzten Ausdrücke]), in der Bedeutung »Grund« (Kap. 12, 21 b 14) sowie in den beiden Bedeutungen, die es als Bestandteil der beiden Wendungen hat, die mit »dasselbe gilt« (wörtlich: »dieselbe Darlegung [trifft zu]«: Kap. 2, 16 b 1f.; Kap. 9, 19 a 27f.; Kap. 10, 19 b 19; Kap. 12, 21 b 24) und »in Entsprechung zu« (Kap. 13, 22 a 14) übersetzt wurden.

Die Übersetzung »Wortgefüge« (vgl. Schönherr/Schmidt 1979: 75 [*Poet.* 20, 1457 a 28]) trägt dem Umstand Rechnung, daß Ar. im vorliegenden Kapitel unter einem *logos* einen sprachlichen Ausdruck verstanden wissen will, der sich von einem Nennwort und einem Aussagewort darin unterscheidet, daß er mindestens einen Teil enthält, der in ihm eine eigenständige Bedeutung hat. Die Bedingung, daß er einen solchen Teil enthält, erfüllt ein sprachlicher Ausdruck nicht erst dann, wenn er einen Ausdruck, »der etwas aussagt«, d. h. einen *Satz* (genauer gesagt: einen Aussagesatz), als Teilausdruck enthält, aber auch nicht schon dann, wenn eine *Silbe* zu seinen Teilen gehört, sondern genau dann, wenn ein Ausdruck, »der etwas sagt«, d. h. ein *Wort* (genauer gesagt: ein Nennwort oder ein Aussagewort), als Teilausdruck in ihm enthalten ist. Ein Wortgefüge in dem Sinne, daß er aus Wörtern besteht, die in ihm eigenständig etwas bedeuten, ist nicht nur ein Satz, sondern auch ein Ausdruck wie »schönes Pferd« (Kap. 2, 16 a 22) oder »zweifüßiges Land-Lebewesen« (Kap. 5, 17 a 13).

Der Hinweis darauf, daß »ja nicht einmal '(h)ys' ('Sau') innerhalb von 'mys' ('Maus') eine Bedeutung hat« (16 b 31), soll offenbar einen möglichen Einwand entkräften, nämlich den Einwand, nicht nur ein Wortgefüge, sondern auch ein einzelnes Wort könne doch einen Teil enthalten, der in ihm eigenständig etwas bedeutet. Wenn man das in der vorliegenden Übersetzung lediglich transkribierte Wortpaar μῦς/ὗς, das Ar. als Beispiel für zwei Wörter dient, bei denen es der Sprachzufall will, daß die Buchstabenfolge des einen ein Teil der Buchstabenfolge des anderen ist – dem Laut »h« entspricht im Griechischen kein eigener Buchstabe –, ohne daß deshalb auch die Bedeutung des einen ein Teil der Bedeutung des anderen wäre, übersetzen will, muß man es natürlich ohne Rücksicht auf die Bedeutung der beiden Wörter, aus denen es besteht, durch ein anderes Wortpaar ersetzen, damit die Pointe des Beispiels nicht verlorengeht. Boethius hat diese Pointe dadurch, daß er das griechische Wortpaar durch »sorex«/»rex« (»Spitzmaus«/»König«) ersetzt hat, in seiner lateinischen Übersetzung ebenso bewahrt, wie sie der Araberbischof Georg in seiner syrischen Übersetzung dadurch bewahrt hat, daß er das griechische Wortpaar durch »ʿuqbrā«/»brā« (»Maus«/»Sohn«) ersetzt hat. Ein geeignetes deutsches Wortpaar wäre z. B. »Rohr«/»Ohr« oder »Flasche«/»Asche«.

Den eckig eingeklammerten Satz am Ende des Abschnitts hält Montanari mit Recht für eine Glosse, mit der ein Leser an das im zweiten Kapitel (16 a 25f.) über die zusammengesetzten Nennwörter Gesagte erinnern zu müssen glaubte (vgl. Montanari I 1984: 197–200, II 1988: 123, 304f.).

17 a 1–7. »Gegenstand der jetzt (d. h. in den folgenden Kapiteln) anzustellenden Betrachtung« (17 a 7) ist dasjenige Wortgefüge, »dem es zukommt, wahr oder falsch zu sein« (17 a 3; wörtlich: »bei dem sich das Wahr- oder Falschsein findet«), d. h. der Aussage- oder Behauptungssatz. Als ein Wortgefüge, das Träger eines Wahrheitswertes ist, unterscheidet sich ein solcher Satz nicht nur von einem Wortgefüge, das kein Satz ist, sondern auch von einem Wortgefüge, das, wie z. B. die Formulierung einer Bitte oder eines Wunsches, zwar ein Satz ist, aber kein Satz, der wahr oder falsch wäre.

Darüber, ob Ar. mit den zitierten Worten *definieren* will, was ein Behauptungssatz ist, gehen die Meinungen auseinander. Nach F. Ademollo, der für eine verneinende Antwort auf diese Frage plädiert, ist mit den fraglichen Worten nicht gemeint, daß ein Wortgefüge dann und *nur dann* ein Behauptungssatz ist, wenn es wahr oder falsch ist, sondern lediglich, daß ein Wortgefüge *dann* ein Behauptungssatz ist, wenn es wahr oder falsch ist. Die fraglichen Worte implizieren nach ihm also nicht, daß *alle* Behauptungssätze wahr oder falsch sind, sondern lediglich, daß *nur* Behauptungssätze wahr oder falsch sind (vgl. 2010: 99–102). Gegen diese Auffassung, die Ademollo im Anschluß an R. Gaskin (vgl. 1995: 180) und P. Crivelli (vgl. 2004: 86f.) vertritt, spricht die Tatsache, daß Ar. ja nicht sagt, nicht jedes Wortgefüge sei wahr oder falsch, sondern nur eines, das ein Behauptungssatz ist, sondern daß er gerade umgekehrt sagt, nicht jedes Wortgefüge sei ein Behauptungssatz, sondern nur eines, das wahr oder falsch ist.

Träger einer Bedeutung sind die Behauptungssätze in derselben Weise wie die Nenn- und die Aussagewörter, nämlich in der Weise, daß sie »gemäß einer Übereinkunft« (17 a 2) etwas bedeuten. Die Bemerkung, daß sie ihre Bedeutung »nicht nach Art eines Werkzeugs« (17 a 1) haben, ist – ebenso wie die Bemerkung, daß kein Nennwort »von Natur aus« (Kap. 2, 16 a 27) ein Nennwort ist – eine Anspielung auf den Platonischen Dialog *Kratylos* (vgl. 388 A–C).

Kapitel 5

17 a 8f. 15–17. 20–24. Diese drei Abschnitte beschäftigen sich mit der Frage, um die es im vorliegenden Kapitel in erster Linie geht, nämlich mit der Frage, was als ein einheitlicher Behauptungssatz und was als eine Vielheit von Behauptungssätzen zu gelten hat. Auf diese Frage gibt Ar. insofern eine differenzierte Antwort, als er sich von zwei verschiedenen Kriterien leiten läßt, die darüber bestimmen, ob man es in einem gegebenen Fall mit einem einheitlichen Behauptungssatz oder einer Vielheit von Behauptungssätzen zu tun hat. Einheitlich sein kann ein Behauptungssatz seiner Auffassung nach nämlich einerseits in der Weise, daß er als ein *einfacher* Behauptungssatz, d. h. als ein Satz, der in bejahender oder verneinender Form etwas von etwas anderem aussagt, »etwas Einheitliches zu verstehen gibt« (17 a 16), und andererseits in der Weise, daß er als ein *zusammengesetzter* Behauptungssatz, d. h. als ein Satz, der aus solchen einfachen Behauptungssätzen besteht, »aufgrund einer Verknüpfung einheitlich ist« (ebd.). Das, was einen einheitlichen Behauptungssatz zu einem solchen macht, ist nach Ar. also entweder, wenn er ein einfacher Satz ist, die Einheitlichkeit seiner *Bedeutung*, oder, wenn er ein zusammengesetzter Satz ist, die Einheitlichkeit seiner äußeren *Gestalt*, so daß ein und derselbe Satz in *semantischer* Hinsicht eine Vielheit von Behauptungssätzen darstellen, aber in *syntaktischer* Hinsicht ein einheitlicher Behauptungssatz sein kann.

Wie aus dem achten Kapitel und dem Anfang des elften Kapitels hervorgeht, ist ein Satz, der in bejahender oder verneinender Form etwas von etwas anderem aussagt, nach Ar. nur dann ein aufgrund seiner Bedeutung einheitlicher Behauptungssatz, wenn sowohl das, was er von etwas aussagt, als auch das, wovon er es aussagt, einheitlich ist, wenn also sowohl sein Prädikat als auch sein Subjekt eine einheitliche Bedeutung hat. Das Kriterium, nach dem er beurteilt, ob dies der Fall ist oder nicht, ist so streng, daß ihm zufolge ein Subjekts- oder Prädikatsausdruck, der aus mehreren Wörtern besteht, nur dann etwas Einheitliches bedeutet, wenn er entweder, wie der im vorliegenden Kapitel als Beispiel angeführte Ausdruck »zweifüßiges Land-Lebewesen« (17 a 13; vgl. Kap. 11, 20 b 17f. 33f., 21 a 14f.), ein Ausdruck ist, der dazu dient, den Begriff von etwas zu definieren, oder, wie der Ausdruck »weißer Mensch« (vgl. Kap. 11, 20 b 34f.), ein Ausdruck, mit dem ein so und so beschaffener Gegenstand unter einer für sein So-und-so-Beschaffensein relevanten Beschreibung als so und so beschaffen bezeichnet wird, also unter einer Beschreibung, die ihn als das beschreibt, als was er so und so beschaffen ist. Wenn man diesen, wie man Ar. entgegenhalten muß, viel zu strengen Maßstab anlegt, hat weder der Ausdruck »weißer Gebildeter« eine einheitliche Bedeutung noch der Ausdruck »gebildetes Weißes« (vgl. Kap. 11, 21 a 1. 10–14); denn der erste bezeichnet einen Menschen, der weiß und gebildet ist, unter der für sein Weißsein irrelevanten Beschreibung »Gebildeter« als weiß, während der zweite einen solchen Menschen unter der für sein Gebildetsein irrelevanten Beschreibung »Weißes« als gebildet bezeichnet.

Angesichts der starken Bedingung, an die Ar. die Einheitlichkeit der Bedeutung eines einfachen Behauptungssatzes knüpft, ist es verwunderlich, daß er die Auffassung vertritt, alle Behauptungssätze, die diese Bedingung nicht erfüllen, seien aus solchen, die sie erfüllen, zusammengesetzt, wobei er einen Satz offenbar auch dann als zusammengesetzt betrachtet, wenn er zwar die äußere Gestalt eines einfachen Satzes hat, seiner Bedeutung nach aber mit einem zusammengesetzten Satz, in den er sich umformen läßt, äquivalent ist. Daß er sich mit dieser Auffassung im Irrtum befindet, zeigt der von

J. L. Ackrill als Gegenbeispiel angeführte Satz »Einige Menschen sind musikalisch gebildete Schuster« (»Some men are musical cobblers« [1963: 145]), der sich weder in den Satz »Einige Menschen sind musikalisch gebildet, und einige Menschen sind Schuster« noch in irgendeinen anderen zusammengesetzten Satz umformen läßt, der mit ihm äquivalent wäre (vgl. hierzu Geach 1972: 47). (Ackrills Beispiel ist nicht ohne Vorbild. Ein Werk des britischen Malers John Burr [1831–1893] trägt den Titel »The Musical Cobbler«, und unter der Überschrift »Musical Cobbler Wanted. Government Needs Good Shoemaker to Conduct an Indian Band« wurde am 6. September 1903 in der *New York Times* eine mit einem Musiker, der zugleich das Schusterhandwerk beherrscht, zu besetzende Beamtenstelle an einer Indianerschule in Süddakota ausgeschrieben.)

17 a 9–15. 17–20. In diesen beiden Abschnitten, die mit dem Thema des vorliegenden Kapitels nicht unmittelbar etwas zu tun haben, erfahren wir im Grunde genommen nichts Neues. Der Hinweis auf die »andere Disziplin« (17 a 14f.), deren Sache es ist, die Einheitlichkeit eines definitorischen Wortgefüges zu erklären, bezieht sich auf das zwölfte Kapitel des siebten Buches der *Metaphysik* (Z 12). Was den Abschnitt 17 a 17–20 betrifft, so will Ar. keineswegs bestreiten, daß die Antwort, die man mit der Äußerung eines einzelnen Nenn- oder Aussagewortes auf eine Wortfrage gibt, eine Behauptung ist. Hinter dem, was er sagt, verbirgt sich die Einsicht, daß ein Wort dann, wenn eine solche Frage mit ihm beantwortet wird, kein bloßes Wort ist, sondern ein elliptischer Behauptungssatz, dessen unausgesprochener Teil bereits in der gestellten Frage enthalten ist.

Kapitel 6

17 a 25–37. Der Definition zufolge, die Ar. hier aufstellt und erläutert, ist eine »Kontradiktion« oder ein »Widerspruch« (ἀντίφασις) ein aus einer »bejahenden Aussage« (κατάφασις), die einem bestimmten Gegenstand eine bestimmte Eigenschaft zuspricht (also von ihm behauptet, daß sie ihm zukommt), und einer »verneinenden Aussage« (ἀπόφασις), die demselben Gegenstand dieselbe Eigenschaft abspricht (also von ihm behauptet, daß sie ihm nicht zukommt), bestehendes Aussagenpaar. Wie sich im siebten Kapitel zeigen wird, kann es sich bei dem Gegenstand, von dem die beiden Glieder eines kontradiktorischen Aussagenpaares etwas aussagen, sowohl um etwas Einzelnes handeln als auch um etwas Allgemeines. Der Begriff des Menschen z. B. kann ebenso Gegenstand zweier kontradiktorisch entgegengesetzter Aussagen sein wie der Mensch Kallias.

Zu den näheren Bestimmungen, die man bei der Definition des Begriffs der Kontradiktion hinzufügen muß, um sich »lästiger Sophistereien zu erwehren« (17 a 36f.) – um also mit den Scheinargumenten und Fehlschlüssen der Sophisten fertig zu werden, die Ar. in den *Sophistischen Widerlegungen* untersucht –, gehören außer der hier erwähnten Bestimmung »nicht in homonymer Weise« (17 a 35) vor allem die Bestimmungen »in derselben Hinsicht«, »in bezug auf dasselbe«, »in derselben Weise« und »zur selben Zeit«, die Ar. im fünften Kapitel dieser Schrift aufzählt (*Soph. el.* 5, 167 a 26f.). Dem Hinweis darauf, daß zwei Aussagen, um einander nicht nur dem Schein nach, sondern wirklich zu widersprechen, das, was sie von einem Gegenstand aussagen, nicht in homonymer (d. h. mehrdeutiger) Weise von ihm aussagen dürfen, entspricht in den *Sophistischen Widerlegungen* der Hinweis darauf, daß ein Widerspruch, um die Widerlegung einer Behauptung zu sein, »ein Widerspruch zu ein und demselben« sein muß, und zwar »nicht zu ein und demselben Wort, sondern zu ein und derselben Sache« (*Soph. el.* 5, 167 a 23f.). Gemeint ist, daß man einer Behauptung, wenn man sie widerlegen will, nicht nur dem Wort nach widersprechen darf, sondern ihr der Sache nach widersprechen muß.

Kapitel 7

17 a 38 – b 12. Wenn wir Aussagen machen oder Behauptungen aufstellen, ist es in manchen Fällen ein allgemeiner Begriff, von dem wir etwas aussagen oder behaupten, wie z. B. der Begriff des Menschen, und in anderen Fällen ein einzelner Gegenstand, der unter einen solchen Begriff fällt, wie z. B. der Mensch Kallias. Von einem Begriff kann man sowohl »in allgemeiner Weise« (17 b 3) etwas aussagen als auch »nicht in allgemeiner Weise« (17 b 7). Wer in allgemeiner Weise von einem Begriff etwas aussagt, macht entweder die *universell-bejahende* Aussage über ihn, daß *jedem* der unter ihn fallenden Gegenstände die und die Eigenschaft zukommt (z. B. »Jeder Mensch ist weiß«: 17 b 6), oder die *universell-verneinende* Aussage, daß *keinem* der unter ihn fallenden Gegenstände die und die Eigenschaft zukommt (z. B. »Kein Mensch ist weiß«: ebd.); wer nicht in allgemeiner Weise von einem Begriff etwas aussagt, macht entweder die *indefinit-bejahende* Aussage über ihn, daß einem unter ihn fallenden Gegenstand die und die Eigenschaft *zukommt* (z. B. »[Ein] Mensch ist weiß«: 17 b 9f.), oder die *indefinit-verneinende* Aussage, daß einem unter ihn fallenden Gegenstand die und die Eigenschaft *nicht zukommt* (z. B. »[Ein] Mensch ist nicht weiß«: 17 b 6), wobei offenbleibt, ob jeder der unter den betreffenden Begriff fallenden Gegenstände gemeint ist oder irgendeiner dieser Gegenstände.

Zwei dasselbe Subjekt und dasselbe Prädikat enthaltende Aussagen, von denen die eine universell-bejahend und die andere universell-verneinend ist, nennt Ar. ein Paar *konträr* entgegengesetzter Aussagen. Mit dem Hinweis darauf, daß die Glieder eines aus einer indefinit-bejahenden und der entsprechenden indefinit-verneinenden Aussage bestehenden Aussagenpaares »zwar nicht konträr sind«, daß »aber das, was man mit ihnen zu verstehen gibt, zuweilen konträr sein kann« (17 b 7f.), will er darauf aufmerksam machen, daß eine indefinite Aussage zwar in der Regel gleichbedeutend mit der ihr entsprechenden *partikulären* Aussage gebraucht wird (»[Ein] Mensch ist schön« z. B. gleichbedeutend mit »*Irgendein* Mensch ist schön«), unter Umständen aber auch gleichbedeutend mit der ihr entsprechenden *universellen* Aussage gebraucht werden kann (»[Ein] Mensch ist ein Lebewesen« z. B. gleichbedeutend mit »*Jeder* Mensch ist ein Lebewesen«). Indefinite Aussagen sind also insofern unbestimmt, als es nicht nur von ihrem Wortlaut, sondern auch von den Umständen ihrer Äußerung abhängt, was sie jeweils bedeuten (vgl. Jones 2010: 42–45).

Wie Ar. in den Zeilen 17 b 10–12 hervorhebt, muß man genau unterscheiden zwischen der Allgemeinheit eines Begriffs und der Allgemeinheit der Art und Weise, in der in einer universellen Aussage von einem Begriff etwas ausgesagt wird. Ein Begriff ist insofern »etwas Allgemeines«, als er, wie Ar. am Anfang des Kapitels erklärt, »seiner Natur nach dazu geeignet ist, von mehrerem prädiziert zu werden« (17 a 39f.; vgl. Gottlob Freges Hinweis auf »die prädikative Natur des Begriffes« [1892: 197, 1990: 171]), d. h. insofern, als mehrere Einzeldinge unter ihn fallen können. Hingegen wird in einer universellen Aussage insofern »in allgemeiner Weise« von einem Begriff etwas ausgesagt, als in einer solchen Aussage, wenn sie universell-bejahend ist, von ihm ausgesagt wird, daß jedem der unter ihn fallenden Einzeldinge die und die Eigenschaft zukommt, und, wenn sie universell-verneinend ist, daß keinem der unter ihn fallenden Einzeldinge die und die Eigenschaft zukommt.

17 b 12–16. Eine Aussage, in der »von etwas, das in allgemeiner Weise Gegenstand einer Prädikation ist, etwas Allgemeines in allgemeiner Weise prädiziert wird«, ist eine Aussage, in der nicht nur als Subjekt, sondern auch als Prädikat ein universell quantifiziertes (d. h. mit dem Wort »jeder« oder dem Wort »kein« verbundenes) Begriffswort fungiert, also eine Aussage, die eine der folgenden vier Formen aufweist: »Jedes *S* ist jedes *P*«, »Jedes *S* ist kein *P*«, »Kein *S* ist jedes *P*«, »Kein *S* ist kein *P*«. Die etwas unvorsichtig formulierte Behauptung, eine Aussage dieser Art sei »nicht wahr« (17 b 13f.), wird von Ar. dadurch korrigiert, daß er einschränkend hinzufügt, »keine bejahende Aussage« dieser Art könne »⟨jedenfalls⟩ wahr sein« (17 b 14), womit er meint: keine Aussage, die – wie die von ihm als Beispiel angeführte Aussage »Jeder Mensch ist jedes Lebewesen« – die erste der genannten vier Formen aufweist.

17 b 16–26. Eine bejahende und eine verneinende Aussage mit demselben den Begriff *S* bezeichnenden Subjekt und demselben den Begriff *P* bezeichnenden Prädikat sind einander genau dann kontradiktorisch entgegengesetzt, wenn sie sich entweder so zueinander verhalten, daß die bejahende von dem Begriff *S* aussagt, daß es ihm *in allgemeiner Weise zukommt*, und die verneinende, daß es ihm *in nicht-allgemeiner Weise nicht zukommt*, *P* zu sein (»Jedes *S* ist *P*« – »Nicht jedes *S* ist *P*« [= »Irgendein *S* ist nicht *P*«]), oder so, daß die verneinende von dem Begriff *S* aussagt, daß es ihm *in allgemeiner Weise nicht zukommt*, und die bejahende, daß es ihm *in nicht-allgemeiner Weise zukommt*, *P* zu sein (»Kein *S* ist *P*« [= »Jedes *S* ist nicht *P*«] – »Irgendein *S* ist *P*«). Sie sind, mit anderen Worten, einander genau dann kontradiktorisch entgegengesetzt, wenn sie sich entweder so zueinander verhalten, daß die bejahende von dem Begriff *S* aussagt, daß es *jedem*, und die verneinende, daß es *nicht jedem* der unter ihn fallenden Gegenstände zukommt, *P* zu sein, oder so, daß die verneinende von dem Begriff *S* aussagt, daß es *keinem*, und die bejahende, daß es *irgendeinem* der unter ihn fallenden Gegenstände zukommt, *P* zu sein.

Die *universell-bejahende* Aussage, die von dem Begriff *S* aussagt, daß *jeder* der unter ihn fallenden Gegenstände *P* ist, und die *universell-verneinende* Aussage, die von ihm aussagt, daß *keiner* der unter ihn fallenden Gegenstände *P* ist, sind einander nicht *kontradiktorisch* entgegengesetzt, sondern *konträr*. Die beiden partikulären Aussagen, die zwei einander konträr entgegengesetzten universellen Aussagen kontradiktorisch entgegengesetzt sind, können im Unterschied zu diesen zugleich wahr sein. So kann z. B. die partikulär-bejahende Aussage »Irgendein Mensch ist gerecht« zusammen mit der partikulär-verneinenden Aussage »Nicht jeder Mensch ist gerecht« wahr sein, aber nicht die universell-bejahende Aussage »Jeder Mensch ist gerecht«, der letztere kontradiktorisch entgegengesetzt ist, zusammen mit der universell-verneinenden Aussage »Kein Mensch ist gerecht«, der erstere kontradiktorisch entgegengesetzt ist.

Die zwischen den vier Formen einer universell-bejahenden, einer universell-verneinenden, einer partikulär-bejahenden und einer partikulär-verneinenden Aussage mit demselben Subjekt und demselben Prädikat bestehenden logischen Beziehungen, zu denen außer der Kontradiktion und der Kontrarietät auch die Subalternation und die Subkontrarietät gehören, pflegt man mit Hilfe einer Figur zu veranschaulichen, die als logisches Quadrat bezeichnet wird.

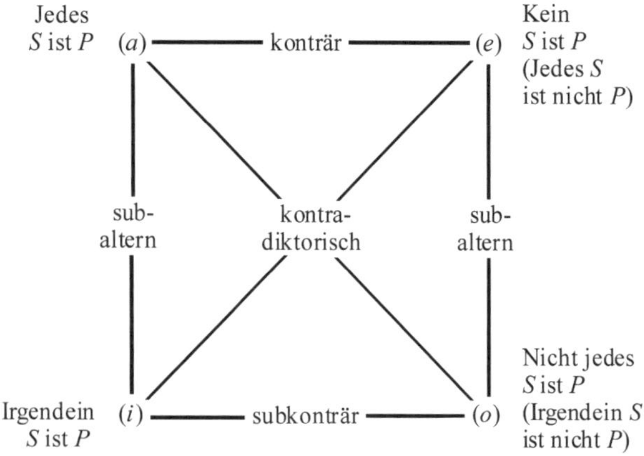

Diese Figur läßt sich erstmals in einem aus dem zweiten nachchristlichen Jahrhundert stammenden logischen Handbuch nachweisen, das dem nordafrikanischen Gelehrten Apuleius von Madaura zugeschrieben wird und das uns, obwohl es in lateinischer Sprache abgefaßt ist, unter demselben griechischen Titel überliefert ist wie die Aristotelische Schrift *Peri hermeneias*. Die Bezeichnungen, die sich für die im logischen Quadrat dargestellten logischen Relationen eingebürgert haben, gehen auf Boethius zurück (vgl. Schepers 1989: 1733f.). Gottlob Frege, dem die moderne mathematische Logik nicht weniger zu verdanken hat als die antike Logik Aristoteles, hat die »Tafel der logischen Gegensätze«, wie er das logische Quadrat nennt (1879: 24), unter Verwendung dieser Bezeichnungen in seiner *Begriffsschrift* abgebildet und dabei die durch die Eckpunkte der Figur repräsentierten vier Aussageformen – für sie dienen seit dem Mittelalter die vier Vokale »*a*«, »*e*«, »*i*«, und »*o*« als Merkbuchstaben – in die von ihm erfundene zweidimensionale Formelsprache, die seiner *Begriffsschrift* den Namen gegeben hat, übersetzt.

17 b 26–37. Wenn hier von »denjenigen kontradiktorisch entgegengesetzten Aussagen« die Rede ist, »die etwas Allgemeines in allgemeiner Weise zum Gegenstand haben« (17 b 26f.), so sind nicht etwa die Glieder von Aussagenpaaren der Form *a-e* gemeint, zwischen denen ja kein kontradiktorischer, sondern ein konträrer Gegensatz besteht, sondern die Glieder von Aussagenpaaren, die entweder die Form *a-o* oder die Form *e-i* aufweisen. Die mißverständlichen Worte, mit denen Ar. diese Aussagenpaare beschreibt, sollen zum Ausdruck bringen, daß die Glieder dieser Aussagenpaare hinsichtlich der allgemeinen oder nicht-allgemeinen Art und Weise, in der sie etwas Allgemeines zum Gegenstand haben, einander kontradiktorisch entgegengesetzt sind, also entweder so, daß das bejahende Glied in *allgemeiner* Weise (d. h. *universell*) *bejaht* und das verneinende Glied in *nicht-allgemeiner* Weise (d. h. *partikulär*) *verneint*, daß *S P* ist (»Jedes *S* ist *P*« – »Nicht jedes *S* ist *P*« [= »Irgendein *S* ist nicht *P*«]), oder so, daß das verneinende Glied in *allgemeiner* Weise (d. h. *universell*) *verneint* und das bejahende Glied in *nicht-allgemeiner* Weise (d. h. *partikulär*) *bejaht*, daß *S P* ist (»Kein *S* ist *P*« [= »Jedes *S* ist nicht *P*«] – »Irgendein *S* ist *P*«).

Was das Wahr- oder Falschsein ihrer Glieder betrifft, so gilt sowohl für diejenigen kontradiktorischen Aussagenpaare, die aus einem *universellen* und einem *partikulären* Glied bestehen, als auch für diejenigen, deren Glieder beide *singuläre* Aussagen sind – d. h. Aussagen, »die, wie zum Beispiel 'Sokrates ist weiß' und 'Sokrates ist nicht weiß', etwas Einzelnes zum Gegenstand haben« (17 b 28f.) –, daß die beiden Wahrheitswerte stets auf ihre beiden Glieder verteilt sind, daß also stets das eine ihrer beiden Glieder wahr und das andere falsch ist. Für diejenigen kontradiktorischen Aussagenpaare, deren Glieder beide *indefinite* Aussagen sind – also Aussagen, »die zwar etwas Allgemeines zum Gegenstand haben, aber nicht in allgemeiner Weise« (17 b 29f.) –, gilt dies jedoch nicht, da die Glieder solcher Aussagenpaare beide wahr sein können. Die eckig eingeklammerte Bemerkung zu dem Aussagenpaar »(Ein) Mensch ist schön« – »(Ein) Mensch ist nicht schön« (17 b 32f.) gibt Anlaß zu dem Verdacht, daß es sich bei ihr um eine nachträglich in den Text eingedrungene Glosse handelt.

Die Auffassung, daß eine Aussage der Form »(Ein) *S* ist *P*« zusammen mit der ihr entsprechenden Aussage der Form »(Ein) *S* ist nicht *P*« wahr sein kann, ist deshalb nicht »abwegig« (17 b 34), wie man »auf den ersten Blick« (ebd.) vielleicht meinen könnte, weil das, was man mit zwei solchen Aussagen »zu verstehen gibt«, zwar, wie Ar. an einer früheren Stelle eingeräumt hat, »zuweilen konträr sein kann« (17 b 8), in der Regel aber nicht konträr ist, weil zwei solche Aussagen also zwar unter Umständen dasselbe bedeuten können wie die ihnen entsprechenden *universellen* Aussagen, die nicht zusammen wahr sein können, in der Regel aber dasselbe bedeuten wie die ihnen entsprechenden *partikulären* Aussagen, die durchaus zusammen wahr sein können. Die Aussage »(Ein) Mensch ist nicht weiß« jedenfalls bedeutet nicht – auch wenn sie dies vielleicht »zu bedeuten scheint« (17 b 35) –, daß *kein* Mensch weiß ist, sondern lediglich, daß *irgendein* Mensch *nicht* weiß ist.

Wenn Aussagenpaare der Form »(Ein) *S* ist *P*« – »(Ein) *S* ist nicht *P*« entweder dasselbe bedeuten wie Aussagenpaare der Form »Irgendein *S* ist *P*« – »Irgendein *S* ist nicht *P*« oder dasselbe wie Aussagenpaare der Form »Jedes *S* ist *P*« – »Kein *S* ist *P*«, ist es äußerst fragwürdig, sie zu denjenigen Aussagenpaaren zu zählen, deren Glieder einander kontradiktorisch entgegengesetzt sind. Anstatt die Regel, daß die beiden Glieder eines kontradiktorischen Aussagenpaares die beiden Wahrheitswerte unter sich aufteilen müssen, mit Rücksicht auf sie einzuschränken, hätte Ar. besser darauf verzichtet, ihnen den Status kontradiktorischer Aussagenpaare zuzubilligen. Noch besser wäre es freilich gewesen, wenn er darauf verzichtet hätte, die indefiniten Aussagen überhaupt als eine eigene Klasse von Aussagen zu berücksichtigen. Als Aussagen, die im Unterschied zu den universellen und den partikulären Aussagen von etwas Allgemeinem weder in allgemeiner noch in nicht-allgemeiner Weise etwas aussagen, sind sie am Wagen des logischen Quadrats das sprichwörtliche fünfte Rad.

17 b 38 – 18 a 7. Als Aussagen über etwas *Einzelnes* einander kontradiktorisch entgegengesetzt sind die Glieder des Aussagenpaares »Sokrates ist weiß« — »Sokrates ist nicht weiß«, als Aussagen über etwas *Allgemeines*, das sie *in allgemeiner Weise* zum Gegenstand haben, sowohl die Glieder des Paares »Jeder Mensch ist weiß« — »Nicht jeder Mensch ist weiß«, von denen das eine dem Begriff des Menschen *in allgemeiner Weise zuspricht*, was ihm das andere *in nicht-allgemeiner Weise abspricht*, als auch die Glieder des Paares »Irgendein Mensch ist weiß« — »Kein Mensch ist weiß«, von denen das eine dem Begriff des Menschen *in nicht-allgemeiner Weise zuspricht*, was ihm das andere *in allgemeiner Weise abspricht*, und als Aussagen über etwas *Allgemeines*, das sie *nicht in allgemeiner Weise* zum Gegenstand haben, die Glieder des Paares »(Ein) Mensch ist weiß« — »(Ein) Mensch ist nicht weiß«.

18 a 8–12. Wie seine abschließenden Worte erkennen lassen, ging es Ar. im vorliegenden Kapitel hauptsächlich um den Unterschied zwischen konträren und kontradiktorischen Aussagenpaaren sowie darum, daß nicht ausnahmslos für alle kontradiktorischen Aussagenpaare gilt, daß ihre Glieder die beiden Wahrheitswerte unter sich aufteilen müssen.

Kapitel 8

18 a 13–27. Eine Ausnahme von der Regel, daß von zwei kontradiktorisch entgegengesetzten Aussagen die eine wahr und die andere falsch sein muß, bilden nicht nur die indefiniten Aussagen, sondern auch diejenigen Aussagen, die deshalb keine einheitliche Bedeutung haben, weil entweder das Nennwort, das in ihnen als Subjekt fungiert, oder das Aussagewort, das in ihnen, wenn es ein Verb ist, als Prädikat und, wenn es ein Substantiv oder ein Adjektiv ist, als Prädikatsnomen fungiert, nichts Einheitliches bedeutet. Unter einer Aussage, die aus diesem Grund keine einheitliche Bedeutung hat, will Ar. einen Satz verstanden wissen, in dem das als Subjekt oder das als Prädikat(snomen) fungierende Wort in der Weise zur Bezeichnung von zwei verschiedenen Dingen verwendet wird, daß er dasselbe besagt wie das Satzpaar, das man erhält, wenn man dieses Wort einerseits durch ein Wort ersetzt, das zur Bezeichnung des einen dieser beiden Dinge dient, und andererseits durch ein Wort, das zur Bezeichnung des anderen dient. Ein solcher Satz wäre z. B. der Satz »(Ein) Mantel ist weiß« (18 a 20), wenn das Wort »Mantel« in ihm in der Weise »zur Bezeichnung von Pferd und Mensch« (18 a 19 f.) verwendet würde, daß er dasselbe besagen würde wie die beiden Sätze »(Ein) Pferd ist weiß« und »(Ein) Mensch ist weiß« (18 a 23) zusammen.

Wird ein Wort in dieser Weise zur Bezeichnung von zwei verschiedenen Dingen verwendet, so ist seine Verwendung zwar nicht in dem Sinne homonym (d.h. mehrdeutig), in dem man ein Wort, das mehrere Bedeutungen hat, im alltäglichen Leben homonym zu verwenden pflegt, wohl aber in dem Sinne, in dem ein solches

Wort in einem dialektischen Übungsgespräch bei einem auf Homonymie beruhenden Fehlschluß homonym verwendet wird. S. Bobzien hat dies durch einen Vergleich des vorliegenden Kapitels mit dem, wie sie gezeigt hat, zu ihm parallelen Abschnitt 175 b 39 – 176 a 5 aus dem 17. Kapitel der *Sophistischen Widerlegungen* klar herausgestellt und damit die von Ackrill (vgl. 1963: 131) und Whitaker (vgl. 1996: 97f., 105) vertretene Auffassung, die in Weidemann 2014b (218f.) zu Unrecht verteidigt wird, widerlegt (vgl. Bobzien 2007; zur Argumentationspraxis des dialektischen Übungsgesprächs vgl. unten die Anmerkungen zu Kapitel 11, 20 b 22–30).

Während ein mehrdeutiges Wort normalerweise in dem Sinne homonym verwendet wird, daß es in verschiedenen Zusammenhängen in verschiedenen Bedeutungen, aber in jedem Zusammenhang eindeutig verwendet wird, ist die Verwendung eines solchen Wortes, wenn sie in einem dialektischen Übungsgespräch zu einem Fehlschluß führt, in dem Sinne homonym, daß das betreffende Wort in ein und demselben Zusammenhang mehrdeutig verwendet wird. So beruht z. B. der Fehlschluß »Das Üble muß sein; nun ist aber das, was sein muß, gut; also ist das Üble gut« auf der in diesem Sinne homonymen Verwendung des Ausdrucks »muß sein«, der zweierlei bedeuten kann, nämlich einerseits das *Notwendigsein* dessen, was sich, wie z. B. ein notwendiges Übel, nicht vermeiden läßt, und andererseits das *Gesolltsein* dessen, was zu tun sittlich geboten ist (vgl. *Soph. el.* 4, 165 b 34–38; 19, 177 a 23f.).

Ar. betrachtet die auf Homonymie beruhenden Fehlschlüsse als Schlüsse, die dadurch zustande kommen, daß man »aus zwei Fragen eine einzige macht« (vgl.

Soph. el. 17, 175 b 39–41), d. h. dadurch, daß man einen Satz als Prämisse verwendet, hinter dem sich, weil eines der in ihm vorkommenden Wörter zweideutig ist, zwei verschiedene Sätze verbergen. Der Fehler, mit dem der genannte Fehlschluß behaftet ist, dürfte daher in seinen Augen nicht darin bestehen, daß der Ausdruck »muß sein« in der ersten Prämisse in der einen und in der zweiten Prämisse in der anderen seiner beiden Bedeutungen gebraucht wird, sondern vielmehr darin, daß dieser Ausdruck zumindest in einer der beiden Prämissen in beiden Bedeutungen gebraucht wird, daß also zumindest eine der beiden Prämissen auf zwei verschiedene Fragen – die zweite Prämisse z. B. auf die beiden Fragen »Ist das, was notwendig ist, gut?« und »Ist das, was gesollt ist, gut?« – eine einzige Antwort gibt, die zweideutig ist (vgl. *Soph. el.* 7, 160 a 23–29; 17, 176 a 3–6. 13–16; 19, 177 a 9–15. 18–24; Bobzien 2007: 309–312).

Als ein Satz, der dasselbe besagt wie die beiden Sätze »(Ein) Pferd ist weiß« und »(Ein) Mensch ist weiß« zusammen, dient der Satz »(Ein) Mantel ist weiß« im vorliegenden Kapitel offenbar als Beispiel für einen Satz, der in einem auf Homonymie beruhenden Fehlschluß als eine zweideutige Prämisse verwendet wird. Wenn Ar. daraus, daß die beiden Sätze, mit denen er gleichbedeutend ist, »mehreres bedeuten und mehrere Aussagen sind« (18 a 24), nicht einfach den Schluß zieht, daß auch er selbst mehreres bedeutet, sondern den Schluß, daß er »entweder mehreres bedeutet oder gar nichts«, da es, wie er zur Begründung hinzufügt, »so etwas wie einen Pferde-Menschen ja nicht gibt« (18 a 25f.), so will er damit, wie bereits Ammonios (vgl. 126, 21 – 128, 1) und Boethius (vgl. II 182, 3–25) richtig gesehen haben, folgendes sagen: Wenn der im Sinne von »(Ein) Pferd und (ein) Mensch sind weiß« (18 a 22) verstandene Satz »(Ein) Mantel ist weiß« überhaupt etwas bedeutet, dann bedeutet er mehreres; denn er würde selbst dann nichts Einheitliches bedeuten, wenn man das Wort »Mantel« in der Weise zur Bezeichnung von Pferd und Mensch verwenden würde, daß man ebenso, wie man mit dem Wort »Mensch« ein zweifüßiges Lebewesen bezeichnet, einen Pferde-Menschen mit ihm bezeichnen würde, wenn man also ebenso, wie man einen Menschen als ein Lebewesen definiert, das zweifüßig ist, einen Mantel als einen Menschen definieren würde, der ein Pferd ist. Im Gegensatz zu den beiden Eigenschaften, ein Lebewesen zu sein und zweifüßig zu sein, lassen sich die beiden Eigenschaften, ein Mensch zu sein und ein Pferd zu sein, nämlich nicht zu etwas Einheitlichem miteinander verbinden.

Das Fazit, das Ar. am Ende des Kapitels mit den Worten zieht: »Folglich ist es auch im Falle solcher Aussagen (d. h. im Falle von Aussagen, deren Subjekt oder deren Prädikat nichts Einheitliches bedeutet) nicht notwendig, daß das eine Glied einer Kontradiktion wahr und das andere falsch ist« (18 a 26f.), stützt sich vermutlich auf die Überlegung, daß beispielsweise von den beiden Aussagen »Kein Mantel ist weiß« und »Irgendein Mantel ist weiß« dann, wenn mit der ersten gemeint ist, daß kein Pferd und kein Mensch weiß ist, und mit der zweiten, daß irgendein Pferd und irgendein Mensch weiß sind, weder die eine noch die andere wahr sein muß, da es ja der Fall sein kann, daß irgendein Pferd, aber kein Mensch weiß ist oder irgendein Mensch, aber kein Pferd (vgl. Ackrill 1963: 132, Geach 1972: 18). Wenn man die beiden Aussagen in dem angegebenen Sinne versteht, bilden sie allerdings nur zum Schein ein kontradiktorisches Aussagenpaar, da der Aussage »Kein Pferd und kein Mensch ist weiß« nicht die Aussage »Irgendein Pferd *und* irgendein Mensch sind weiß« kontradiktorisch entgegengesetzt ist, sondern die Aussage »Irgendein Pferd *oder* irgendein Mensch ist weiß«.

Kapitel 9

18 a 28–33. Für zwei kontradiktorisch entgegengesetzte Aussagen, die sich auf die *Gegenwart* oder die *Vergangenheit* beziehen, gilt, daß jede von ihnen einen der beiden Wahrheitswerte haben, also wahr oder falsch sein muß; und zwar muß, wie im siebten Kapitel bereits ausgeführt wurde, sowohl dann, wenn zwei solche Aussagen etwas Allgemeines in allgemeiner Weise zum Gegenstand haben, als auch dann, wenn sie etwas Einzelnes zum Gegenstand haben – d. h. sowohl dann, wenn die eine von ihnen eine *universelle* und die andere ein *partikuläre* Aussage ist, als auch dann, wenn sie beide *singuläre* Aussagen sind –, stets die eine von ihnen wahr und die andere falsch sein, während es, wie ebenfalls im siebten Kapitel ausgeführt wurde, dann, wenn sie etwas Allgemeines nicht in allgemeiner Weise zum Gegenstand haben – d. h. dann, wenn sie beide *indefinite* Aussagen sind –, nicht der Fall sein muß, daß sie verschiedene Wahrheitswerte haben. Daß »es sich bei Einzelnem, das noch bevorsteht, (mit den Aussagen) nicht so verhält« (18 a 33), kann unter diesen Umständen nur heißen, daß für zwei kontradiktorisch entgegengesetzte *singuläre* Aussagen, die sich auf die *Zukunft* beziehen, nicht gilt, daß sie überhaupt wahr oder falsch sein müssen. Mit Rücksicht auf sie ist also das in der modernen Logik so genannte Bivalenzprinzip, dem zufolge jede Aussage einen der beiden Wahrheitswerte haben muß, einzuschränken (vgl. Ackrill 1963: 133f.; zum neunten Kapitel insgesamt vgl. Weidemann 2012: 85–93, 2013: 73–82, 2014b: 223–328).

18 a 34 – b 5. Da es seiner Meinung nach kontradiktorische Aussagenpaare gibt, deren Glieder denselben Wahrheitswert haben können, glaubt Ar. zeigen zu müssen, daß diese Möglichkeit bei kontradiktorischen Paaren singulärer Aussagen auch dann nicht besteht, wenn sie sich auf die Zukunft beziehen, daß für die Glieder solcher Aussagenpaare also in jedem Fall gilt, daß sie, wenn sie einen Wahrheitswert haben, verschiedene Wahrheitswerte haben müssen. (Daß Ar. im vorliegenden Abschnitt nicht mehr und nicht weniger zeigen will als dies, ist immer wieder verkannt worden. Eines der jüngsten Beispiele für die verbreitete Fehldeutung dieses Abschnitts ist die von R. E. Jones vorgelegte Interpretation, die auch den vorangehenden Abschnitt mißdeutet [vgl. Jones 2010: 52f.].) Das Argument, das Ar. im vorliegenden Abschnitt vorbringt, läßt sich in die folgenden Schritte gliedern:

(1) Was in einer wahren Aussage ausgesagt wird, trifft zu, und was in einer falschen Aussage ausgesagt wird, trifft nicht zu (vgl. 18 a 34f.).

(2) Was in zwei kontradiktorisch entgegengesetzten singulären Aussagen ausgesagt wird, »kann nicht beides zugleich zutreffen« (18 a 38f.).

(3) Von zwei Aussagen dieser Art kann daher nur

eine wahr sein, so daß unter der Voraussetzung, daß überhaupt eine von ihnen wahr ist, entweder die eine oder die andere von ihnen wahr sein muß (vgl. 18 a 35–37, 18 a 39 – b 2).

(4) Diejenige, die nicht wahr ist, weil das, was in ihr ausgesagt wird, nicht zutrifft, muß dann, wenn jede Aussage wahr oder falsch ist, falsch sein (vgl. 18 b 2f.).

(5) Diejenige, die wahr ist, kann deshalb, weil das, was in ihr ausgesagt wird, zutrifft, nicht ebenfalls falsch sein (vgl. 18 b 3). (Die Kontrapositionsregel erlaubt es, von dem Satz »Wenn die Aussage, die man macht, falsch ist, trifft das, was man aussagt, nicht zu« auf den Satz »Wenn das, was man aussagt, zutrifft, ist die Aussage, die man macht, nicht falsch« zu schließen.)

(6) Unter der in (3) genannten Voraussetzung muß also dann, wenn jede Aussage wahr oder falsch ist, von zwei kontradiktorisch entgegengesetzten singulären Aussagen die eine wahr und die andere falsch sein (vgl. 18 b 4f.).

Dieses Argument ist zwar logisch korrekt, hat aber einen kleinen Schönheitsfehler, nämlich den, daß Ar. stillschweigend voraussetzt, daß dann, wenn jede Aussage wahr oder falsch ist, das Bivalenzprinzip also uneingeschränkt gültig ist, von zwei kontradiktorisch entgegengesetzten singulären Aussagen mindestens eine wahr ist. Er hätte sein Beweisziel auch erreichen können, ohne von dieser Voraussetzung auszugehen, wenn er als zweite Prämisse seines Arguments statt der These, daß das, was in zwei kontradiktorisch entgegengesetzten singulären Aussagen ausgesagt wird, nicht beides zugleich zutreffen kann, die stärkere These benutzt hätte, daß das, was in zwei solchen Aussagen ausgesagt wird, weder beides zugleich zutreffen noch beides zugleich nicht zutreffen kann. Dann hätte er nämlich argumentieren können, daß zwei solche Aussagen weder beide wahr noch beide falsch sein können, so daß dann, wenn jede Aussage wahr oder falsch ist, von zwei solchen Aussagen die eine wahr und die andere falsch sein muß.

18 b 5–9. Fügt man das, was Ar. unausgesprochen läßt, aber offenbar mit hinzugedacht wissen will, ausdrücklich hinzu, so kann man das Argument, das er in diesem Abschnitt vorbringt, folgendermaßen wiedergeben:

Wenn für alle kontradiktorischen Paare singulärer Aussagen, also auch für diejenigen, die sich auf die Zukunft beziehen, gilt, daß das eine ihrer beiden Glieder wahr und das andere falsch ist, gilt für alle Ereignisse, die jetzt oder in Zukunft eintreten, daß sie mit Notwendigkeit eintreten, und für alle Ereignisse, die jetzt oder in Zukunft ausbleiben, daß sie mit Notwendigkeit ausbleiben. Denn wenn ein Ereignis nicht mit Notwendigkeit eintritt oder nicht mit Notwendigkeit ausbleibt, ist es entweder ein Ereignis, dessen Eintreten oder dessen Ausbleiben das »bloße Ergebnis eines (glücklichen oder unglücklichen) Zufalls« (18 b 5) ist, also ein Ereignis, das mit größerer Wahrscheinlichkeit ausbleibt als eintritt bzw. mit größerer Wahrscheinlichkeit eintritt als ausbleibt, oder ein Ereignis, das eintritt oder ausbleibt, »wie es sich gerade trifft« (18 b 6–8), also ein Ereignis, dessen Eintreten ebenso wahrscheinlich ist wie sein Ausbleiben. In jedem Fall ist es aber ein Ereignis, das zu einem bestimmten Zeitpunkt sowohl eintreten als auch ausbleiben kann, für das es also vor diesem Zeitpunkt sowohl möglich ist, daß es zu ihm eintreten wird, als auch möglich, daß es zu ihm ausbleiben wird. Daß beides für es möglich ist, ist aber ausgeschlossen, wenn entweder die Aussage, daß es zu dem fraglichen Zeitpunkt eintreten wird, wahr und die Aussage, daß es zu diesem Zeitpunkt ausbleiben wird, falsch ist oder diese Aussage wahr und jene falsch.

18 b 9–16. Um das, was das im vorangehenden Abschnitt vorgebrachte Argument zeigen soll, zu stützen, bringt Ar. in diesem Abschnitt ein weiteres Argument vor:

Wenn für jedes kontradiktorische Paar singulärer Aussagen gilt, daß das eine seiner beiden Glieder wahr und das andere falsch ist, gilt für jedes Ereignis, das irgendwann einmal eintrat, für jedes Ereignis, das gerade eintritt, und für jedes Ereignis, das irgendwann einmal eintreten wird, daß vor dem Zeitpunkt seines Eintretens die Aussage, es werde zu diesem Zeitpunkt eintreten, schon immer wahr war. Für ein Ereignis, bei dem dies der Fall ist, war es aber vor dem Zeitpunkt seines Eintretens schon immer unmöglich, daß es zu diesem Zeitpunkt ausbleiben würde, und damit schon immer notwendig, daß es zu diesem Zeitpunkt eintreten würde.

Beide Argumente beruhen auf der Annahme, daß die Wahrheit einer auf einen zukünftigen Zeitpunkt bezogenen Aussage mit der Möglichkeit, daß das, wovon sie behauptet, es werde zu diesem Zeitpunkt der Fall sein, zu diesem Zeitpunkt nicht der Fall sein wird, unverträglich ist und daher die Notwendigkeit impliziert, daß es zu diesem Zeitpunkt der Fall sein wird. Da Ar. es nicht für nötig hält, diese Annahme zu rechtfertigen, scheint es für ihn unmittelbar einleuchtend zu sein, daß sie richtig ist. Ein moderner Leser, der von ihrer Richtigkeit nicht ohne weiteres überzeugt ist, kann sich durch folgende Überlegung klarmachen, weshalb Ar. sie für richtig hält: Wenn für die zukünftige Entwicklung der Welt gegenwärtig mehrere mögliche Wege offenstehen, kann eine auf einen zukünftigen Zeitpunkt *t* bezogene Aussage *p*/*t* gegenwärtig nur dann wahr sein, wenn es unabhängig davon, auf welchem Weg die zukünftige Entwicklung der Welt tatsächlich vor sich gehen wird, zum Zeitpunkt *t* der Fall sein wird, daß *p*, also nur dann, wenn daran, daß dies zu diesem Zeitpunkt der Fall sein wird, sozusagen kein Weg vorbeiführt. Denn wenn es je nachdem, auf welchem Weg die Welt sich weiterentwickeln wird, zum Zeitpunkt *t* der Fall oder nicht der Fall sein wird, daß *p*, befindet sich die Welt gegenwärtig in einem Zustand, der die Aussage *p*/*t* weder wahr noch falsch machen kann.

Diese Überlegung macht die fragliche Annahme zwar verständlich, aber nicht unabweislich, denn sie fordert zu folgendem Einwand heraus: Selbst wenn die Welt sich gegenwärtig nicht in einem Zustand befindet, der die Aussage *p*/*t* wahr oder falsch machen könnte, wird sie sich doch spätestens zum Zeitpunkt *t* entweder in einem Zustand befinden, der diese Aussage wahr macht, oder in einem Zustand, der sie falsch macht. Die fragliche Aussage hat daher bereits in der Gegenwart einen Wahrheitswert, der ihr sozusagen rückwirkend aufgrund dessen zukommt, daß sie sich spätestens zu dem Zeitpunkt, auf den sie sich bezieht, entweder bewahrheiten oder als falsch erweisen wird. Es liegt auf der Hand, daß jemand, der diesen Einwand erhebt, die Wahrheit der Aussage *p*/*t* an eine sehr viel schwächere Bedingung knüpft als jemand, der die Überlegung anstellt, gegen die sich dieser Einwand richtet, daß er ihre

Wahrheit nämlich nicht, wie es jener Überlegung entspräche, an die Bedingung knüpft, daß es bereits in der Gegenwart feststeht und somit unausweichlich ist, daß es zum Zeitpunkt *t* der Fall sein wird, daß *p*, sondern lediglich an die Bedingung, daß es zum Zeitpunkt *t* tatsächlich der Fall sein wird, daß *p*.

Was Ar. betrifft, so war es offenbar eine Selbstverständlichkeit für ihn, sich an dem starken Wahrheitsbegriff zu orientieren, den jene Überlegung voraussetzt. Daß der schwache Wahrheitsbegriff, auf den sich der fragliche Einwand stützt, völlig außerhalb seines Gesichtskreises lag, ist deshalb nicht verwunderlich, weil dieser Wahrheitsbegriff nach allem, was wir wissen, erst im zweiten vorchristlichen Jahrhundert aufkam. Als eine Erfindung der Neuen Akademie trat er im Zeitalter des Hellenismus in Konkurrenz zu dem starken Aristotelischen Wahrheitsbegriff, an dem die Stoiker und die Epikureer unbeirrt festhielten. Unter dem Einfluß des Neuakademikers Karneades verteidigte ihn Cicero in seiner Schrift über das Fatum gegen Epikur und den Stoiker Chrysipp, und im späten Mittelalter gab ihm Wilhelm von Ockham als demjenigen Wahrheitsbegriff, der seiner Meinung nach der zu begreifenden Sache allein angemessen ist, ausdrücklich vor dem Aristotelischen den Vorzug. (Wie der legendäre Dr. Brown aus dem Film »Zurück in die Zukunft« mit Hilfe der von ihm erfundenen Zeitmaschine auf Rädern das, was einmal zukünftig war, aber jetzt nicht mehr zukünftig ist, als etwas noch jetzt Zukünftiges zurückzuholen versucht, so versuchen Neuakademiker und Ockhamisten – sozusagen nach dem Motto »Vor in die Vergangenheit« – mit Hilfe der semantischen Zeitmaschine ihres schwachen

Wahrheitsbegriffs das, was einmal vergangen sein wird, aber jetzt noch nicht vergangen ist, als etwas schon jetzt Vergangenes vorwegzunehmen, es also gewissermaßen vom Ende der Zeit her zu betrachten, was Ar. nie in den Sinn gekommen wäre.)

Man kann diesen schwachen Wahrheitsbegriff als einen Vorläufer des modernen Wahrheitsbegriffs ansehen, den Gottlob Frege als den Begriff eines nicht an die Zeit gebundenen, sondern überzeitlichen oder zeitlosen Wahrseins bestimmt (vgl. Frege 1918: 76 [1990: 361]). Denn die Rede davon, daß eine Aussage schon jetzt wahr ist oder daß sie schon immer wahr war, ist ja, wenn mit »wahr« soviel gemeint ist wie »im schwachen Sinne wahr«, nur eine irreführende Ausdrucksweise dafür, daß die betreffende Aussage im Sinne dieses modernen Wahrheitsbegriffs zeitlos wahr ist. Daß, um das berühmte Aristotelische Beispiel aufzugreifen, die Aussage »Morgen wird eine Seeschlacht stattfinden« in dem Sinne schon heute wahr oder falsch ist, daß entweder das morgige Stattfinden einer Seeschlacht eine schon heute wahr gewesene oder das morgige Nicht-Stattfinden einer Seeschlacht eine schon heute falsch gewesene Aussage aus ihr machen wird, heißt im Grunde genommen nichts anderes, als daß diese Aussage zeitlos wahr oder falsch ist und damit in einem Sinne wahr oder falsch, in dem ihr Wahr- oder Falschsein – im Gegensatz zum Wahr- oder Falschsein einer im starken Sinne wahren oder falschen Aussage – keineswegs impliziert, daß das, was sie aussagt, entweder notwendig oder unmöglich ist.

18 b 16–25. Der Konsequenz, daß es nichts gibt, das »je nachdem, wie es sich gerade trifft, der Fall oder nicht der Fall sein wird« (18 b 23), die man nach Ar. als Vertreter der These, daß jede Aussage einen Wahrheitswert hat, in Kauf nehmen muß, kann man nicht dadurch entgehen, daß man annimmt, es sei möglich, daß die Glieder eines kontradiktorischen Paares singulärer Aussagen beide falsch sind. Denn erstens ist diese Annahme nicht haltbar, da für jedes der beiden Glieder eines solchen Aussagenpaares gilt, daß dann, wenn es falsch ist, das andere wahr sein muß; und zweitens würde diese Annahme selbst dann, wenn sie haltbar wäre, ihren Zweck nicht erfüllen. Wenn nämlich zwei Aussagen, von denen die eine behauptet, ein bestimmtes Ereignis werde morgen eintreten, und die andere, dieses Ereignis werde morgen ausbleiben, beide falsch wären, wäre sowohl das morgige Nicht-Eintreten als auch das morgige Nicht-Ausbleiben dieses Ereignisses notwendig, so daß es morgen nicht je nachdem, wie es sich gerade träfe, eintreten oder ausbleiben würde.

Es besteht der begründete Verdacht, daß nicht nur, was D. Frede »für ziemlich wahrscheinlich« hält, »der größte Teil dieses Abschnitts nicht von Aristoteles stammt« (1970: 89), sondern daß er als ganzer von fremder Hand hinzugefügt wurde.

18 b 26–36. Mit dem Hinweis auf die »absurden Konsequenzen« (18 b 26), die sich ergeben würden, wenn von den beiden Gliedern eines jeden kontradiktorischen Paares singulärer Aussagen das eine wahr und das andere falsch sein müßte – die Erwähnung derjenigen kontradiktorischen Aussagenpaare, die »etwas Allgemeines zum Gegenstand haben, das in allgemeiner Weise angesprochen wird« (18 b 27f.), wäre hier entbehrlich gewesen –, bezieht sich Ar. über den möglicherweise nicht von ihm selbst stammenden Abschnitt 18 b 16–25 hinweg auf die beiden Abschnitte 18 b 5–9 und 18 b 9–16 zurück, in denen er diese Konsequenzen aufgezeigt hat. Genaugenommen handelt es sich bei diesen Konsequenzen nur um eine einzige, die darin besteht, daß zu keinem Zeitpunkt irgend etwas geschieht, das zu ihm auch nicht hätte geschehen können, sondern daß alles, was zu irgendeinem Zeitpunkt geschieht, mit Notwendigkeit zu ihm geschehen mußte. Nach Ar. würde sich nun, wenn dies tatsächlich der Fall wäre, wenn also alles, was geschieht, von jeher determiniert wäre, eine weitere Konsequenz ergeben, nämlich die Konsequenz, daß »wir weder Überlegungen anzustellen noch in der Erwägung tätig zu sein bräuchten, es werde, wenn wir das und das tun, das und das der Fall sein, wenn wir es aber nicht tun, nicht« (18 b 31–33).

Wenn Ar. unter Berufung auf diese Konsequenz die deterministische Auffassung, aus der sie sich seiner Meinung nach ergibt, und damit auch die These der uneingeschränkten Gültigkeit des Bivalenzprinzips, die seiner Meinung nach wiederum jene deterministische Auffassung nach sich zieht, als unhaltbar zu erweisen versucht, so scheint er auf den ersten Blick das sogenannte Faulheits- oder Untätigkeitsargument vorwegzunehmen, mit dem man, wie uns Cicero in seiner Schrift *De fato* berichtet, die stoische Lehre von der alles Geschehen determinierenden Macht des Schicksals *ad absurdum* zu führen versuchte (vgl. Cicero, *De fato* XII 28–29). Diesem Argument zufolge kann beispielsweise ein Kranker, da ja angeblich entweder seine Genesung oder die Fortdauer seiner Krankheit vom Schicksal bestimmt ist, getrost darauf verzichten, einen Arzt zu

Hilfe zu rufen. Der Stoiker Chrysipp erhob gegen dieses Argument, um seine deterministische Weltanschauung gegen es zu verteidigen, den berechtigten Einwand, daß die Determiniertheit aller Geschehnisse durch das Fatum es für einen Kranken keineswegs überflüssig mache, ärztliche Hilfe in Anspruch zu nehmen, da in dem Falle, in dem er gesund werde, weil er sich von einem Arzt helfen lasse, seine Inanspruchnahme ärztlicher Hilfe ebenso vom Schicksal bestimmt sei wie seine Genesung, da in diesem Falle also beides »konfatal« sei (vgl. Cicero, *De fato* XIII 30).

Wie dieses Gegenargument zeigt, braucht ein Determinist, der seine Auffassung konsequent vertritt, durchaus nicht zu bestreiten, daß der Mensch durch das, was er tut, auf den Lauf der Dinge Einfluß nehmen und die Zukunft mitgestalten kann. Vermutlich will Ar. dem fiktiven Deterministen, mit dem er sich in *De int.* 9 auseinandersetzt, aber auch gar nicht unterstellen, daß er dies bestreitet. Denn was man seiner Meinung nach in Kauf nehmen müßte, wenn alles, was geschieht, mit einer schon immer bestehenden Notwendigkeit geschähe, ist wohl kaum die Konsequenz, daß es dann zwischen dem, was der Mensch tut, und dem, was in der Welt geschieht, keinerlei kausale Verknüpfung gäbe, sondern die Konsequenz, daß der Mensch dann für das, was er durch sein überlegtes Handeln bewirkt, nicht in der Weise die Ursache wäre, in der er sich als die Ursache für die Folgen seines überlegten Handelns erlebt und empfindet, nämlich nicht in der Weise, daß er *frei* handeln würde.

Diese Deutung wird jedenfalls durch die Stelle nahegelegt, an der Ar. im übernächsten Abschnitt unter Berufung auf unsere alltägliche Erfahrung feststellt: »Wir sehen doch, daß es für das, was in Zukunft sein wird, sowohl in unseren Überlegungen als auch in unserem Handeln einen Ursprung gibt« (19 a 7–9). Es ist wohl kaum die Ursächlichkeit des überlegten menschlichen Handelns als solche, die Ar. mit diesen Worten verteidigen will, sondern vielmehr die Eigenart dieser Ursächlichkeit, die darin besteht, daß das, was durch das überlegte Handeln des Menschen geschieht, im Menschen ein Prinzip hat, das sich auf kein außerhalb des Menschen liegendes, ursprünglicheres Prinzip zurückführen läßt, das der Mensch für sein Handeln verantwortlich machen könnte. In der *Nikomachischen Ethik* weist Ar. darauf hin, daß der Mensch ebenso, wie er der Vater seiner Kinder ist, auch der Urheber seiner Handlungen ist (vgl. *EN* III 7, 1113 b 17–19), so daß wir diese, wie er wörtlich sagt, »auf keine anderen Prinzipien zurückführen können als auf solche, die in uns selbst liegen« (1113 b 19f.; Übersetzung: H. W.).

Ein prominenter moderner Kritiker der These, »daß ein durchgängiger Determinismus mit unserer Handlungsfreiheit unverträglich sei«, artikuliert eine verbreitete Meinung, wenn er erklärt, gegen diese These lasse »sich einwenden, daß wir insofern frei und verantwortlich sind, als wir tun, wofür wir uns *entscheiden*; ob dann unsere Entscheidungen ihrerseits durch vorausliegende Ursachen determiniert sind oder nicht, steht gar nicht zur Debatte« (Quine 1995: 127). Als der Inkompatibilist, der er, auch wenn dies nicht allgemein anerkannt ist, offenbar war (vgl. hierzu Weidemann 2008), hätte Ar. diesem Einwand vermutlich entgegengehalten, daß die Freiheit unseres Handelns mit der Freiheit der Entscheidungen, die unser Handeln bestimmen, steht und fällt.

18 b 36 – 19 a 6. Das zukünftige Eintreten eines Ereignisses, von dem schon immer wahrheitsgemäß behauptet werden konnte, daß es eintreten werde, war unabhängig davon schon immer notwendig, ob die Behauptung, daß es eintreten werde, irgendwann von irgendwem aufgestellt wurde oder nicht. Nicht das Aufstellen einer wahren Behauptung über die Zukunft hat die Notwendigkeit dessen zur Folge, was mit ihr von der Zukunft behauptet wird, sondern einzig und allein ihr Wahrsein.

19 a 7–22. Die Folgen, die es hätte, wenn das Bivalenzprinzip uneingeschränkt gültig wäre, sind deshalb »absurd« (18 b 26) und »unmöglich« (19 a 7), weil sie der Erfahrung widersprechen, die wir als überlegt handelnde Wesen mit uns selbst und der Welt, in der wir leben, tagtäglich machen, nämlich der Erfahrung, daß wir die Welt durch unser überlegtes Handeln in der einen oder der anderen von mehreren möglichen Weisen verändern können, indem wir uns für die Verwirklichung einer bestimmten Möglichkeit und gegen die Verwirklichung der mit ihr konkurrierenden anderen Möglichkeiten entscheiden.

Mit der Rede davon, daß in dem Falle, in dem etwas »je nachdem, wie es sich gerade trifft, geschieht oder nicht geschieht«, »die bejahende Aussage um nichts eher wahr ist als die verneinende« (19 a 19f.), ist gemeint, daß sich in diesem Falle zu dem Zeitpunkt, auf den die beiden Aussagen sich beziehen, die verneinende mit einer ebenso großen Wahrscheinlichkeit bewahrheiten wird wie die bejahende.

19 a 23–32. Wie Ar. am Anfang des folgenden Abschnitts feststellt, »verhält es sich mit dem Wahrsein der Sätze in derselben Weise wie mit den Dingen« (19 a 33). Diese Feststellung ist offenbar in dem Sinne zu verstehen, daß die Aussagesätze dem Bestehen oder Nicht-Bestehen der in ihnen ausgesagten Sachverhalte entsprechend wahr oder falsch sind. Um die Frage beantworten zu können, wie es sich im Falle der auf die Zukunft bezogenen Aussagesätze mit deren Wahr- oder Falschsein verhält, muß Ar. daher klären, in welcher Weise die Sachverhalte, die in diesen Sätzen ausgesagt werden, bestehen oder nicht bestehen. Um dies zu klären, nimmt er im vorliegenden Abschnitt zunächst (19 a 23–28) eine das Bestehen oder Nicht-Bestehen eines Sachverhalts betreffende Unterscheidung vor und zieht anschließend (19 a 28–32) aus dieser Unterscheidung eine Folgerung.

Was sein Bestehen oder Nicht-Bestehen betrifft, gilt für einen Sachverhalt zwar in jedem Fall, daß es, wenn er zu einem bestimmten Zeitpunkt besteht, zu diesem Zeitpunkt notwendig ist, daß er zu ihm besteht, und daß es, wenn er zu einem bestimmten Zeitpunkt nicht besteht, zu diesem Zeitpunkt notwendig ist, daß er zu ihm nicht besteht, aber nicht in jedem Fall, daß dann, wenn er zu einem bestimmten Zeitpunkt besteht, sein Bestehen und dann, wenn er zu einem bestimmten Zeitpunkt nicht besteht, sein Nicht-Bestehen zu diesem Zeitpunkt »schlechthin« (d. h. unabhängig von diesem Zeitpunkt) notwendig wäre, daß es dann also schon immer notwendig gewesen wäre, daß er zu diesem Zeitpunkt bestehen bzw. nicht bestehen würde. Ebenso gilt für einen Sachverhalt – dies auszuformulieren überläßt Ar., der sich mit dem Hinweis darauf begnügt, daß das zuvor Gesagte auch »für die (Glieder einer) Kontradiktion gilt« (19 a 27f.), dem Leser – zwar in jedem Fall, daß es zu einem beliebigen Zeitpunkt entweder notwendig ist, daß er zu diesem Zeitpunkt besteht, oder notwendig, daß er zu diesem Zeitpunkt nicht besteht, aber nicht in jedem Fall, daß er zu einem beliebigen Zeitpunkt entweder mit einer »schlechthinnigen« (d. h. von diesem Zeitpunkt unabhängigen) Notwendigkeit bestünde oder mit einer solchen Notwendigkeit nicht bestünde.

Hieraus zieht Ar. die Folgerung – die folgernde Partikel δή (»somit«), die man im Text vermißt, kann vor dem Wort ἤ (»oder«), vor dem sie gestanden haben muß, leicht ausgefallen sein –, daß für einen Sachverhalt zwar in jedem Fall gilt, daß es vor einem beliebigen Zeitpunkt schon immer notwendig war, daß er zu diesem Zeitpunkt entweder bestehen oder nicht bestehen würde, aber nicht in jedem Fall, daß es vor einem beliebigen Zeitpunkt entweder schon immer notwendig gewesen wäre, daß er zu ihm bestehen würde, oder schon immer notwendig, daß er zu ihm nicht bestehen würde. So war es beispielsweise vor dem Tag, an dem die Schlacht bei Salamis stattfand – auf dieses historische Ereignis spielt Ar. vermutlich an –, zwar schon immer notwendig, daß an diesem Tag bei Salamis eine Seeschlacht entweder stattfinden oder nicht stattfinden würde, aber es war vor diesem Tag weder schon immer notwendig, daß an ihm bei Salamis eine Seeschlacht stattfinden würde, noch schon immer notwendig, daß an ihm bei Salamis keine Seeschlacht stattfinden würde.

19 a 32–39. Daraus, daß für das Bestehen oder Nicht-Bestehen eines Sachverhalts das im vorangehenden Abschnitt Gesagte gilt, ergibt sich für das Wahr- oder Falschsein eines auf einen zukünftigen Zeitpunkt bezogenen Aussagesatzes – genauer gesagt: für das Wahr- oder Falschsein der Aussage, die mit einem solchen Satz gemacht wird – folgendes:

Ist der in einem solchen Satz ausgesagte Sachverhalt von der Art, daß es vor dem fraglichen Zeitpunkt weder schon immer notwendig war, daß er zu diesem Zeitpunkt bestehen würde, noch schon immer notwendig, daß er zu diesem Zeitpunkt nicht bestehen würde, ist er also von der Art, daß irgendwann vor diesem Zeitpunkt sein zukünftiges Bestehen noch ebensogut möglich war wie sein zukünftiges Nicht-Bestehen, so war es vor diesem Zeitpunkt zwar schon immer notwendig, daß spätestens zu ihm entweder die mit dem betreffenden Satz gemachte Aussage wahr und die mit dem ihm kontradiktorisch entgegengesetzten Satz gemachte Aussage falsch sein würde oder umgekehrt, aber es stand vor diesem Zeitpunkt nicht schon immer fest, welche der beiden Aussagen einmal welchen Wahrheitswert haben würde, und zwar auch dann nicht, wenn für die eine der beiden Aussagen die Wahrscheinlichkeit, daß sie einmal wahr sein würde, größer und damit die Wahrscheinlichkeit, daß sie einmal falsch sein würde, kleiner war als für die andere. Jedenfalls war vor dem fraglichen Zeitpunkt nicht schon immer die eine der beiden Aussagen wahr und die andere falsch. (Dies sagt Ar. zwar nicht ausdrücklich – mit den Worten »... ohne daß sie jedoch deshalb schon wahr oder falsch sein müßte« [19 a 39] deutet er es bestenfalls an –; was er sagt, läßt jedoch darauf schließen, daß er es meint.)

Obwohl Ar. am Anfang des vorliegenden Abschnitts von »Sätzen« (λόγοι: 19 a 33) spricht, sind unter den Kontradiktionsgliedern, von denen er sagt, es müsse zwar eines von ihnen wahr sein oder falsch, aber nicht dieses oder jenes bestimmte, sondern je nachdem, wie es sich gerade trifft, das eine oder das andere (vgl. 19 a 36–38), nicht kontradiktorisch entgegengesetzte Aussage*sätze* zu verstehen, sondern die kontradiktorisch entgegengesetzten *Aussagen*, die man mit solchen Sätzen unter den Umständen, unter denen man sie äußert, macht. Denn was im Falle des von ihm angeführten Beispiels nicht schon immer wahr oder falsch war, aber spätestens morgen wahr oder falsch sein wird, ist nicht der Satz »Morgen wird eine Seeschlacht stattfinden«, sondern die Aussage, die man mit der Äußerung dieses Satzes zwar heute machen kann, die man aber, wenn man sie gestern hätte machen wollen, mit der Äußerung des Satzes »Übermorgen wird eine Seeschlacht stattfinden« hätte machen müssen und die man, wenn man sie morgen machen will, mit der Äußerung des Satzes »Heute findet eine Seeschlacht statt« machen muß.

In der Regel meint Ar., wenn er von bejahenden oder verneinenden Aussagen oder von den Gliedern eines kontradiktorischen Aussagenpaares spricht, Aussage*sätze*. Der vorliegende Abschnitt und die Stelle 19 a 19f., an der davon die Rede ist, daß »die bejahende Aussage um nichts eher wahr ist als die verneinende« (19 a 19f.), sind offenbar Ausnahmen von dieser Regel. Zwischen einem Aussage*satz* und der mit ihm unter den Umständen, unter denen er geäußert wird, gemachten *Aussage* genau zu unterscheiden hat Ar. versäumt.

19 a 39 – b 4. Mit der abschließenden Feststellung, daß »nicht notwendigerweise für jede bejahende und die ihr (kontradiktorisch) entgegengesetzte verneinende Aussage gilt, daß die eine von ihnen wahr und die andere falsch ist« (19 b 1f.), formuliert Ar. strenggenommen nicht den letzten, sondern nur den vorletzten Schritt seiner Argumentation; denn deren Ziel war es ja, zu zeigen, daß nicht notwendigerweise für jedes kontradiktorische Aussagenpaar gilt, daß seine Glieder überhaupt wahr oder falsch sind. Da sich seine Argumentation jedoch auf Paare kontradiktorisch entgegengesetzter *singulärer* Aussagen bezieht, deren Glieder, wie er ausführlich dargelegt hat, nur unter der Voraussetzung, daß sie die beiden Wahrheitswerte unter sich aufteilen, wahr oder falsch sein können, läßt sich der fehlende letzte Argumentationsschritt so leicht ergänzen, daß er es sich ersparen konnte, ihn ausdrücklich zu formulieren. (Für Ar. ist nicht etwa, wie Jones unterstellt [vgl. 2010: 55–58], die Ungültigkeit des Prinzips, daß jede auf die Zukunft bezogene singuläre Aussage wahr oder falsch ist, eine Erklärung für die Ungültigkeit des Prinzips, daß die Glieder eines jeden kontradiktorischen Paares auf die Zukunft bezogener singulärer Aussagen die beiden Wahrheitswerte unter sich aufteilen, sondern für ihn ist gerade umgekehrt die Ungültigkeit des zuletzt genannten Prinzips eine Erklärung für die Ungültigkeit des zuerst genannten.)

Die Einschränkung des Bivalenzprinzips, zu der sich Ar. im vorliegenden Kapitel gezwungen sieht – jedenfalls nach der traditionellen Interpretation dieses Kapitels, die mit einer Reihe anderer Interpretationen konkurriert –, ist keineswegs unvereinbar damit, daß dem vierten Kapitel zufolge »nicht jedes« Wortgefüge ein Behauptungssatz ist, »sondern nur eines, dem es zukommt, wahr oder falsch zu sein« (17 a 3). Denn im Unterschied zu einem Wunschsatz beispielsweise oder einem Befehlssatz ist ein zukunftsbezogener Behauptungssatz, mit dem etwas behauptet wird, das in Zukunft sowohl der Fall sein als auch nicht der Fall sein kann, nach seiner Auffassung ja nicht in dem Sinne weder wahr noch falsch, daß er mit Wahrheit und Falschheit überhaupt nichts zu tun hätte, sondern lediglich in dem Sinne, daß die mit ihm aufgestellte Behauptung vorläufig noch nicht wahr oder falsch ist. Wahr oder falsch zu sein kommt einem solchen Satz in dem Sinne zu, daß spätestens zu dem Zeitpunkt, auf den er sich bezieht, die mit ihm aufgestellte Behauptung wahr oder falsch sein wird.

Kapitel 10

19 b 5–19. In diesem Abschnitt kommt Ar. auf das zurück, was er bereits in den Kapiteln 2–5 über das Nennwort und das Aussagewort als die beiden unverzichtbaren Bestandteile eines einfachen Aussage- oder Behauptungssatzes ausgeführt hat, wobei er besonders hervorhebt, daß anstelle eines gewöhnlichen Nennworts auch ein von ihm so genanntes »unbestimmtes Nennwort« (19 b 8f. 11f.) das Subjekt eines solchen Satzes bilden kann. Ausdrücklich zu erwähnen, daß Entsprechendes auch für das Prädikat eines solchen Satzes gilt, daß in einem solchen Satz also auch ein »unbestimmtes Aussagewort« (19 b 10) an die Stelle eines gewöhnlichen treten kann, hat Ar. unterlassen.

Einfache Aussagesätze, in denen entweder ein unbestimmtes Nennwort als Subjekt oder ein unbestimmtes Aussagewort als Prädikat oder sowohl ein unbestimmtes Nennwort als Subjekt als auch ein unbestimmtes Aussagewort als Prädikat fungiert, sind das Thema des vorliegenden Kapitels. Man pflegt solche Aussagesätze als *infinite* Aussagen und Aussagesätze, die ein gewöhnliches Nennwort als Subjekt und ein gewöhnliches Aussagewort als Prädikat enthalten, als *finite* Aussagen zu bezeichnen. Die *infiniten* Aussagen, die sich in die drei Klassen der subjektsinfiniten, der prädikatsinfiniten und der sowohl subjekts- als auch prädikatsinfiniten Aussagen gliedern, dürfen nicht verwechselt werden mit den *indefiniten* Aussagen, von denen im siebten Kapitel die Rede ist. *Infinit* ist eine Aussage dann, wenn ihr Subjekt oder ihr Prädikat oder sowohl ihr Subjekt als auch ihr Prädikat ein verneinender (d. h. das Wort »nicht« enthaltender) Ausdruck ist, *indefinit* ist eine Aussage hingegen dann, wenn ihr Subjekt ein nicht quantifiziertes (d. h. nicht mit dem Wort »jeder«, dem Wort »kein« oder dem Wort »irgendein« verbundenes) Begriffswort ist. Mit »infinitus« und »indefinitus« hat Boethius die beiden Ausdrücke ἀόριστος und ἀδιόριστος ins Lateinische übersetzt, von denen Ar. den ersten verwendet, um ein verneinendes Nenn- oder Aussagewort als »unbestimmt« zu bezeichnen, und den zweiten, um eine Aussage, in der ein nicht quantifiziertes Begriffswort als Subjekt fungiert, als »indefinit« zu bezeichnen. Zur Bezeichnung von Aussagen, in denen ein unbestimmtes Nenn- oder Aussagewort vorkommt, wurde der erste dieser beiden Ausdrücke erst nach Ar. benutzt. Zum Gebrauch, den Ar. vom zweiten dieser beiden Ausdrücke macht, vgl. *Anal. pr.* I 1, 24 a 17. 19; I 2, 25 a 5.

Am Ende des vorliegenden Abschnitts beginnt Ar. damit, verschiedene Paare kontradiktorisch entgegengesetzter infiniter Aussagen den ihnen entsprechenden finiten Aussagenpaaren gegenüberzustellen, womit er in den folgenden Abschnitten fortfährt. Die beiden infiniten Aussagenpaare, die er im vorliegenden Abschnitt als Beispiele anführt, sind Paare *subjekts*infiniter Aussagen, in denen das Wort »ist« als Existenzprädikat verwendet wird. Das erste Paar besteht aus einer *indefinit*-bejahenden und einer *indefinit*-verneinenden Aussage (»[Ein] Nicht-Mensch ist« – »[Ein] Nicht-Mensch ist nicht«: 19 b 16), das zweite aus einer *universell*-bejahenden und einer *partikulär*-verneinenden Aussage (»Jeder Nicht-Mensch ist« – »Nicht jeder Nicht-Mensch ist«: 19 b 17f.).

Unter der Zeit, die ein Wort seiner »obigen Festsetzung gemäß« (19 b 14) mit hinzubedeuten muß, um als Aussagewort zu gelten, will Ar. im vorliegenden Kapitel nicht mehr, wie im dritten Kapitel, in dem er diese Festsetzung getroffen hat, nur die gegenwärtige Zeit verstanden wissen, sondern er schließt die zukünftige und die vergangene Zeit jetzt ausdrücklich mit ein. »Wird sein« und »war« sind ebenso Aussagewörter wie »ist« und »entsteht« (vgl. 19 b 13).

19 b 19–31. Bei dem infiniten Aussagenpaar, das Ar. in diesem Abschnitt dem ihm entsprechenden finiten Aussagenpaar gegenüberstellt, handelt es sich um ein Paar kontradiktorisch entgegengesetzter *prädikats*infiniter *indefiniter* Aussagen, in denen das Wort »ist« als Kopula verwendet wird (»[Ein] Mensch ist nicht-gerecht« – »[Ein] Mensch ist nicht nicht-gerecht«: 19 b 28f.). Den kopulativen Gebrauch, der von dem Wort »ist« in diesem und dem ihm entsprechenden finiten Aussagenpaar gemacht wird, beschreibt Ar. als einen

Gebrauch dieses Wortes, bei dem es »als Drittes mit hinzuprädiziert wird« (19 b 19f.). Diese Beschreibung erläutert er mit einem Satz, der in der Gestalt, in der er uns überliefert ist, besagt, das Wort »ist« sei in einer Aussage des Typs »(Ein) Mensch ist gerecht« (19 b 20f.) »als drittes Nennwort oder Aussagewort (mit den beiden anderen Wörtern) zusammengefügt« (19 b 21f.).

Angesichts der Tatsache, daß Ar. die Glieder der beiden Aussagenpaare, die er im vorliegenden Abschnitt einander gegenüberstellt, als Aussagen beschreibt, in denen »das Wort ‘ist’ und der Ausdruck ‘ist nicht’ dem Wort ‘gerecht’ und dem Ausdruck ‘nicht-gerecht’ hinzugefügt sind« (19 b 29f.; vgl. 19 b 24–26), liegt die Annahme nahe, daß die überlieferte Gestalt des fraglichen Satzes verderbt ist, daß er nämlich anstelle der Nominative ὄνομα und ῥῆμα ursprünglich die Dative ὀνόματι und ῥήματι enthielt. Wenn diese Annahme, auf der die vorliegende Übersetzung beruht, zutrifft, wird das Wort »ist« in einer Aussage des Typs »(Ein) Mensch ist gerecht« dem fraglichen Satz zufolge nicht in dem Sinne »als Drittes mit hinzuprädiziert«, daß es in einer solchen Aussage *als drittes Nenn- oder Aussagewort* mit den beiden anderen Wörtern zusammengefügt ist, sondern in dem Sinne, daß es in einer solchen Aussage *als etwas Drittes mit dem Nennwort oder dem Aussagewort* zusammengefügt ist, wobei das »oder« offenbar eine berichtigende Funktion hat (»oder vielmehr«).

Daß das Wort »ist« in einer Aussage, in der es als Kopula fungiert, »als Drittes mit hinzuprädiziert wird« (19 b 19f.), heißt also, daß dieses Wort in einer solchen Aussage neben dem als Subjekt fungierenden Nennwort und dem als Prädikatsnomen fungierenden Aussagewort als ein dritter Bestandteil enthalten ist, der zusätzlich zum Aussagewort und zusammen mit ihm von dem durch das Nennwort bezeichneten Gegenstand prädiziert wird, daß es in einer solchen Aussage also neben dem Nenn- und dem Aussagewort als ein drittes Wort vorkommt, das zusammen mit dem Aussagewort das Prädikat bildet.

Von den vier Gliedern der beiden kontradiktorischen Aussagenpaare, die man erhält, wenn man sowohl das bejahende »ist« als auch das verneinende »ist nicht« einerseits mit einem gewöhnlichen Prädikatsnomen und andererseits mit dem entsprechenden unbestimmten Prädikatsnomen verbindet, »verhalten sich zwei zur Bejahung und zur Verneinung hinsichtlich dessen, was (ihr) folgt, wie die privatorischen Aussagen und zwei nicht« (19 b 23f.). Das heißt, daß in den beiden Gliedern des prädikats*infiniten* Paares auf das bejahende »ist« und das verneinende »ist nicht« ebenso wie in den beiden Gliedern eines kontradiktorischen Paares *privatorischer* Aussagen ein verneinender Ausdruck folgt, in den beiden Gliedern des prädikats*finiten* Paares hingegen ein Ausdruck, der nicht verneinend ist. Wie beispielsweise in den beiden Gliedern des *privatorischen* Aussagenpaares »(Ein) Mensch ist ungerecht« – »(Ein) Mensch ist nicht ungerecht« der verneinende Ausdruck »ungerecht« auf »ist« und »ist nicht« folgt, so folgt in den beiden Gliedern des prädikats*infiniten* Aussagenpaares »(Ein) Mensch ist nicht-gerecht« – »(Ein) Mensch ist nicht nicht-gerecht« der verneinende Ausdruck »nicht-gerecht« auf »ist« und »ist nicht«.

Die Bemerkung, die vier Glieder der beiden Aussagenpaare, die im vorliegenden Abschnitt einander gegenübergestellt werden, seien »in der in den *Analytiken* beschriebenen Art und Weise angeordnet« (19 b 31), ist offenbar ein Zusatz von fremder Hand (vgl. Soreth 1972/1988). Denn im letzten Kapitel des ersten Buches der *Ersten Analytik* (*Anal. pr.* I 46), auf das sich diese Bemerkung bezieht, beschreibt Ar. eine Anordnung der von ihm mit den ersten vier Buchstaben des Alphabets bezeichneten vier Prädikate »ist gut« (*A*), »ist nicht gut« (*B*), »ist nicht-gut« (*C*) und »ist nicht nicht-gut« (*D*), die sich von der Art und Weise, in der er die im vorliegenden Abschnitt angeführten vier Aussagen anordnet, deutlich unterscheidet (vgl. *Anal. pr.* I 46, 51 b 36–39). Bezeichnet man diese vier Aussagen ebenfalls mit den Buchstaben *A*, *B*, *C* und *D*, so kann man den Unterschied zwischen den beiden Anordnungen durch die beiden folgenden Diagramme veranschaulichen:

Anal. pr. I 46

(*A*) »ist gut«	(*B*) »ist nicht gut«
(*D*) »ist nicht nicht-gut«	(*C*) »ist nicht-gut«

De int. 10, Diagramm I

(*A*) »(Ein) Mensch ist gerecht«	(*B*) »(Ein) Mensch ist nicht gerecht«
(*C*) »(Ein) Mensch ist nicht-gerecht«	(*D*) »(Ein) Mensch ist nicht nicht-gerecht«

Während im ersten dieser beiden Diagramme das Prädikat *C* unter dem Prädikat *B* und das Prädikat *D* unter dem Prädikat *A* steht (vgl. *Anal. pr.* I 46, 51 b 38f.), steht im zweiten die Aussage *C* unter der Aussage *A* und die Aussage *D* unter der Aussage *B*. (Der Unterschied zwischen der Verneinung des finiten Prädikats »ist *P*« und der Bejahung des infiniten Prädikats »ist nicht-*P*« wird im Griechischen durch eine unterschiedliche Wortstellung zum Ausdruck gebracht.)

Die beiden Diagramme unterscheiden sich nun aber vor allem darin voneinander, daß Ar. mit ihrer Hilfe das Verhältnis der infiniten Prädikate zu den finiten in unterschiedlicher Weise bestimmt. Was das erste betrifft, so erklärt er in *Anal. pr.* I 46, daß zwar auf alles, worauf das Prädikat *C* zutrifft, auch das Prädikat *B* und auf alles, worauf das Prädikat *A* zutrifft, auch das Prädikat *D* zutrifft, daß aber nicht auch das Umgekehrte gilt (vgl. 51 b 41 – 52 a 12). Was hingegen das zweite betrifft, so läßt sich dem folgenden Abschnitt des vorliegenden Kapitels entnehmen, daß er die Aussagen, die sich in ihm diametral gegenüberstehen, für äquivalent hält, daß er also der Ansicht ist, daß nicht nur die Aussage *A* die Aussage *D* und die Aussage *C* die Aussage *B* impliziert, sondern daß auch das Umgekehrte gilt. Der Begriff des infiniten Prädikats ist also im vorliegenden Kapitel ein anderer als in *Anal. pr.* I 46. In *De int.* 10 handelt es sich um den Begriff eines infiniten Prädikats, das in einem *uneingeschränkten* Sinne infinit ist, weil es auf *all* das zutrifft, worauf das entsprechende finite Prädikat nicht zutrifft; in *Anal. pr.* I 46 haben wir es hingegen mit dem Begriff eines infiniten Prädikats zu tun, das in einem *eingeschränkten* Sinne infinit ist, weil es nur auf einen

Teil dessen zutrifft, worauf das entsprechende finite Prädikat nicht zutrifft. Hat ein infinites Prädikat diese eingeschränkte Bedeutung, so kann es Dinge geben, auf die weder es selbst noch das ihm entsprechende finite Prädikat zutrifft (vgl. *Anal. pr.* I 46, 52 a 12–14), also z. B. Dinge, die, wie die Tiere oder die Pflanzen, weder gerecht noch nicht-gerecht sind. Der Unterschied zwischen (a) dem *eingeschränkten* und (b) dem *uneingeschränkten* Begriff des infiniten Prädikats läßt sich folgendermaßen veranschaulichen:

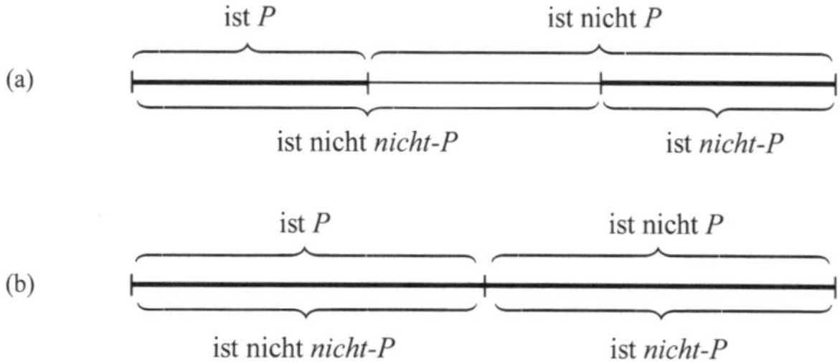

19 b 31–36. Die beiden Aussagenpaare, die Ar. in diesem Abschnitt als Beispiele anführt, hat man sich ebenfalls schematisch angeordnet vorzustellen:

Diagramm II

(*A*) »Jeder Mensch ist gerecht«	(*B*) »Nicht jeder Mensch ist gerecht«
(*C*) »Jeder Mensch ist nicht-gerecht«	(*D*) »Nicht jeder Mensch ist nicht-gerecht«

Mit den vier *definiten* Aussagen des Diagramms II verhält es sich insofern »ebenso« (19 b 31) wie mit den vier *indefiniten* Aussagen des Diagramms I, als auch sie so beschaffen sind, daß zwei von ihnen ein *finites* und zwei ein *infinites* Prädikat haben. Anders verhält es sich mit ihnen jedoch insofern, als die Glieder der beiden diametralen Aussagenpaare *A*–*D* und *C*–*B* in ihrem Falle »nicht in derselben Weise zusammen wahr sein können« (19 b 35f.) wie im Falle der Aussagen des Diagramms I, nämlich nicht in der Weise, daß sie immer, sondern nur in der Weise, daß sie »bisweilen« (19 b 36) zusammen wahr sind. Da im Diagramm II zwar die Aussage *A* die Aussage *D* und die Aussage *C* die Aussage *B* impliziert, aber nicht umgekehrt, sind nur dann, wenn jeder Mensch gerecht ist, *A* und *D* und nur dann, wenn jeder Mensch nicht-gerecht ist, *C* und *B* zusammen wahr. Im Diagramm I hingegen, in dem unter der Voraussetzung, daß das infinite Prädikat »ist nicht-gerecht« eine uneingeschränkte Bedeutung hat, sowohl *A* und *D* als auch *C* und *B* sich wechselseitig implizieren, also äquivalent sind, ist *A* immer dann und nur dann wahr, wenn auch *D* wahr ist, und *C* immer dann und nur dann, wenn auch *B* wahr ist.

Wären in den beiden Diagrammen I und II die beiden Aussagen *C* und *D* in der in *Anal. pr.* I 46 beschriebenen Weise angeordnet, würde also *C* unter *B* und *D* unter *A* stehen, so würden sich die diametralen Aussagenpaare dieser beiden Diagramme nicht in der im vorliegenden Abschnitt beschriebenen Weise voneinander unterscheiden, sondern in der Weise, daß im Falle des Diagramms I die Glieder *beider* diametralen Aussagenpaare zusammen wahr sein könnten, im Falle des Diagramms

II hingegen nur die Glieder *eines* der beiden Paare, nämlich die Glieder des Paares *D–B*, da sich die Glieder des Paares *A–C* ja gegenseitig ausschließen. Daraus, daß Ar. den zwischen den diametralen Aussagenpaaren der beiden Diagramme bestehenden Unterschied so beschreibt, wie er es im vorliegenden Abschnitt tut, geht also deutlich hervor, daß der Verweis auf die *Analytiken* im vorangehenden Abschnitt nicht von ihm stammen kann. Daß dieser Verweis ein späterer Zusatz ist, hat M. Soreth, der Th. Ebert und U. Nortmann in ihrem Kommentar zum ersten Buch der *Ersten Analytik* ausdrücklich zustimmen (vgl. 2007: 881, Anm. 1), überzeugend herausgearbeitet (vgl. Soreth 1972: 405–407 [1988: 170–172]; auf S. 406 [171] ist in Z. 4 von unten »partikulären Sätze« in »indefiniten Sätze« zu verbessern).

19 b 36 – 20 a 3. Die beiden kontradiktorischen Aussagenpaare des Diagramms II sind insofern zwei Paare von derselben Art wie die beiden kontradiktorischen Aussagenpaare des Diagramms I, als in jedem dieser beiden Diagramme die Glieder des ersten Paares zwei *finite* und die Glieder des zweiten Paares zwei *prädikatsinfinite* Aussagen sind, in denen das Wort »ist« als Kopula fungiert. Um Doppelpaare kontradiktorisch entgegengesetzter Aussagen, die sich von Doppelpaaren dieser Art darin unterscheiden, daß die Glieder des ersten Paares jeweils zwei *subjektsinfinite* und die Glieder des zweiten Paares jeweils zwei *subjekts-* und *prädikatsinfinite* Aussagen sind, geht es im vorliegenden Abschnitt. Als Beispiel für ein Doppelpaar dieser anderen Art führt Ar. lediglich zwei kontradiktorische *indefinite* Aussagenpaare an, die das Gegenstück zu den beiden indefiniten Paaren des Diagramms I sind:

Diagramm III

(*A*) »(Ein) Nicht-Mensch ist gerecht«	(*B*) »(Ein) Nicht-Mensch ist nicht gerecht«
(*C*) »(Ein) Nicht-Mensch ist nicht-gerecht«	(*D*) »(Ein) Nicht-Mensch ist nicht nicht-gerecht«

Auf die Anführung der beiden *definiten* Aussagenpaare, die das Gegenstück zu den beiden definiten Paaren des Diagramms II sind, hat Ar. verzichtet.

Mit der Bemerkung, daß die Aussagenpaare der durch das Diagramm III exemplifizierten Art denjenigen der durch die Diagramme I und II exemplifizierten Art »insofern als eine Gruppe für sich gegenüberstehen, als bei ihnen der Ausdruck 'Nicht-Mensch' als Nennwort fungiert« (20 a 2f.), will Ar. wohl nicht nur darauf hinweisen, daß die Glieder dieser Paare im Unterschied zu den Gliedern jener Paare *subjektsinfinite* Aussagen sind, sondern zugleich darauf aufmerksam machen, daß die Glieder dieser Paare von den Gliedern jener Paare aufgrund dessen, daß sie sich in dieser Weise von ihnen unterscheiden, *logisch unabhängig* sind, daß also keine definite oder indefinite Aussage mit einem *infiniten* Subjekt eine definite oder indefinite Aussage mit dem entsprechenden *finiten* Subjekt impliziert oder von ihr impliziert wird.

20 a 3–15. Die Glieder der in diesem Abschnitt behandelten kontradiktorischen Aussagenpaare sind Aussagen, in denen nicht ein mit dem Wort »ist« verbundenes *nominales* Aussagewort wie »gerecht« als Prädikat fungiert, sondern ein Aussagewort, zu dem »das Wort ‘ist’ (als Ergänzung) nicht paßt« (20 a 3), d. h. ein *verbales* Aussagewort wie »gesundet« oder »geht« (20 a 4). Die beiden infiniten Aussagenpaare, die Ar. als Beispiele anführt und den ihnen entsprechenden finiten Aussagenpaaren gegenüberstellt, sind zwei Paare kontradiktorisch entgegengesetzter *subjekts*infiniter Aussagen, von denen das erste aus einer *universell*-bejahenden und einer *partikulär*-verneinenden Aussage (»Jeder Nicht-Mensch gesundet« – »Nicht jeder Nicht-Mensch gesundet«: 20 a 6f.) und das zweite aus einer *indefinit*-bejahenden und einer *indefinit*-verneinenden Aussage (»[Ein] Nicht-Mensch gesundet« – »[Ein] Nicht-Mensch gesundet nicht«: 20 a 11) besteht.

Mit der Bemerkung, man dürfe »nicht ‘Nicht-jeder-Mensch’ sagen«, sondern müsse »die Verneinungspartikel ‘nicht’ zu ‘Mensch’ hinzufügen« (20 a 7–9), da »das Wort ‘jeder’ nicht die Allgemeinheit (von etwas Allgemeinem)« bedeute, »sondern vielmehr, daß (von etwas Allgemeinem) in allgemeiner Weise die Rede ist« (20 a 9f.), will Ar. die Form rechtfertigen, in der er die beiden Glieder des ersten Paares anführt. Das Wort »jeder«, will er sagen, bedeutet in Verbindung mit dem Wort »Mensch« nicht die Allgemeinheit, die dem *Begriff* des Menschen insofern zukommt, als mehrere Gegenstände unter ihn fallen können, sondern die Allgemeinheit, die einer universell-bejahenden *Aussage* über den Begriff des Menschen insofern zukommt, als sie sich auf die Gesamtheit der unter diesen Begriff fallenden Gegenstände bezieht. Es gehört daher nicht zum Subjekt einer solchen Aussage, sondern zu deren Prädikat. Das Subjekt der beiden Glieder des subjekts*finiten* Aussagenpaares »Jeder Mensch gesundet« – »Nicht jeder Mensch gesundet« (20 a 5f.), das man negieren muß, um dieses Aussagenpaar in das entsprechende subjekts-*infinite* Aussagenpaar umzuformen, lautet also nicht »jeder Mensch«, sondern einfach »Mensch«. Man muß daher, um die entsprechenden subjektsinfiniten Aussagen zu erhalten, in den beiden subjektsfiniten Aussagen »Mensch« durch »Nicht-Mensch« ersetzen und nicht etwa »jeder Mensch« durch »Nicht-jeder-Mensch«.

Daß »das Wort 'jeder' nicht die Allgemeinheit (von etwas Allgemeinem) bedeutet, sondern vielmehr, daß (von etwas Allgemeinem) in allgemeiner Weise die Rede ist« (20 a 9f.), hat Ar. mit genau denselben Worten bereits im siebten Kapitel (17 b 11f.) festgestellt. Wie hinter dieser Feststellung, so verbirgt sich auch hinter seiner Feststellung, daß »das Wort 'jeder' oder das Wort 'kein' (in einer Aussage) nichts anderes mit hinzubedeutet, als daß sie sich in allgemein-bejahender bzw. -verneinender Weise auf das (als ihr Subjekt fungierende) Nennwort bezieht« (20 a 12–14), eine Einsicht, der Gottlob Frege mit dem Hinweis darauf Ausdruck verliehen hat, daß ein Wort wie »jeder« oder »kein«, obwohl es beim Subjekt eines mit seiner Hilfe gebildeten Satzes steht, »logisch zum Prädikate gehört« (Frege 1892: 198 [1990: 172]).

Da Ar. offenbar über diese Einsicht verfügte, hätte er aus der zuletzt genannten Feststellung nicht den Schluß ziehen dürfen, man müsse »das übrige folglich unverändert hinzufügen« (20 a 14f.). Denn um das indefinite Aussagenpaar »(Ein) Nicht-Mensch gesundet« – »(Ein) Nicht-Mensch gesundet nicht« in das definite Aussagenpaar »Jeder Nicht-Mensch gesundet« – »Nicht jeder Nicht-Mensch gesundet« umzuformen, muß man zwar die das Wort »Mensch« negierende Verneinungspartikel zusammen mit diesem Wort und dem Wort »gesundet« unverändert zu dem Wort »jeder« hinzufügen, darf aber nicht auch diejenige Verneinungspartikel unverändert mit hinzufügen, die dadurch, daß sie im verneinenden Glied des ersten Paares das Wort »gesundet« negiert, das bejahende Glied dieses Paares als ganzes negiert. Denn um das bejahende Glied des zweiten Paares als ganzes zu negieren, muß diese Verneinungspartikel im verneinenden Glied dieses Paares ja das Wort »jeder« oder, genauer gesagt, den Ausdruck »jeder ... gesundet« negieren.

Den zwischen den beiden Aussagen »Jeder Nicht-Mensch gesundet nicht« und »Nicht jeder Nicht-Mensch gesundet« bestehenden Unterschied, über den er sich, wie der Abschnitt 20 a 23–30 zeigt, durchaus im klaren ist, hat Ar. im vorliegenden Abschnitt dadurch verwischt, daß er bei der Formulierung seiner Beispielsätze eine zweideutige Wortstellung gewählt hat, die es ihm aufgrund ihrer Zweideutigkeit erlaubt hat, nicht nur die Stellung der beim Subjekt stehenden Wortverneinung, sondern auch die Stellung der beim Prädikat stehenden Satzverneinung unverändert zu lassen. Wörtlich übersetzt, lauten die von ihm angeführten Sätze nämlich (wenn man davon absieht, daß das mit »gesundet« übersetzte griechische Verb eigentlich »ist gesund« bedeutet): »Es gesundet (ein)/jeder (Nicht-) Mensch«, »Nicht gesundet (ein)/jeder (Nicht-)Mensch«.

20 a 16–23. Was im ersten Teil dieses Abschnitts gesagt wird, ist eine Wiederholung dessen, was bereits im siebten Kapitel an der Stelle 17 b 20–26 gesagt wurde. Im zweiten Teil stellt Ar., wenn man dem Zeugnis der Handschriften glauben darf, die Behauptung auf, es folge einerseits die prädikats*finite e*-Aussage »Kein Mensch ist gerecht« aus der prädikats*infiniten a*-Aussage »Jeder Mensch ist nicht-gerecht«, während andererseits die dieser *a*-Aussage kontradiktorisch entgegengesetzte prädikats*infinite o*-Aussage »Nicht jeder Mensch ist nicht-gerecht« aus der prädikats*finiten i*-Aussage »Irgendein Mensch ist gerecht« folge.

Was die beiden zuletzt genannten Aussagen betrifft, so paßt das, was Ar. der handschriftlichen Überlieferung zufolge von ihnen behauptet, nicht zu den Worten »denn notwendigerweise ist dann ja irgendeiner gerecht« (20 a 23), die begründen sollen, was er von ihnen behauptet. Denn diese Worte begründen ja nicht die Behauptung, daß aus der *i*-Aussage »Irgendein Mensch ist gerecht« die *o*-Aussage »Nicht jeder Mensch ist nicht-gerecht« folgt, sondern die umgekehrte Behauptung, daß aus dieser *o*-Aussage jene *i*-Aussage folgt. Der Text scheint also verderbt zu sein. In seiner ursprünglichen Gestalt lautete er vermutlich nicht: »während andererseits *aus* 'Irgendein Mensch ist gerecht' *die* (kontradiktorisch) entgegengesetzte Aussage folgt, die ...« (20 a 22), sondern: »während andererseits 'Irgendein Mensch ist gerecht' *aus der* (kontradiktorisch) entgegengesetzten Aussage folgt, die ...«.

Der Unterschied zwischen (a) der handschriftlich überlieferten und (b) der vermutlich ursprünglichen Textgestalt läßt sich folgendermaßen zum Ausdruck bringen:

(1) Jedes S ist nicht-$P \rightarrow$ Kein S ist P,
(2a) Irgendein S ist $P \rightarrow$ Nicht jedes S ist nicht-P,
(2b) Nicht jedes S ist nicht-$P \rightarrow$ Irgendein S ist P.

Während der Satz (2a) dem Satz (1) logisch gleichwertig ist und daher zu dem, was mit diesem Satz behauptet wird, inhaltlich nichts Neues hinzufügt, ist der Satz (2b) der Umkehrung des Satzes (1), also dem Satz »Kein *S* ist *P* ⟶ Jedes *S* ist nicht-*P*«, logisch gleichwertig und fügt daher zu der mit dem Satz (1) aufgestellten Behauptung, daß aus der *a*-Aussage »Jedes *S* ist nicht-*P*« die *e*-Aussage »Kein *S* ist *P*« folgt, eine Behauptung hinzu, die sich inhaltlich mit der Behauptung deckt, daß auch umgekehrt aus dieser *e*-Aussage jene *a*-Aussage folgt. Im Unterschied zur Textgestalt (a), die sowohl mit einer eingeschränkten als auch mit einer uneingeschränkten Verwendung des infiniten Prädikats »ist nicht-*P*« vereinbar ist, läßt sich die Textgestalt (b) nur mit einer uneingeschränkten Verwendung dieses Prädikats vereinbaren. Dies könnte dazu geführt haben, daß ein Korrektor, der unter dem Einfluß der Lehre der *Ersten Analytik* an der Textgestalt (b) Anstoß nahm, dem Text die überlieferte Gestalt (a) gab.

Daß nach der Auffassung, die Ar. in *Peri hermeneias* vertritt, eine Aussage der Form »Jedes *S* ist nicht-*P*« die ihr entsprechende Aussage der Form »Kein *S* ist *P*« nicht nur impliziert, sondern auch von ihr impliziert wird, geht klar aus dem Abschnitt 20 a 37–40 hervor, in dem Ar. unmißverständlich erklärt, daß »Jeder Nicht-Mensch ist nicht-gerecht« dasselbe bedeutet wie »Kein Nicht-Mensch ist gerecht«. Vermutlich stand dieser Abschnitt, der thematisch sehr eng mit den letzten vier Zeilen des vorliegenden Abschnitts zusammenhängt, ursprünglich unmittelbar hinter diesen Zeilen.

20 a 23–30. Daß Ar. die Aussage »Jeder Mensch ist nicht-weise« als die der Aussage »Jeder Mensch ist weise« konträr entgegengesetzte Aussage bezeichnet, zeigt wiederum, daß er sie und die Aussage »Kein Mensch ist weise« für gleichbedeutend und damit für äquivalent hält. Diese Auffassung kann er ebenso wie die Auffassung, daß die *verneinende* prädikats*finite* Aussage »Sokrates ist nicht weise« die *bejahende* prädikats*infinite* Aussage »Sokrates ist nicht-weise« impliziert, nur unter der Voraussetzung vertreten, daß er das infinite Prädikat »ist nicht-weise« in einer uneingeschränkten Bedeutung gebraucht.

20 a 31–36. In dieser »Fußnote« (Ackrill 1963: 143) weist Ar. darauf hin, daß nur die Verneinung eines Aussage*satzes* und nicht die Verneinung eines bloßen Nenn- oder Aussage*wortes* einen verneinenden Aussagesatz und damit ein sprachliches Gebilde, das wahr oder falsch ist, erzeugt.

20 a 37–40. Was Ar. hier sagt, ist von der Stelle 20 a 20–23 her zu verstehen, an die sich der vorliegende Abschnitt ursprünglich unmittelbar angeschlossen zu haben scheint. Wie sich dem Text dieser Stelle, wenn man ihn in der oben beschriebenen Weise korrigiert, entnehmen läßt, ist Ar. der Auffassung, daß in dem Falle, in dem die beiden Glieder eines kontradiktorischen Aussagenpaares der Form *a-o* ein *infinites* Prädikat haben (»Jedes *S* ist nicht-*P*« – »Nicht jedes *S* ist nicht-*P*«), das *a*-Glied dem *e*-Glied und das *o*-Glied dem *i*-Glied des entsprechenden prädikats*finiten* Kontradiktionspaares der Form *e-i* (»Kein *S* ist *P*« – »Irgendein *S* ist *P*«) logisch gleichwertig ist. Im vorliegenden Abschnitt will er nun offenbar darauf hinweisen, daß insofern auch das Umgekehrte gilt, als in dem Falle, in dem die beiden Glieder eines kontradiktorischen Aussagenpaares der

Form *a-o* prädikats*finit* sind (»Jedes *S* ist *P*« – »Nicht jedes *S* ist *P*«), das *a*-Glied dem *e*-Glied und das *o*-Glied dem *i*-Glied des entsprechenden prädikats*infiniten* Kontradiktionspaares der Form *e-i* (»Kein *S* ist nicht-*P*« – »Irgendein *S* ist nicht-*P*«) logisch gleichwertig ist.

Darüber, daß die beiden Passagen in dieser Weise thematisch zusammenhängen, darf man sich weder dadurch hinwegtäuschen lassen, daß das Subjekt der von Ar. angeführten Aussagen in 20 a 20–23 finit ist (»Mensch«), in 20 a 37–40 hingegen infinit (»Nicht-Mensch«), noch dadurch, daß Ar., um auszudrücken, daß eine bestimmte Aussage einer anderen logisch gleichwertig ist, in 20 a 20–23 sowohl von der betreffenden Aussage selbst behauptet, daß sie »aus« der anderen »folgt«, als auch von der ihr kontradiktorisch entgegengesetzten Aussage, daß sie »aus« derjenigen, die der anderen kontradiktorisch entgegengesetzt ist, »folgt«, während er in 20 a 37–40 davon spricht, daß die beiden Aussagen »dasselbe bedeuten«.

Der beschriebene Zusammenhang zwischen den beiden Passagen legt es nahe, das im vorliegenden Abschnitt Gesagte folgendermaßen zu verstehen: Von den vier Aussagen, die in diesem Abschnitt angeführt werden, bedeuten die ersten beiden (»Jeder Nicht-Mensch ist gerecht« – »Nicht jeder Nicht-Mensch ist gerecht«) als Glieder eines prädikats*finiten* Kontradiktionspaares der Form *a-o* dasselbe wie die Glieder des entsprechenden prädikats*infiniten* Kontradiktionspaares der Form *e-i* (»Kein Nicht-Mensch ist nicht-gerecht« – »Irgendein Nicht-Mensch ist nicht-gerecht«). Sie sind daher insofern mit keiner der »Aussagen jener Art« (20 a 37) gleichbedeutend, als sie mit keiner Aussage von der Art der beiden Glieder eines prädikats*finiten* Kontradiktionspaares dieser Form gleichbedeutend sind, also mit keiner Aussage von der Art der beiden Glieder des Paares »Kein Mensch ist gerecht« – »Irgendein Mensch ist gerecht«, von denen Ar. an der Stelle 20 a 20–23 der oben vorgeschlagenen Korrektur zufolge sagt, daß sie aus den Gliedern des entsprechenden prädikats*infiniten* Paares der Form *a-o* folgen. Dasselbe wie eine Aussage der fraglichen Art, nämlich dasselbe wie die prädikats*finite* *e*-Aussage »Kein Nicht-Mensch ist gerecht«, bedeutet hingegen die dritte der im vorliegenden Abschnitt angeführten vier Aussagen, nämlich die prädikats*infinite* *a*-Aussage »Jeder Nicht-Mensch ist nicht-gerecht«, die Ar. mit deutlicher Hervorhebung ihres infiniten Prädikats (»Nicht-gerecht ist jeder Nicht-Mensch«) den ersten beiden Aussagen gegenüberstellt.

Die verbreitete Annahme, unter den »Aussagen jener Art«, von denen Ar. behauptet, keine dieser beiden Aussagen bedeute dasselbe wie eine von ihnen, seien Aussagen zu verstehen, in denen »Mensch« anstelle von Nicht-Mensch« als Subjekt fungiert, wird durch die von Soreth hervorgehobene Tatsache widerlegt, daß die dritte der vier Aussagen, die im vorliegenden Abschnitt angeführt werden, mit einer *subjekts*finiten Aussage ebensowenig gleichbedeutend ist wie die ersten beiden (vgl. Soreth 1972: 413 [1988: 178]).

Bei der Umformung der Sätze, die er als Beispiele anführt, in logisch gleichwertige andere Sätze geht Ar. in einer Weise vor, die seine griechischen Kommentatoren als die Anwendung der folgenden von ihm selbst nicht ausdrücklich erwähnten Regel beschreiben: Um eine gegebene Aussage in eine mit ihr äquivalente andere Aussage umzuformen, muß man ihr (finites oder infinites) *Subjekt* und ihre (universelle, partikuläre, indefinite oder singuläre) *Quantität* beibehalten, aber ihr (finites oder infinites) *Prädikat* und ihre (bejahende oder verneinende) *Qualität* gegen das entgegengesetzte Prädikat und die entgegengesetzte Qualität austauschen. Stephanos, der diese Regel als »Kanon des Proklos« bezeichnet (49, 24), hat ihr mit den prägnanten Worten Ausdruck verliehen: »Halte fest an Subjekt und Quantität, wechsle aus Prädikat und Qualität!« (49, 26f. [Übersetzung: H. W.]; vgl. 46, 27f.). Mit der Anwendung dieser Regel, die nur unter der Voraussetzung anwendbar ist, daß die Bedeutung eines infiniten Prädikats uneingeschränkt ist, gibt Ar. zu erkennen, daß er in *De int.* 10 von dieser Voraussetzung ausgeht.

20 b 1–12. Um zu zeigen, daß sich die Bedeutung eines Aussagesatzes nicht ändert, wenn man das in ihm als Subjekt fungierende Nennwort und das in ihm als Prädikat (oder, wenn es sich um ein Adjektiv handelt, als Prädikatsnomen) fungierende Aussagewort umstellt, bringt Ar. ein Argument vor, dessen Konklusion er auf indirektem Wege zu beweisen versucht, d. h. dadurch, daß er aus der Annahme, sie sei falsch, etwas Unmögliches abzuleiten versucht. In diesem Argument werden sechs Aussagen erwähnt, nämlich die Glieder der folgenden drei kontradiktorischen Aussagenpaare:

(1) (Ein) Mensch ist weiß – (1′) (Ein) Mensch ist nicht weiß,

(2) Weiß ist (ein) Mensch – (2′) Weiß ist nicht (ein) Mensch,

(3) Weiß ist (ein) Nicht-Mensch – (3′) Weiß ist nicht (ein) Nicht-Mensch.

Die beiden Aussagen (3) und (3′), die keinen logisch relevanten Beitrag zu seinem Argument leisten, hätte Ar. aus dem Spiel lassen können. Verzichtet man darauf, sie ins Spiel zu bringen, so kann man sein Argument folgendermaßen wiedergeben:

Wenn die Aussage (2) nicht dasselbe bedeutet wie die Aussage (1), wird sie auch nicht durch dieselbe Aussage verneint wie die Aussage (1). Sie wird dann also nicht durch die Aussage (1′) verneint, sondern durch die Aussage (2′). Durch die Aussage (2′) wird aber auch die Aussage (1) verneint, die dann also neben der Aussage (1′) noch eine zweite Verneinung hat. Eine Aussage kann jedoch, wie im siebten Kapitel gezeigt wurde (vgl. 17 b 38 – 18 a 1), nur eine einzige Verneinung haben. Also bedeutet die Aussage (2) dasselbe wie die Aussage (1).

Dieses Argument hat deshalb keine Beweiskraft, weil eine seiner Prämissen die zu beweisende Konklusion bereits voraussetzt. Daß durch die Aussage (2′) nicht nur die Aussage (2), sondern auch die Aussage (1) verneint wird, daß die Aussage (1) also durch dieselbe Aussage verneint wird wie die Aussage (2), ist ja nur unter der Voraussetzung möglich, daß die Aussage (1) dasselbe bedeutet wie die Aussage (2), was es doch gerade zu beweisen gilt. Hinzu kommt, daß unter der genannten Voraussetzung auch die Aussage (1′) dasselbe bedeutet wie die Aussage (2′), so daß die Aussage (1) unter dieser Voraussetzung nicht zwei ihrer *Bedeutung* nach verschiedene, sondern lediglich zwei ihrer *sprachlichen Form* nach verschiedene Verneinungen hat, was dem Prinzip, daß es »für genau eine bejahende jeweils auch genau eine verneinende Aussage gibt« (Kap. 7, 17 b 38), auf das Ar. sich beruft, keineswegs widerspricht. In dem Sinne, in dem eine Aussage diesem Prinzip zufolge nicht durch mehrere Aussagen verneint werden kann, wird die Aussage (1) unter der genannten Voraussetzung gar nicht durch mehrere Aussagen verneint. Die Prämisse, die Ar. in Anspruch nimmt, um das fragliche Prinzip anwenden zu können, beruht also auf einer Voraussetzung, die seine Anwendung nicht nur entbehrlich macht, sondern sie auch gar nicht zuläßt.

Kapitel 11

20 b 13–22. In diesem Abschnitt kommt Ar. noch einmal auf das Thema der Einheit eines Aussage- oder Behauptungssatzes zurück und bekräftigt seine bereits im achten Kapitel dargelegte Auffassung, daß ein solcher Satz, um in dem Sinne einheitlich zu sein, daß er eine einheitliche Bedeutung hat, die Bedingung erfüllen muß, etwas Einheitliches von etwas ebenfalls Einheitlichem auszusagen. Im achten Kapitel wurde am Beispiel des Satzes »(Ein) Mantel ist weiß« gezeigt, daß ein Aussagesatz diese Bedingung nicht ohne weiteres schon dann erfüllt, wenn sowohl sein Subjekt als auch sein Prädikat (oder, wenn er die Kopula »ist« enthält, sein Prädikatsnomen) ein Ausdruck ist, der nur aus einem einzigen Wort besteht, sondern erst dann, wenn sowohl sein Subjekt als auch sein Prädikat(snomen) etwas Einheitliches bedeutet.

Welche Bedingung muß nun ein in einem Satz als Subjekt oder als Prädikat(snomen) fungierender Ausdruck erfüllen, um etwas Einheitliches zu bedeuten? Das achte Kapitel läßt diese Frage weitgehend offen. Ihm läßt sich lediglich entnehmen, daß ein solcher Ausdruck, um eine einheitliche Bedeutung zu haben, nicht zwei Dinge bezeichnen darf, die sich gegenseitig ausschließen. Im vorliegenden Kapitel gibt Ar. auf die genannte Frage eine Antwort, die sich folgendermaßen umschreiben läßt (vgl. 21 a 7–16): Ein Ausdruck, der in einem Satz als Subjekt oder als Prädikat(snomen) fungiert, hat unabhängig davon, ob er aus einem oder aus mehreren Wörtern besteht, genau dann eine einheitliche Bedeutung, wenn er einen Begriff bezeichnet, dessen Inhalt sich in zwei Merkmale aufteilen läßt, die einem unter ihn fallenden Gegenstand in nicht-akzidenteller Weise als Eigenschaften zukommen, und zwar entweder in dem Sinne, daß sie ihm, wie die Merkmale des Begriffs »zweifüßiges Lebewesen«, beide als wesentliche Eigenschaften zukommen, oder in dem Sinne, daß sie ihm, wie die Merkmale des Begriffs »weißer Mensch«, als zwei Eigenschaften zukommen, von denen die eine auf die andere bezogen ist, d. h. als zwei Eigenschaften, von denen er die eine insofern besitzt, als er Besitzer der anderen ist.

Etwas Einheitliches bedeuten demnach Ausdrücke wie »zweifüßiges Lebewesen« (vgl. 20 b 17f. 33f., 21 a 14f.) und »weißer Mensch« (vgl. 20 b 34f.), nichts Einheitliches hingegen Ausdrücke wie »weißer Gebildeter« (vgl. 21 a 1) und »gebildetes Weißes« (vgl. 21 a 10–14); denn ein Mensch, der weiß und gebildet ist, ist weder in seiner Eigenschaft als ein Gebildeter weiß noch in seiner Eigenschaft als etwas Weißes gebildet, sondern sowohl das eine als auch das andere in seiner Eigenschaft als Mensch.

20 b 22–30. In der *Topik*, auf die er in diesem Abschnitt hinweist, hat Ar. für die in der Platonischen

Akademie nach dem Vorbild der von Sokrates geführten Dialoge gepflegte Argumentationspraxis des dialektischen Übungsgesprächs eine Theorie aufgestellt, deren Aufgabe es ist, die Methode zu lehren, nach der ein solches Gespräch zu führen ist, und die Regeln festzulegen, die dabei zu befolgen sind. Ein dialektisches Übungsgespräch findet zwischen zwei Personen *A* und *B* in der Weise statt, daß *A* mit dem Ziel, eine von *B* vertretene These zu widerlegen, *B* geeignete Fragen stellt, die sich mit Ja oder Nein beantworten lassen, *B* diese Fragen entweder mit dem Satz, in dessen Gestalt sie ihm vorgelegt werden, oder mit dem ihm kontradiktorisch entgegengesetzten Satz beantwortet und *A* schließlich aus den Antworten, die er von *B* erhält, das kontradiktorische Gegenteil der von *B* vertretenen These abzuleiten versucht (vgl. hierzu Kapp 1965: 8–11, 17–25, Primavesi 1996: 31–58).

Als eine mit Ja oder Nein zu beantwortende Satz- oder Entscheidungsfrage (z. B. »Ist 'zweifüßiges Land-Lebewesen' die Definition von 'Mensch'?«: *Top.* I 4, 101 b 30f.) wird eine »dialektische Frage« (*De int.* 11, 20 b 22. 27) mit Hilfe eines Satzes formuliert, der, nachdem er der Person *A* in Gestalt eines *Fragesatzes* dazu gedient hat, die betreffende Frage der Person *B* »vorzulegen« (προτείνειν: *Top.* VIII 2, 158 a 21) – Ar. nennt ihn daher »Vorlage« (πρότασις: *De int.* 11, 20 b 23. 24) –, von der Person *B* in Gestalt eines *Behauptungssatzes* dazu verwendet werden kann, die betreffende Frage bejahend zu beantworten (vgl. Primavesi 1996: 34f.). Diese Doppelrolle kann ein Satz in einem dialektischen Übungsgespräch nur unter der Voraussetzung spielen, daß er eine einheitliche Bedeutung hat. Denn nur unter dieser

Voraussetzung kann eine einheitliche Frage mit ihm gestellt und auf diese Frage eine einheitliche bejahende Antwort mit ihm gegeben werden.

20 b 31 – 21 a 7. Mit diesem Abschnitt beginnt der Hauptteil des Kapitels, der den beiden folgenden Fragen gewidmet ist (vgl. hierzu Weidemann 2012: 94–97):

(1) Unter welchen Bedingungen dürfen zwei Prädikate P_1 und P_2, die auf einen Gegenstand x getrennt voneinander zutreffen, von x auch als Bestandteile des Gesamtprädikats P_2P_1 in Verbindung miteinander prädiziert werden?

(2) Unter welchen Bedingungen dürfen zwei Prädikate P_1 und P_2, die auf einen Gegenstand x als Bestandteile des Gesamtprädikats P_2P_1 in Verbindung miteinander zutreffen, von x auch getrennt voneinander prädiziert werden?

(Die Prädikate, von denen hier die Rede ist, sind genaugenommen Prädikatsnomina und werden nur der Einfachheit halber Prädikate genannt.) Die erste dieser beiden Fragen fragt nach den Bedingungen, unter denen der Schluß

(1) »x ist P_1 und (x ist) P_2; also ist x P_2P_1«

zulässig ist, die zweite nach den Bedingungen, unter denen der umgekehrte Schluß

(2) »x ist P_2P_1; also ist x P_1 und P_2«

zulässig ist.

Sowohl im Falle des ersten als auch im Falle des zweiten dieser beiden Schlüsse sind es nach Ar. zwei Bedingungen, die erfüllt sein müssen, damit er zulässig ist. Bevor er im folgenden Abschnitt die beiden Bedingungen formuliert, an die er die Zulässigkeit des Schlusses (1) knüpft, versucht Ar. im vorliegenden Abschnitt anhand von Beispielen zu zeigen, daß es abwegig wäre, diesen Schluß bedingungslos und uneingeschränkt zuzulassen.

21 a 7–18. Die beiden Bedingungen für die Zulässigkeit des Schlusses (1), die Ar. in diesem Abschnitt formuliert, entsprechen den beiden Bedingungen für die Zulässigkeit des Schlusses (2), die er im nächsten Abschnitt formuliert, in umgekehrter Reihenfolge, so daß es sich empfiehlt, die von ihm an zweiter Stelle angeführte Bedingung unter der Bezeichnung (1a) als erste und die von ihm an erster Stelle angeführte Bedingung unter der Bezeichnung (1b) als zweite zu behandeln.

Die Bedingung (1a) besteht darin, daß das Prädikat P_2 im Prädikat P_1 nicht »bereits enthalten ist« (21 a 16). Diese Bedingung ist weder im Falle der beiden Prädikate »weißer Mensch« und »weiß« erfüllt, von denen das zweite seinem *Wortlaut* nach im ersten schon enthalten ist, noch im Falle der beiden Prädikate »Mensch« und »zweifüßig«, von denen das zweite seiner *Bedeutung* nach im ersten schon enthalten ist, so daß weder von »*x* ist ein weißer Mensch und (*x* ist) weiß« auf »*x* ist ein weißer, weißer Mensch« geschlossen werden darf noch von »*x* ist ein Mensch und (*x* ist) zweifüßig« auf »*x* ist ein zweifüßiger Mensch« (vgl. 20 b 37–40, 21 a 3f. 16–18).

Die Bedingung (1b) besteht darin, daß die beiden Prädikate P_1 und P_2 nicht »akzidentell ausgesagt werden«, und zwar weder »von ein und demselben Gegenstand« noch »voneinander« (vgl. 21 a 7–10). Diese Bedingung ist nur dann erfüllt, wenn es weder der Fall ist, daß P_1 und P_2 beide in dem Sinne akzidentell von dem Gegenstand *x* prädiziert werden, daß sie ihm zwei Eigenschaften zuschreiben, die beide *unwesentlich* für ihn sind, noch der Fall, daß P_2 in dem Sinne akzidentell von P_1 prädiziert wird, daß P_2 dem Gegenstand x eine Eigenschaft zuschreibt, die ihm insofern, als P_1 auf ihn zutrifft, nur *indirekt* zukommt, d. h. eine Eigenschaft, die ihm nicht unter der Beschreibung zukommt, die P_1 von ihm gibt, sondern unter einer anderen Beschreibung. (Zur Unterscheidung zwischen diesen beiden Arten der akzidentellen Prädikation vgl. Ackrill 1963: 147f.)

Beispiele für zwei Prädikate, bei denen die Bedingung (1b) erfüllt ist, sind die beiden Prädikate »Lebewesen« und »zweifüßig« (vgl. 21 a 14–16) und die beiden Prädikate »Mensch« und »weiß« (vgl. 20 b 33–35); denn erstens schreibt von den beiden zuerst genannten Prädikaten keines und von den beiden zuletzt genannten nur eines einem Gegenstand, auf den sie beide zutreffen, eine für ihn *unwesentliche* Eigenschaft zu, und zweitens trifft weder von den beiden zuerst genannten noch von den beiden zuletzt genannten Prädikaten das zweite auf einen solchen Gegenstand insofern, als das erste auf ihn zutrifft, nur *indirekt* zu. Ein Beispiel für zwei Prädikate, bei denen die Bedingung (1b) nicht erfüllt ist, sind die beiden Prädikate »weiß« und »gebildet«; denn darüber hinaus, daß sie einem Menschen, auf den sie beide zutreffen, beide eine für ihn *unwesentliche* Eigenschaft zuschreiben, verhalten sie sich so zueinander, daß das zweite auf einen solchen Menschen insofern, als das erste auf ihn zutrifft, nur *indirekt* zutrifft (vgl. 21 a 10–14). Gebildet ist ein Mensch, der weiß und gebildet ist, ja nicht als etwas Weißes, sondern als Mensch.

Nicht erfüllt ist die Bedingung (1b) beispielsweise auch im Falle der beiden Prädikate »Schuster« und

»gut« (vgl. 20 b 35f., 21 a 14f.), jedenfalls dann, wenn sie auf einen Schuster zutreffen, der »ohne Einschränkung gut ist« (21 a 15), d. h. auf einen Schuster, dessen Gutsein nicht auf sein Schustersein eingeschränkt ist, sondern ihm als dem Menschen zukommt, der er ist, auf einen Schuster also, der nicht in dem Sinne gut ist, daß er ein guter Schuster ist, sondern in dem Sinne, daß er ein guter Mensch ist. Nun schreiben die beiden Prädikate »Schuster« und »gut« einem Menschen aber – und zwar unabhängig davon, ob sie auf ihn, wenn sie auf ihn zutreffen, deshalb zutreffen, weil er als Schuster gut ist, oder deshalb, weil er als Mensch gut ist – zwei Eigenschaften zu, die beide unwesentlich für ihn sind, so daß die Bedingung (1b) in ihrem Falle unabhängig davon nicht erfüllt ist, in welchem Sinne das zweite von ihnen verwendet wird. Da diese Bedingung von zwei Prädikaten, die sie erfüllen sollen, nicht nur verlangt, daß sie nicht im Sinne einer indirekten Prädikation akzidentell »voneinander« prädiziert werden, sondern auch, daß sie nicht im Sinne der Zuschreibung zweier unwesentlicher Eigenschaften akzidentell »von ein und demselben Gegenstand« prädiziert werden, verstellt sie den Blick dafür, daß zwischen den beiden Prädikaten »weiß« und »gebildet« auf der einen Seite und den beiden Prädikaten »Schuster« und »gut« auf der anderen Seite ein grundlegender Unterschied besteht. Während das Prädikat »gebildet« auf einen weißen Menschen insofern, als das Prädikat »weiß« auf ihn zutrifft, nur indirekt zutreffen kann, kann das Prädikat »gut« auf einen Schuster insofern, als das Prädikat »Schuster« auf ihn zutrifft, nicht nur indirekt zutreffen, sondern auch direkt. Gebildet sein kann ein weißer Mensch nicht als etwas Weißes, sondern nur als Mensch; gut sein hingegen kann ein Schuster nicht nur als Mensch, sondern auch als Schuster.

Die Bedingung (1b) wäre freilich selbst dann eine viel zu starke Bedingung für die Zulässigkeit des Schlusses (1), wenn man sie so abschwächen würde, daß sie von zwei Prädikaten, die sie erfüllen sollen, lediglich verlangen würde, daß das zweite auf einen Gegenstand, auf den sie beide zutreffen, insofern, als das erste auf ihn zutrifft, nicht indirekt zutrifft. Denn sie wäre auch dann in zahlreichen Fällen, in denen es keinen Grund gibt, den Schluß (1) nicht zuzulassen, nicht erfüllt, z. B. im Falle der beiden Prädikate »Schuster« und »musikalisch gebildet«. Welche Bedingung das, was die Bedingung (1b) leisten soll, aber nicht zu leisten vermag, tatsächlich leistet und daher an ihre Stelle treten muß, wird sich bei der Besprechung des folgenden Abschnitts zeigen.

21 a 18–28. Die beiden Bedingungen für die Zulässigkeit des Schlusses (2) – nennen wir sie (2a) und (2b) – sind nicht etwa von der Art, daß dann, wenn eine von ihnen nicht erfüllt ist, keines der beiden Prädikate P_1 und P_2 von einem Gegenstand, auf den sie in Verbindung miteinander zutreffen, getrennt vom anderen prädiziert werden dürfte, sondern diese beiden Bedingungen sind von der Art, daß von einem solchen Gegenstand dann, wenn die Bedingung (2a) nicht erfüllt ist, zwar P_2 getrennt von P_1, aber nicht auch P_1 getrennt von P_2 und dann, wenn die Bedingung (2b) nicht erfüllt ist, gerade umgekehrt zwar P_1 getrennt von P_2, aber nicht auch P_2 getrennt von P_1 prädiziert werden darf.

Die Bedingung (2a), die das Gegenstück zu der Bedingung (1a) darstellt, besteht darin, daß »in dem (zu P_1)

hinzugefügten (Prädikat P_2)« nicht »irgend etwas (dem Prädikat P_1) Entgegengesetztes enthalten ist, das einen Widerspruch zur Folge hat« (21 a 21f.). Nicht erfüllt ist diese Bedingung beispielsweise, wenn es sich bei P_1 um das Wort »Mensch« und bei P_2 um das Wort »tot« handelt. Da ein toter Mensch zwar tot, aber kein Mensch mehr ist, darf daraus, daß etwas ein toter Mensch ist, nicht geschlossen werden, daß es ein Mensch und daß es tot ist.

Auf die Worte, mit denen Boethius die Formulierung der Bedingung (2a) ins Lateinische übersetzt und im zweiten seiner beiden Kommentare umschrieben hat (vgl. *Arist. Lat.* II 1–2: 25, 9f.; Boethius II 373, 24f.; 374, 4. 13f.), geht der Ausdruck »contradictio in adiecto« (»Widerspruch in der Hinzufügung«) zurück, der heute allerdings in einer Bedeutung verwendet wird, die sich von seiner ursprünglichen Bedeutung in einem wichtigen Punkt unterscheidet. Im Unterschied zu Wortverbindungen wie »hölzernes Eisen« oder »viereckiger Kreis«, zu deren Bezeichnung man ihn heute gebraucht, besteht die Wortverbindung »toter Mensch«, die Ar. als Beispiel dient, nämlich aus zwei Wörtern, die zwar getrennt voneinander, aber nicht in Verbindung miteinander in einem Gegensatz zueinander stehen, der einen Widerspruch impliziert. Das Wort »tot« ist dem Wort »Mensch« getrennt von ihm deshalb in der Weise entgegengesetzt, daß es ihm implizit widerspricht, weil im Begriff des Menschen das Merkmal, am Leben zu sein, im Begriff dessen, was tot ist, hingegen das Merkmal, nicht am Leben zu sein, enthalten ist. Dieser implizite Widerspruch, der sich dadurch explizit machen läßt, daß man die von den Wörtern »tot« und »Mensch«

bezeichneten Begriffe definiert (vgl. 21 a 29f.), besteht zwischen diesen beiden Wörtern, wenn sie miteinander verbunden sind, deshalb nicht, weil das Wort »Mensch« durch die Verbindung mit dem Wort »tot« seine gewöhnliche Bedeutung verliert und eine durch das, was das Wort »tot« bedeutet, eingeschränkte Bedeutung bekommt. Im Unterschied zum Begriff des viereckigen Kreises, der einfach zusätzlich zu den Merkmalen des Begriffs »Kreis« auch noch die Merkmale des Begriffs »viereckig« enthält und daher in sich widersprüchlich ist, enthält der Begriff des toten Menschen die Merkmale des Begriffs »Mensch« in einer durch die Merkmale des Begriffs »tot« modifizierten Form. Eine *contradictio in adiecto* im Aristotelischen Sinne liegt also nur dann vor, wenn ein Wort, dem ein anderes Wort getrennt von ihm implizit widerspricht, durch die Verbindung mit diesem anderen Wort in seiner Bedeutung so eingeschränkt wird, daß es zusammen mit ihm auf bestimmte Gegenstände zutrifft, auf die es getrennt von ihm nicht zutrifft.

Die Bedingung (2b), die das Gegenstück zu der Bedingung (1b) darstellt, besteht darin, daß das Prädikat P_2 in Verbindung mit dem Prädikat P_1 von x »an sich und nicht bloß akzidentell prädiziert wird« (21 a 30f.; vgl. 21 a 26–28). In dem von Ar. als Beispiel gewählten Fall, in dem es sich bei P_1 um das Wort »Dichter«, bei P_2 um das Wort »ist« und bei x um Homer handelt, ist diese Bedingung deshalb nicht erfüllt, weil das Wort »ist« in dem Satz »Homer ist ein Dichter« von Homer »nicht an sich« (21 a 28), sondern »nur akzidentell« (21 a 26) prädiziert wird, und zwar insofern, als es in diesem Satz nur deshalb von ihm prädiziert wird, »weil er ein Dichter ist« (21 a 27). Das heißt: Der Schluß »Homer ist ein Dichter; also ist Homer« ist deshalb nicht zulässig, weil das Wort »ist« in dem Satz »Homer ist ein Dichter« als Kopula nur *indirekt* von Homer prädiziert wird, um von ihm auszusagen, daß er ein Dichter ist, während es in dem Satz »Homer ist« als Existenzprädikat *direkt* von Homer prädiziert wird, um von ihm auszusagen, daß er schlechthin ist (d. h. existiert). Das Wort »ist« wird im zweiten dieser beiden Sätze also in einer anderen Hinsicht von Homer prädiziert als im ersten, so daß es nicht zulässig ist, von dem, was der erste besagt, auf das zu schließen, was der zweite besagt.

Ar. hätte es den Adressaten seiner Abhandlung leichter gemacht, die Pointe seines Beispiels zu verstehen, wenn er die Rolle, die er in ihm das Wort »ist« spielen läßt, das Wort »gut« hätte spielen lassen, wenn er es also in einer Form angeführt hätte, in der es ebenso, wie das Beispiel des toten Menschen ein Gegenstück zu dem Beispiel des Lebewesen-Menschen ist, das er in 21 a 17f. anführt, ein Gegenstück zu dem in 20 b 35f. angeführten Schuster-Beispiel gewesen wäre. Ebensowenig, wie daraus, daß jemand ein Schuster ist und daß er schlechthin (d. h. als Mensch) gut ist, geschlossen werden darf, daß der Betreffende ein guter Schuster ist, darf daraus, daß Homer ein guter Dichter ist, geschlossen werden, daß Homer ein Dichter ist und daß er schlechthin gut ist.

Der erste dieser beiden Schlüsse ist aus demselben Grund unzulässig wie der zweite, nämlich deshalb, weil das Wort »gut« in Verbindung mit einem Wort wie »Schuster« oder »Dichter« in einer anderen Hinsicht von jemandem prädiziert wird als getrennt von einem solchen Wort für sich allein. Die Bedingung, die zusätzlich zu der Bedingung (1a) erfüllt sein muß, damit der Schluß (1) zulässig ist, ist daher dieselbe Bedingung, die zusätzlich zu der Bedingung (2a) erfüllt sein muß, damit der Schluß (2) zulässig ist, nämlich die Bedingung (2b), die somit an die Stelle der für den Zweck, dem sie dienen soll, untauglichen Bedingung (1b) treten muß. Die Bedingung (2b) ist nicht nur, wie Ar. richtig gesehen hat, eine für sich allein notwendige und zusammen mit der Bedingung (2a) hinreichende Bedingung für die Zulässigkeit des Schlusses (2), sondern auch, was Ar. entgangen ist, eine für sich allein notwendige und zusammen mit der Bedingung (1a) hinreichende Bedingung für die Zulässigkeit des umgekehrten Schlusses (1).

Im Anschluß an P. T. Geach pflegt man Adjektive, die so beschaffen sind, daß sie in der Rolle von P_2 zusammen mit einem Substantiv P_1 ein Prädikatenpaar bilden, für das die beiden Schlüsse (1) und (2) zulässig sind, als logisch *prädikativ* und Adjektive, die nicht so beschaffen sind, als logisch *attributiv* zu bezeichnen (vgl. Geach 1967: 64). Zu den logisch attributiven Adjektiven gehören außer dem Adjektiv »gut« beispielsweise auch die beiden Adjektive »groß« und »klein«. Im sechsten Kapitel der Kategorienschrift stellt Ar. den logisch attributiven Charakter dieser beiden Adjektive mit dem Hinweis darauf heraus, daß groß oder klein zu sein stets als etwas Bestimmtes groß bzw. klein zu sein heißt, so daß etwas in einer bestimmten Hinsicht Großes kleiner sein kann als etwas in einer anderen Hinsicht Kleines. So ist z. B. ein großes Hirsekorn kleiner als ein kleiner Berg (vgl. *Cat.* 6, 5 b 11–29. 35–37).

Was das Beispiel für das Erfülltsein der beiden Bedingungen (2a) und (2b) betrifft, das Ar. an der Stelle

21 a 19f. anführt, so ist vor dem ersten Vorkommnis des Wortes »Mensch« offenbar das Wort »weiß« ausgefallen. Denn offenbar will Ar. ja sagen, daß von »*x* ist ein weißer Mensch« sowohl auf »*x* ist ein Mensch« geschlossen werden darf als auch auf »*x* ist weiß«.

21 a 29–33. Nach einer kurzen Rekapitulation der beiden Bedingungen, die erfüllt sein müssen, damit Schlüsse der Form (2) zulässig sind, führt Ar. abschließend einen Fall als Beispiel an, mit dem sowohl ein Fall gemeint sein kann, in dem die Bedingung (2a) nicht erfüllt ist, als auch ein Fall, in dem die Bedingung (2b) nicht erfüllt ist, nämlich den Fall des Schlusses »*x* ist vermeintlich seiend; also ist *x* (seiend)«. Man kann diesen Schluß einerseits, wenn man seine Konklusion im Sinne von »*x* ist seiend« versteht, als einen Schluß auffassen, der deshalb unzulässig ist, weil in seiner Prämisse das Wort »vermeintlich« in der Rolle von P_2, in der es mit dem Wort »tot« in »*x* ist ein toter Mensch« vergleichbar ist, zusammen mit dem die Rolle von P_1 spielenden Wort »seiend« eine *contradictio in adiecto* bildet – etwas nur vermeintlich Seiendes ist ja in Wirklichkeit nichtseiend und kann daher nur in einem eingeschränkten Sinne als seiend bezeichnet werden –; andererseits kann man diesen Schluß aber auch, wenn man seine Konklusion im Sinne von »*x* ist« (d. h. im Sinne von »*x* existiert«) versteht, als einen Schluß auffassen, der deshalb unzulässig ist, weil in seiner Prämisse das Wort »ist« in der Rolle von P_2, in der es mit dem »ist« in »*x* ist ein Dichter« vergleichbar ist, zusammen mit dem die Rolle von P_1 spielenden Ausdruck »vermeintlich seiend« nur *akzidentell* (d. h. *indirekt*) von *x* prädiziert wird. Ob die Raffinesse dieses Beispiels beabsichtigt ist oder auf einem bloßen Zufall beruht, ist unklar. Zuzutrauen ist es Ar. jedenfalls, daß er dieses Beispiel mit Absicht so raffiniert konstruiert hat, daß es sowohl das Nichterfülltsein der Bedingung (2a) als auch das Nichterfülltsein der Bedingung (2b) zu illustrieren vermag.

Kapitel 12

21 a 34–37. Das Thema dieses und des folgenden Kapitels (vgl. zu diesen beiden Kapiteln Weidemann 2012: 98–105) sind Modalaussagen einer ganz bestimmten Art, nämlich bejahende Aussagen, die eine der vier Formen (1) »Es ist für *x* möglich, daß *x* (nicht) *P* ist«, (2) »Es ist für *x* angängig, daß *x* (nicht) *P* ist«, (3) »Es ist für *x* unmöglich, daß *x* (nicht) *P* ist« und (4) »Es ist für *x* notwendig, daß *x* (nicht) *P* ist« aufweisen, und die ihnen kontradiktorisch entgegengesetzten verneinenden Aussagen. Im vorliegenden Kapitel geht es um die Frage, welche Form die verneinende Aussage hat, die einer gegebenen bejahenden Aussage einer dieser vier Formen kontradiktorisch entgegengesetzt ist, im folgenden Kapitel um die Frage, welche Aussagen, die entweder selbst eine dieser vier Formen aufweisen oder einer Aussage, die eine dieser vier Formen aufweist, kontradiktorisch entgegengesetzt sind, aus welchen anderen Aussagen dieser Art logisch folgen.

Im Griechischen sind Aussagen dieser Art so konstruiert, daß die mit »möglich«, »angängig«, »unmöglich« und »notwendig« übersetzten Modalausdrücke in ihnen persönlich gebraucht werden, also im Sinne von (1) »*x* ist vermögend, (nicht) *P* zu sein«, (2) »*x* ist imstande, (nicht) *P* zu sein«, (3) »*x* ist unvermögend, (nicht) *P* zu sein« und (4) »*x* ist genötigt, (nicht) *P* zu sein«. Was das Wort »angängig« betrifft, so wird es in Ermangelung eines geeigneteren deutschen Wortes zur Wiedergabe des Modalausdrucks ἐνδεχόμενον benutzt, den Ar. in *Peri hermeneias* gleichbedeutend mit dem durch das Wort »möglich« wiedergegebenen Modalausdruck δυνατόν verwendet. Die verbreitete Übersetzung des Ausdrucks ἐνδεχόμενον mit »kontingent« ist deshalb irreführend, weil dieser Ausdruck zwar in der *Ersten Analytik*, aber – von einer noch zu besprechenden Ausnahme abgesehen – gerade nicht in *Peri hermeneias* denjenigen Möglichkeitsbegriff bezeichnet, den man heute mit dem Wort »kontingent« zu bezeichnen pflegt, nämlich den Begriff des *zweiseitig* Möglichen, d. h. den Begriff dessen, was weder unmöglich noch notwendig ist. In *Peri hermeneias* bezeichnet der fragliche Ausdruck in der Regel ebenso wie der Ausdruck δυνατόν den Begriff des *einseitig* Möglichen, der lediglich dem Begriff des Unmöglichen entgegengesetzt und dem Begriff des Notwendigen übergeordnet ist.

Um auf Modalaussagen einer bestimmten Form Bezug zu nehmen, verwendet Ar. Ausdrücke, die nicht die Form dieser Aussagen selbst bezeichnen, sondern elliptische Bezeichnungen für die Form dessen sind, was in diesen Aussagen von dem durch ihr Subjekt bezeichneten Gegenstand prädiziert wird. Er führt die Modalaussagen, auf die er sich bezieht, also nicht in direkter Rede an, sondern spricht in indirekter Rede von dem, was ihre Prädikate ausdrücken, wobei er bestimmte in Gedanken zu ergänzende Redeteile wegläßt. Auf Aussagen der Form »Es ist für *x* möglich, daß *x P* ist« beispielsweise, in denen von etwas prädiziert wird, daß es für es möglich ist, daß es das und das ist, oder daß es vermögend ist, das und das zu sein, bezieht er sich mit Hilfe des Ausdrucks δυνατὸν εἶναι (21 a 35). Dieser Ausdruck ist insofern zweideutig, als er, wörtlich übersetzt, sowohl »vermögend (zu sein), (das und das) zu sein« als auch »(zu dem und dem) vermögend zu sein« bedeuten kann. In der vorliegenden Übersetzung, in der die von Ar. benutzte indirekte Rede in die direkte Rede umgewandelt wurde, die den Text besser verständlich macht, wurde er durch »möglich (für ...), daß es ist« wiedergegeben. Die durch diese Wiedergabe beseitigte Zweideutigkeit, die ihm anhaftet, haftet auch den nach demselben Muster gebildeten Ausdrücken an, die mit »angängig (für ...), daß es ist«, »unmöglich (für ...), daß es ist« und »notwendig (für ...), daß es ist« übersetzt wurden. Auf diese Zweideutigkeit ist es letztlich zurückzuführen, daß die Frage, welche verneinende Modalaussage einer gegebenen bejahenden kontradiktorisch entgegengesetzt ist, »gewisse Schwierigkeiten bereitet« (21 a 37).

»Schwierigkeiten« – wörtlich: »Aporien« – bereitet diese Frage insofern, als man sich bei dem Versuch, sie zu beantworten, in einer ausweglosen Lage zu befinden scheint. Bevor er in dem Abschnitt 21 b 17–22 einen Ausweg aus dieser Lage aufzeigt, legt Ar. in den beiden folgenden Abschnitten dar, worin ihre scheinbare Ausweglosigkeit besteht.

21 a 38 – b 12. Um eine Antwort auf die Frage nach dem kontradiktorischen Gegenteil einer bejahenden Modalaussage zu finden, stellt Ar. einen Vergleich zwischen modalen und assertorischen (d. h. nichtmodalen) Aussagen an. Als Beispiele für assertorische Aussagen dienen ihm neben der Aussage »(Ein) Mensch geht« (21 b 7), die er im Wortlaut anführt, Aussagen der beiden Formen »*x* ist ein Mensch« und »*x* ist ein weißer Mensch«, auf die er in derselben indirekten Weise Bezug nimmt wie auf die Modalaussagen, die er mit ihnen vergleicht, nämlich mit Hilfe der beiden Ausdrücke εἶναι ἄνθρωπον (21 b 1) und εἶναι λευκὸν ἄνθρωπον (21 b 2). Wollte man diese in der vorliegenden Übersetzung durch »ist ein Mensch« und »ist ein weißer Mensch« wiedergegebenen Ausdrücke wörtlich übersetzen, müßte man sie mit »daß ... ein Mensch ist« und »daß ... ein weißer Mensch ist« oder mit »ein Mensch zu sein« und »ein weißer Mensch zu sein« übersetzen.

Die oberflächliche Ähnlichkeit, die zwischen modalen Ausdrücken von der Art des Ausdrucks »vermögend, (das und das) zu sein« (δυνατὸν εἶναι) auf der einen Seite und nichtmodalen Ausdrücken von der Art des Ausdrucks »ein Mensch zu sein« (εἶναι ἄνθρωπον) auf der anderen Seite besteht, läßt auf den ersten Blick annehmen, Ausdrücke dieser beiden Arten seien auch hinsichtlich ihrer Tiefenstruktur einander so ähnlich, daß das Wort, das in den Aussagesätzen, auf die sich Ar. mit ihrer Hilfe bezieht, dem in ihnen enthaltenen Wort »sein« (εἶναι) entspricht, in den einem Ausdruck der zuerst genannten Art entsprechenden Sätzen dieselbe Rolle spielt wie in den Sätzen, die einem Ausdruck der zuletzt genannten Art entsprechen, nämlich die Rolle desjenigen Satzteils, den man negieren muß, um die betreffenden Sätze als ganze zu negieren. Der Wortlaut der fraglichen Ausdrücke verleitet also zu der Annahme, daß ebenso, wie eine bejahende *assertorische* Aussage, deren Prädikat »ist ein Mensch« lautet, nicht durch die Verneinung des Wortes »Mensch«, sondern durch die Verneinung des Wortes »ist« als ganze verneint und damit in die ihr kontradiktorisch entgegengesetzte Aussage verwandelt wird, eine bejahende *modale* Aussage, deren Prädikat die Form »(Es ist für …) möglich, daß es (das und das) ist« hat, nicht etwa durch die Verneinung des Wortes »möglich« in ihr kontradiktorisches Gegenteil verwandelt werde, sondern ebenfalls durch die Verneinung des Wortes »ist«.

Daß die Adressaten seiner Abhandlung, denen er ja klarmachen möchte, daß diese Annahme falsch ist, sich zu dieser Annahme verleiten lassen, ist von Ar. aus didaktischen Gründen beabsichtigt. Um sie ihnen naheliegend erscheinen zu lassen, mußte er die Prädikate assertorischer Aussagen und die Prädikate von Modalaussagen in einer Weise einander gegenüberstellen, die eine in Wirklichkeit nicht bestehende Ähnlichkeit zwischen ihnen vortäuscht. Dies konnte er nur dadurch erreichen, daß er sich im Falle beider Arten von Aussagen der indirekten Rede und im Falle der modalen Aussagen darüber hinaus einer abkürzenden Redeweise bediente, d. h. nur dadurch, daß er auf assertorische Aussagen der Form »*x* ist *P*« mit Hilfe eines Ausdrucks der Form »*P* zu sein« Bezug nahm und auf Modalaussagen der Form »Es ist für *x* möglich, daß *x P* ist«, die im Griechischen die Form »*x* ist vermögend, *P* zu sein« haben, unter Weglassung der zu dem modalen Prädikatsnomen »vermögend« gehörenden Kopula und des nichtmodalen Prädikatsnomens *P* mit Hilfe des Ausdrucks »vermögend (zu sein), (*P*) zu sein«.

21 b 12–17. Wäre die verneinende Aussage, die einer bejahenden Aussage der Form »Es ist für *x* möglich, daß *x P* ist« kontradiktorisch entgegengesetzt ist, nicht eine Aussage der Form »Es ist für *x* nicht möglich, daß *x P* ist«, sondern eine Aussage der Form »Es ist für *x* möglich, daß *x* nicht *P* ist«, so müßte einem Gegenstand, für den es möglich ist, etwas Bestimmtes zu sein, das er nicht immer ist, so daß es auch möglich für ihn ist, es nicht zu sein, »auch die Verneinung (der betreffenden Möglichkeit) zukommen« (21 b 15). Einem Lebewesen beispielsweise, das die Möglichkeit besitzt, gehend zu sein, d. h. zu gehen (vgl. 21 b 9f.), müßte dann, da es ja nicht immer geht und somit auch die Möglichkeit besitzt, nicht zu gehen, zusammen mit der Möglichkeit, zu gehen, auch die Verneinung (d. h. das kontradiktorische Gegenteil) dieser Möglichkeit zukommen.

21 b 17–22. In den beiden vorangehenden Abschnitten hat Ar. zu zeigen versucht, daß man angesichts der Frage, welche verneinende Modalaussage einer gegebenen bejahenden kontradiktorisch entgegengesetzt ist, vor folgendem Dilemma steht: Auf der einen Seite scheint man ebenso, wie man, um die Prädikate kontradiktorisch entgegengesetzter *assertorischer* Aussagen zu bilden, deren Subjekt ein Einzelding bezeichnet, zu einem *nichtmodalen Ausdruck* wie »(ein) Mensch« oder »(ein) weißer Mensch« die Worte »ist« und »ist nicht« hinzufügen muß, die Prädikate kontradiktorisch entgegengesetzter *modaler* Aussagen, deren Subjekt ein Einzelding bezeichnet, dadurch bilden zu müssen, daß man zu einem *Modalausdruck* wie »möglich (für ...)« oder »notwendig (für ...)« die Worte »(daß es) ist« und »(daß es) nicht ist« hinzufügt. Auf der anderen Seite käme man aber, wenn dies tatsächlich der Fall wäre, in die Verlegenheit, daß man einem Gegenstand, für den es sowohl möglich ist, daß er das und das ist, als auch möglich, daß er es nicht ist, mit der Behauptung, sowohl das eine als auch das andere sei für ihn möglich, »ein und dasselbe zugleich (wahrheitsgemäß) zu- und abspricht« (21 b 19f.).

Man muß also entweder das Prinzip vom Nichtwiderspruch, dem zufolge es »unmöglich« ist, »daß auf ein und denselben Gegenstand (zwei kontradiktorisch) entgegengesetzte Ausdrücke zutreffen« (21 b 17f.), als ungültig verwerfen oder darauf verzichten, sich angesichts der Frage, welche verneinende Aussage das kontradiktorische Gegenteil einer gegebenen bejahenden Aussage ist, an dem Kriterium zu orientieren, daß die Prädikate zweier kontradiktorisch entgegengesetzter Aussagen einen Ausdruck enthalten müssen, zu dem in der einen das Wort »ist« und in der anderen der Ausdruck »ist nicht« hinzugefügt ist. Da das Nichtwiderspruchsprinzip unantastbar ist und seine Gültigkeit außer Frage steht, gibt es nur einen Ausweg aus diesem Dilemma: Man muß ein anderes Kriterium darüber entscheiden lassen, welche verneinende Aussage einer gegebenen bejahenden Aussage kontradiktorisch entgegengesetzt ist.

21 b 23–33. Es hat sich gezeigt, daß die Verneinung von »möglich (für ...), daß es ist« nicht »möglich (für ...), daß es nicht ist« lauten kann. Sie kann also nur – und Entsprechendes gilt auch für die übrigen Modalausdrücke – »nicht möglich (für ...), daß es ist« lauten. Das »für das Zustandekommen von Bejahungen und Verneinungen maßgebende Kriterium« (21 b 21f.) muß folglich so beschaffen sein, daß es zwar einerseits, wenn man es auf bejahende *assertorische* Aussagen der Form

»*x* ist *P*« anwendet, zu dem Ergebnis führt, daß sie nicht durch die Negation des Prädikatsnomens *P*, sondern durch die Negation der Kopula »ist« als ganze negiert werden, andererseits aber, wenn man es auf bejahende *Modal*aussagen der Form »Es ist für *x* möglich (angängig/unmöglich/notwendig), daß *x P* ist« anwendet, zu dem Ergebnis, daß gerade nicht die Negation der zu *P* gehörenden Kopula »ist« sie als ganze negiert, sondern vielmehr die Negation des in ihnen enthaltenen Modalausdrucks.

Bei der Beschreibung des Kriteriums, das diesen Anforderungen genügt, spricht Ar. wiederum nicht in direkter Rede von den sprachlichen Ausdrücken, auf die er sich dabei bezieht, sondern in indirekter Rede von dem, was diese Ausdrücke bezeichnen. Wandelt man die von ihm benutzte indirekte Rede in die direkte Rede um, so kann man das fragliche Kriterium folgendermaßen beschreiben: Um das bejahende und das verneinende Glied eines kontradiktorischen Aussagenpaares darzustellen, müssen zwei singuläre Aussagen, die dasselbe Subjekt haben, so strukturiert sein, daß im Prädikat der einen der eine und im Prädikat der anderen der andere von zwei Ausdrücken, die sich bejahend und verneinend zueinander verhalten, zu einem dritten Ausdruck hinzugefügt ist, der ihnen beiden »zugrunde liegt« (21 b 28. 29) und zu dem sie in der Weise »Hinzufügungen« (21 b 27. 30) sind, daß sie in Verbindung mit ihm »das Wahre und das Falsche gegeneinander abgrenzen« (21 b 30–32), d. h. bewirken, daß von den beiden Aussagen genau eine wahr und genau eine falsch ist.

Während in *assertorischen* Kontradiktionspaaren der Form »*x* ist *P*« – »*x* ist nicht *P*« die Worte »ist« und

»ist nicht« Hinzufügungen zu dem ihnen zugrunde liegenden Prädikatsnomen *P* sind, werden in den *modalen* Kontradiktionspaaren, die sich aus solchen assertorischen Kontradiktionspaaren bilden lassen, die Worte »ist« und »ist nicht« (zusammen mit dem Prädikatsnomen *P*, worauf Ar. nicht eigens hinweist) in der nominalisierten Form der Ausdrücke »daß ... (*P*) ist« und »daß ... nicht (*P*) ist« zu dem, was den Modalausdrücken, die in bejahender und verneinender Form zu ihnen hinzugefügt werden, zugrunde liegt. So läßt sich beispielsweise aus dem bejahenden Glied eines assertorischen Kontradiktionspaares der Form »*x* ist *P*« – »*x* ist nicht *P*« ein modales Kontradiktionspaar der Form »Es ist für *x* möglich, daß *x P* ist« – »Es ist für *x* nicht möglich, daß *x P* ist« und aus dem verneinenden Glied eines solchen assertorischen Kontradiktionspaares ein modales Kontradiktionspaar der Form »Es ist für *x* möglich, daß *x* nicht *P* ist« – »Es ist für *x* nicht möglich, daß *x* nicht *P* ist« bilden.

Daß auch in den Prädikaten kontradiktorisch entgegengesetzter Modalaussagen die Worte »ist« und »ist nicht« zu einem ihnen zugrunde liegenden Ausdruck hinzugefügt sind, nämlich zu einem der vier Modalausdrücke »möglich (für ...)«, »angängig (für ...)«, »unmöglich (für ...)« und »notwendig (für ...)«, verschleiert Ar. dadurch, daß er das zu diesen Ausdrücken gehörende kopulative »ist« unerwähnt läßt, was er wohl in der Absicht tut, das, worauf es bei der Bildung kontradiktorischer Aussagenpaare ankommt, deutlicher hervortreten zu lassen: Nicht darauf, daß es sich bei den Ausdrücken, die in bejahender und verneinender Form zu einem Ausdruck, der ihnen zugrunde liegt, hinzugefügt werden, um die Worte »ist« und »ist nicht« handelt, kommt es an, sondern darauf, daß es sich bei diesen Hinzufügungen um zwei Ausdrücke handelt, die eine Verteilung der beiden Wahrheitswerte auf die beiden Glieder des Aussagenpaares bewirken, das mit ihrer Hilfe gebildet wird. Daß es sich bei diesen Hinzufügungen nicht unbedingt um die Worte »ist« und »ist nicht« handeln muß, zeigt sich daran, daß als Prädikate kontradiktorisch entgegengesetzter Aussagen auch Vollverben und deren Negationen fungieren können, also Ausdrücke, die, wie z. B. das mit »ist gehend« gleichbedeutende Verb »geht« und seine Negation (vgl. 21 b 9f.) oder das mit »ist vermögend« gleichbedeutende Verb »vermag« und seine Negation (vgl. 21 b 30–33), die Worte »ist« und »ist nicht« nur implizit enthalten. Das Verb δύνασθαι (»[etwas] vermögen«), das Ar. an der Stelle 21 b 30–33 neben dem Ausdruck δυνατὸν (εἶναι) (»[zu etwas] vermögend sein«) gebraucht, wurde in der vorliegenden Übersetzung durch »Es ist möglich für ..., daß es ...« wiedergegeben.

21 b 33 – 22 a 3. Von den vier Ausdrücken (1) »möglich (für ...), daß es ist«, (2) »nicht möglich (für ...), daß es ist«, (3) »möglich (für ...), daß es nicht ist« und (4) »nicht möglich (für ...), daß es nicht ist« ist (2) die Verneinung von (1) und (4) die Verneinung von (3). Sowohl zwischen (1) und (2) als auch zwischen (3) und (4) besteht also ein kontradiktorischer Gegensatz. Da nicht etwa (1), sondern (4) das kontradiktorische Gegenteil von (3) ist, »könnte man« (1) und (3) »für zwei Ausdrükke halten, die auseinander folgen« (21 b 35f.), d. h. für zwei Ausdrücke, für die gilt, daß auf jeden Gegenstand, auf den der eine zutrifft, auch der andere zutrifft. Daß man sie für zwei solche Ausdrücke »halten könnte«, heißt natürlich nicht, daß sie auch tatsächlich zwei solche Ausdrücke sind. Was Ar. sagen will, ist lediglich, daß damit, daß sie einander nicht kontradiktorisch entgegengesetzt sind, eine notwendige Bedingung dafür erfüllt ist, daß sie auseinander folgen. Wie aus dem dreizehnten Kapitel hervorgeht, in dem er ausdrücklich erklärt, daß »nicht für alles, was die Möglichkeit hat, sei es, (das und das) zu sein, ⟨sei es, (das und das) nicht zu sein,⟩ [...] jeweils auch das Entgegengesetzte möglich ist« (22 b 36f.), ist diese notwendige Bedingung in seinen Augen keineswegs auch hinreichend.

22 a 3–8. Wie der Ausdruck »möglich (für ...)«, so werden auch die übrigen Modalausdrücke in den mit ihrer Hilfe gebildeten Kontradiktionspaaren entweder zu einem ihnen zugrunde liegenden Ausdruck der Form »daß es (*P*) ist« oder zu einem ihnen zugrunde liegenden Ausdruck der Form »daß es nicht (*P*) ist« in bejahender und verneinender Form hinzugefügt.

22 a 8–13. Nachdem er noch einmal in Erinnerung gerufen hat, wie man bei der Bildung modaler Kontradiktionspaare vorgehen muß, listet Ar. abschließend die Modalausdrücke auf, die »man für die (kontradiktorisch) entgegengesetzten zu halten hat« (22 a 11). Der letzte Eintrag in seiner Liste, nämlich der Eintrag »wahr« – »nicht wahr«, ist offenbar ein Zusatz von fremder Hand. Vermutlich hat ein Mißverständnis der Stelle 21 b 30–33, an der »das Wahre und das Falsche« (21 b 31f.) erwähnt werden, einen Glossator dazu verleitet, die Liste um diesen Eintrag, der in ihr völlig fehl am Platz ist, zu erweitern.

Kapitel 13

22 a 14–31. Das vorliegende Kapitel ist den »Folgebeziehungen« (22 a 14) gewidmet, die zwischen den mit Hilfe der vier Modalausdrücke »möglich (für ...)«, »angängig (für ...)«, »unmöglich (für ...)« und »notwendig (für ...)« gebildeten Aussagen bestehen. Bei der Beschreibung dieser Folgebeziehungen bedient sich Ar. derselben indirekten und abkürzenden Redeweise, von der er bereits im vorangehenden Kapitel Gebrauch gemacht hat. Er sagt also beispielsweise, daß, wörtlich übersetzt, »aus dem Möglich(sein), (das und das) zu sein, das Angängig(sein), (es) zu sein, folgt« (22 a 15), womit er meint, daß für jeden Gegenstand, für den es möglich ist, das und das zu sein, dies auch angängig ist, daß also jede Aussage der Form »Es ist für *x* möglich, daß *x P* ist« die ihr entsprechende Aussage der Form »Es ist für *x* angängig, daß *x P* ist« impliziert.

Ar. behauptet zwar lediglich von dem Ausdruck »angängig (für ...), daß es ist«, daß der Ausdruck, aus dem er folgt, nämlich der Ausdruck »möglich (für ...), daß es ist«, auch aus ihm folgt – »und aus diesem Ausdruck folgt auch umgekehrt jener« (22 a 15f.) –, er will diese Behauptung aber offenbar so verstanden wissen, daß sie auch für die übrigen Ausdrücke gilt, von denen er sagt, daß sie aus den und den anderen Ausdrücken folgen. Daß er die Folgebeziehungen, von denen er spricht, obwohl er sie nur als einseitige Folgebeziehungen beschreibt, als wechselseitige Folgebeziehungen aufgefaßt wissen will, geht deutlich aus dem Abschnitt 22 b 3–10 hervor, in dem er darauf hinweist, daß einerseits die beiden Ausdrücke »unmöglich (für ...), daß es ist« und »notwendig (für ...), daß es nicht ist« und andererseits die beiden Ausdrücke »unmöglich (für ...), daß es nicht ist« und »notwendig (für ...), daß es ist« gleichbedeutend sind.

Was die beiden Ausdrücke »nicht notwendig (für ...), daß es ist« und »nicht notwendig (für ...), daß es nicht ist« betrifft, so gibt er mit der Behauptung, der erste dieser beiden Ausdrücke folge aus »möglich (für ...), daß es ist« und der zweite aus »möglich (für ...), daß es nicht ist« (vgl. 22 a 15–18), nicht seine eigene Meinung wieder, sondern eine Meinung, über deren Falschheit er diejenigen, die sie irrtümlich für richtig halten, aufklären möchte. Weshalb sie falsch ist und wie sie zu korrigieren ist, legt er in 22 b 10–28 dar.

Nachdem er sie in 22 a 15–22 beschrieben hat, stellt Ar. die Folgebeziehungen, die er im vorliegenden Kapitel behandelt, in einer Tabelle anschaulich dar. Man kann diese Tabelle, wenn man sowohl ihre vier Felder als auch die vier Zeilen eines jeden Feldes numeriert und die in ihr zusammengestellten Modalausdrücke symbolisiert, folgendermaßen wiedergeben:

Ia	1	$M(P)$	Ib	1	$\sim M(P)$
	2	$A(P)$		2	$\sim A(P)$
	3	$\sim U(P)$		3	$U(P)$
	4	$\sim N(P)$		4	$N(\sim P)$
IIa	1	$M(\sim P)$	IIb	1	$\sim M(\sim P)$
	2	$A(\sim P)$		2	$\sim A(\sim P)$
	3	$\sim U(\sim P)$		3	$U(\sim P)$
	4	$\sim N(\sim P)$		4	$N(P)$

M/*A*/*U*/*N*(*P*) = »Es ist möglich/angängig/unmöglich/notwendig für …, daß es *P* ist«,
~*M*/*A*/*U*/*N*(*P*) = »Es ist *nicht* möglich/angängig/unmöglich/notwendig für …, daß es *P* ist«,
M/*A*/*U*/*N*(~*P*) = »Es ist möglich/angängig/unmöglich/notwendig für …, daß es *nicht P* ist«,
~*M*/*A*/*U*/*N*(~*P*) = »Es ist *nicht* möglich/angängig/unmöglich/notwendig für …, daß es *nicht P* ist«.

22 a 32–37. Sowohl in der oberen als auch in der unteren Hälfte der Tabelle unterscheidet sich die Art und Weise, in der die Glieder des dritten Ausdruckspaares aus den Gliedern des zweiten und den Gliedern des ersten Ausdruckspaares folgen, deutlich von der Art und Weise, in der die Glieder des zweiten Ausdruckspaares aus den Gliedern des ersten Ausdruckspaares folgen. Zwar folgen die Glieder des dritten Paares ebenso wie die Glieder des zweiten aus den einander kontradiktorisch entgegengesetzten Aussagen, aus denen sie folgen, als Aussagen, die einander ebenfalls kontradiktorisch entgegengesetzt sind; während jedoch im Falle des zweiten Paares dessen *bejahendes* Glied aus dem *bejahenden* Glied und dessen *verneinendes* Glied aus dem *verneinenden* Glied des ersten Paares folgt, folgt im Falle des dritten Paares dessen *bejahendes* Glied aus den *verneinenden* Gliedern und dessen *verneinendes* Glied aus den *bejahenden* Gliedern der ersten beiden Paare. Die Glieder des dritten Paares folgen aus den Gliedern des zweiten und den Gliedern des ersten Paares also »zwar so, daß auch sie einen kontradiktorischen Gegensatz bilden, aber in umgekehrter Anordnung« (22 a 34).

Bei der Erläuterung des Ausdrucks »in umgekehrter Anordnung« (22 a 34) beschränkt sich Ar. auf die Erwähnung der Ausdrücke, die in der oberen Hälfte der Tabelle das erste und das dritte Paar bilden. Da er sich der indirekten Rede bedient, um auf diese Ausdrücke Bezug zu nehmen, sind es genaugenommen nicht diese Ausdrücke selbst, die er erwähnt, sondern die von ihnen bezeichneten modalen Eigenschaften.

22 a 38 – b 3. Was die beiden Ausdruckspaare betrifft, die in der oberen und der unteren Hälfte der Tabelle den vierten Platz einnehmen, so scheinen auf den ersten Blick ihre bejahenden Glieder miteinander vertauscht zu sein. Denn es ist ja nicht der Ausdruck *N*(~*P*), sondern der Ausdruck *N*(*P*), den der Ausdruck ~*N*(*P*) verneint, und nicht der Ausdruck *N*(*P*), sondern der Ausdruck *N*(~*P*), den der Ausdruck ~*N*(~*P*) verneint. Abweichend von dem, was die Anordnung der in den vier Feldern der Tabelle an der dritten Stelle stehenden Ausdrücke erwarten läßt, sind die Ausdrücke, die an der vierten Stelle stehen, so angeordnet, daß die beiden verneinenden Ausdrücke, statt zusammen mit demjenigen bejahenden Ausdruck, dem sie *kontradiktorisch* entgegengesetzt sind, jeweils zusammen mit dem anderen das vierte Paar bilden, der demjenigen, dem sie kontradiktorisch entgegengesetzt sind, *konträr* entgegengesetzt ist. Die beiden bejahenden Ausdrücke stehen also nicht neben ihrem eigenen kontradiktorischen Gegenteil, sondern neben dem kontradiktorischen Gegenteil des Ausdrucks, der ihr konträres Gegenteil ist. Statt neben dem ihm kontradiktorisch entgegengesetzten Ausdruck ~*N*(~*P*) steht der Ausdruck *N*(~*P*) neben dem Ausdruck ~*N*(*P*), der dem ihm konträr entgegengesetzten Ausdruck *N*(*P*) kontradiktorisch entgegengesetzt ist, und statt neben dem ihm kontradiktorisch entgegengesetzten Ausdruck ~*N*(*P*) steht der Ausdruck *N*(*P*) neben dem Ausdruck ~*N*(~*P*), der dem ihm konträr entgegengesetzten Ausdruck *N*(~*P*) kontradiktorisch entgegengesetzt ist.

Daß Ar. dies meint, wenn er, wörtlich übersetzt, sagt: »Vielmehr folgen die konträren Ausdrücke, und die kontradiktorischen sind getrennt« (22 a 39), hat Boethius (vgl. I 184–189, II 426–429) im Gegensatz zur Mehrzahl der Interpreten von der Antike bis zur Gegenwart, die diesen nicht leicht verständlichen Satz mißverstanden hat, richtig erkannt. Unter den konträren Ausdrücken, von denen in diesem Satz die Rede ist, sind also nicht, wie die meisten Interpreten annehmen, die Glieder des Paares ~*N*(*P*) – *N*(~*P*) einerseits und die Glieder des Paares ~*N*(~*P*) – *N*(*P*) andererseits zu verstehen, sondern die bejahenden Glieder dieser beiden Ausdruckspaare, also die beiden Ausdrücke *N*(~*P*) und *N*(*P*). Man kann die logischen Beziehungen, die zwischen den vier das Wort »notwendig« enthaltenden Modalausdrücken bestehen, mit Hilfe eines modallogischen Quadrats veranschaulichen, in dem *N*(*P*) die Stelle der universell-bejahenden Aussageform *a*, *N*(~*P*) die Stelle der universell-verneinenden Aussageform *e*, ~*N*(~*P*) die Stelle der partikulär-bejahenden Aussageform *i* und ~*N*(*P*) die Stelle der partikulär-verneinenden Aussageform *o* einnimmt. (Zum logischen Quadrat der vier Aussageformen *a*, *e*, *i* und *o* vgl. die Anmerkungen zu Kapitel 7, 17 b 16–26.)

22 b 3–10. Die beiden Ausdrücke *N*(*P*) und *N*(~*P*), die in den Augen eines modallogisch nicht geschulten Betrachters der Tabelle falsch angeordnet zu sein scheinen, sind deshalb richtig angeordnet, weil zwei Ausdrücke, von denen der eine das als unmöglich bezeichnet, was der andere als notwendig bezeichnet, sich nicht etwa so zueinander verhalten, daß der eine mit dem anderen äquivalent wäre, sondern so, daß der eine mit dem konträren Gegenteil des anderen äquivalent ist. Im Unterschied zu den Gliedern des dritten Ausdruckspaares, die in der oberen und der unteren Hälfte der Tabelle so aus den Gliedern des ersten und den Gliedern des zweiten Paares folgen, daß sie in Übereinstimmung mit ihnen einander kontradiktorisch entgegengesetzt sind, folgen die Glieder des vierten Paares so aus ihnen, daß das verneinende Glied dieses Paares statt dem bejahenden Glied dem konträren Gegenteil des bejahenden Gliedes kontradiktorisch entgegengesetzt ist.

22 b 10–14. In diesem und den folgenden drei Abschnitten zeigt Ar., daß entgegen dem Anschein nicht die rechte, sondern die linke Seite der Tabelle korrekturbedürftig ist. Der im vorliegenden Abschnitt enthaltene erste Teil seiner vierteiligen Argumentation dient dem Nachweis, daß aus *N*(*P*) *M*(*P*) folgt.

Das Argument, *M*(*P*) folge deshalb aus *N*(*P*), weil dem Prinzip vom ausgeschlossenen Dritten zufolge – »denn man muß ja entweder bejahen oder verneinen« (22 b 12f.) – andernfalls ~*M*(*P*) und damit auch *U*(*P*) aus *N*(*P*) folgen müßte, was absurd wäre, hat Ar. mißverständlich formuliert. Denn mit der Rede davon, daß »andernfalls«, d. h. dann, wenn es nicht für jeden Gegenstand, für den es notwendig ist, daß er *P* ist, auch möglich wäre, daß er *P* ist, »die Verneinung folgen müßte« (22 b 11f.), scheint zwar gemeint zu sein, daß es dann für *jeden* Gegenstand, für den es notwendig ist, daß er *P* ist, nicht möglich und damit unmöglich sein müßte, daß er *P* ist; gemeint ist aber offenbar nur, daß es dann für *irgendeinen* Gegenstand, für den es notwendig ist, daß er *P* ist, nicht möglich und damit unmöglich sein müßte, daß er P ist. Jedenfalls argumentiert Ar. nur dann logisch korrekt, wenn er mit dem, was er sagt, nicht ersteres meint, sondern letzteres.

22 b 14–17. Wenn die beiden Ausdrücke $\sim N(P)$ und $\sim N(\sim P)$ dort, wo sie in der Tabelle stehen, am richtigen Platz stünden, würde aus $M(P)$ $\sim N(P)$ folgen. Da nun aber, wie sich im vorangehenden Abschnitt gezeigt hat, $M(P)$ seinerseits aus $N(P)$ folgt, würde dann auch aus $N(P)$ $\sim N(P)$ folgen, was absurd wäre. Der Ausdruck $\sim N(P)$ steht also in Ia 4 am falschen Platz.

22 b 17–22. Der mit dem Ausdruck $\sim N(P)$ falsch besetzte Platz Ia 4 wäre mit keinem der beiden Ausdrücke $N(P)$ und $N(\sim P)$ richtig besetzt. Es gibt nämlich Gegenstände, auf die zusammen mit dem Ausdruck $M(P)$ auch der Ausdruck $M(\sim P)$ zutrifft. Solche Gegenstände könnte es aber nicht geben, wenn aus $M(P)$ $N(P)$ oder $N(\sim P)$ folgen würde, da auf keinen Gegenstand, auf den einer dieser beiden Notwendigkeitsausdrücke zutrifft, die beiden Möglichkeitsausdrücke $M(P)$ und $M(\sim P)$ miteinander zutreffen; denn $N(P)$ ist ja mit der Negation von $M(\sim P)$ und $N(\sim P)$ mit der Negation von $M(P)$ äquivalent. Keiner dieser beiden Notwendigkeitsausdrücke kann also den Platz Ia 4 einnehmen, da keiner von ihnen aus $M(P)$ folgt.

22 b 22–28. Nachdem $N(P)$ und $N(\sim P)$ ausgeschieden sind, steht für den Platz Ia 4 als Alternative zu dem Ausdruck $\sim N(P)$ nur noch der Ausdruck $\sim N(\sim P)$ zur Verfügung. Die einzige noch verbleibende Möglichkeit, die Tabelle zu korrigieren, besteht also darin, diese beiden Ausdrücke gegeneinander auszutauschen. Wie Ar., der dabei allerdings wiederum nur die obere Hälfte der Tabelle berücksichtigt, darlegt, hat diese Korrektur zwei Auswirkungen, die zeigen, daß sie richtig ist:

(1) Wenn ~*N*(*P*) und ~*N*(~*P*) ihre Plätze tauschen, folgt einerseits aus *M*(*P*) das kontradiktorische Gegenteil desjenigen Notwendigkeitsausdrucks, der aus ~*M*(*P*) folgt, nämlich das kontradiktorische Gegenteil von *N*(~*P*), und andererseits aus *M*(~*P*) das kontradiktorische Gegenteil desjenigen Notwendigkeitsausdrucks, der aus ~*M*(~*P*) folgt, nämlich das kontradiktorische Gegenteil von *N*(*P*). Die den bejahenden Ausdrücken der Notwendigkeit kontradiktorisch entgegengesetzten verneinenden Ausdrücke der Nicht-Notwendigkeit folgen dann also in derselben Weise aus den bejahenden Ausdrücken der Möglichkeit wie die den bejahenden Ausdrücken der Unmöglichkeit kontradiktorisch entgegengesetzten verneinenden Ausdrücke der Nicht-Unmöglichkeit, nämlich in der Weise, daß sie jeweils aus demjenigen Möglichkeitsausdruck folgen, aus dessen kontradiktorischem Gegenteil der Ausdruck folgt, dem sie ihrerseits kontradiktorisch entgegengesetzt sind. Die Umstellung von ~*N*(*P*) und ~*N*(~*P*) bewirkt somit, daß sowohl in der oberen als auch in der unteren Hälfte der Tabelle das, was in 22 a 32–37 von den Gliedern des dritten Ausdruckspaares gesagt wurde, nun auch auf die Glieder des vierten Ausdruckspaares zutrifft, daß sie nämlich als einander kontradiktorisch entgegengesetzte, aber umgekehrt angeordnete Ausdrücke aus den Gliedern des ersten und den Gliedern des zweiten Paares folgen.

(2) Wenn ~*N*(*P*) und ~*N*(~*P*) ihre Plätze tauschen, ergeben sich aus ihrer Anordnung keine absurden Konsequenzen mehr. Denn im Gegensatz zu ihrer ursprünglichen Anordnung, aus der sich aufgrund dessen, daß

aus $N(P)$ $M(P)$ und aus $N(\sim P)$ $M(\sim P)$ folgt, die Absurdität ergibt, daß aus $N(P)$ auch $\sim N(P)$ und aus $N(\sim P)$ auch $\sim N(\sim P)$ folgen müßte, hat ihre geänderte Anordnung die logische Tatsache zur Konsequenz, daß aus $N(P)$ auch $\sim N(\sim P)$ und aus $N(\sim P)$ auch $\sim N(P)$ folgt.

Durch die Korrektur der Tabelle wird die Zweideutigkeit, die den Ausdrücken »möglich (für ...)« und »angängig (für ...)« in der ursprünglichen Fassung der Tabelle insofern anhaftet, als sie dort in den beiden linken Feldern den Begriff der *zweiseitigen* und in den beiden rechten Feldern den Begriff der *einseitigen* Möglichkeit bedeuten, zugunsten des einseitigen Möglichkeitsbegriffs beseitigt. Sie bedeuten nach der Korrektur der Tabelle also in allen vier Feldern den Begriff derjenigen Art von Möglichkeit, deren Besitz den Besitz der gegenteiligen Möglichkeit weder ein- noch ausschließt.

22 b 29–37. In diesem Abschnitt hinterfragt Ar. die These, daß aus $N(P)$ $M(P)$ folgt, die er in dem Abschnitt 22 b 10–14 mit dem Argument zu beweisen versucht hat, daß dann, wenn $M(P)$ nicht aus $N(P)$ folgen würde, die Negation von $M(P)$ aus $N(P)$ folgen müßte, was absurd wäre. Dieses Argument, das er offenbar in dem Sinne verstanden wissen will, daß dann, wenn $M(P)$ nicht auf jeden Gegenstand zutreffen würde, auf den $N(P)$ zutrifft, auf irgendeinen Gegenstand, auf den $N(P)$ zutrifft, $\sim M(P)$ zutreffen müßte, was absurd wäre, wiederholt er hier zunächst. Dabei weist er ergänzend darauf hin, daß dieses Argument auch dann stichhaltig wäre, wenn die Negation von $M(P)$ nicht $\sim M(P)$, sondern $M(\sim P)$ lauten würde, da auf einen Gegenstand, auf den $N(P)$ zutrifft, $M(\sim P)$ ebensowenig zutrifft wie $\sim M(P)$. Anschließend gibt er zu bedenken, daß man die fragliche These auch widerlegen zu können scheint, nämlich mit dem Argument, daß auf einen Gegenstand, auf den *M*(*P*) zutrifft, auch *M*(~*P*) zutrifft, so daß dann, wenn *M*(*P*) tatsächlich aus *N*(*P*) folgen würde, auf einen Gegenstand, auf den *N*(*P*) zutrifft, auch *M*(~*P*) und damit *A*(~*P*) zutreffen müßte, was jedoch nicht der Fall ist.

Die Lösung der Aporie, in der man sich angesichts der Frage, ob aus *N*(*P*) *M*(*P*) folgt oder nicht, unter diesen Umständen befindet, besteht darin, daß das Argument, das für eine verneinende Antwort auf diese Frage zu sprechen scheint, auf einer falschen Prämisse beruht. Denn daß auch *M*(~*P*) auf sie zutrifft, trifft zwar auf viele, aber nicht auf alle Gegenstände zu, auf die *M*(*P*) zutrifft. Für einen Gegenstand, für den es deshalb möglich ist, *P* zu sein, weil dies notwendig für ihn ist, ist es aufgrund der Äquivalenz von *N*(*P*) und ~*M*(~*P*) nicht auch möglich, nicht *P* zu sein.

Über die Behauptung, daß »nicht für alles, was die Möglichkeit hat, sei es, (das und das) zu sein, sei es, zu gehen, jeweils auch das Entgegengesetzte möglich ist« (22 b 36f.), kann man angesichts der Tatsache, daß es so etwas wie einen Gehenden, der nicht die Möglichkeit hätte, nicht zu gehen, und daher unaufhörlich gehen müßte, nun einmal nicht gibt – im zwölften Kapitel weist Ar. auf diese Tatsache ausdrücklich hin (vgl. 21 b 12–17) –, nur den Kopf schütteln. Offenbar liegt hier eine Textverderbnis vor, und zwar läßt die Stelle 22 b 33–35, an der davon die Rede ist, daß es »für ein und denselben Gegenstand sowohl möglich zu sein scheint, daß er (das und das) ist, als auch möglich, daß er (es) nicht ist«, vermuten, daß es ein ursprüngliches »sei es, (das und das) zu sein, sei es, (das und das) nicht zu sein«

war, das zu dem überlieferten »sei es, (das und das) zu sein, sei es, zu gehen« verdorben wurde, nämlich dadurch, daß zunächst aufgrund eines Augensprungs vom ersten zum zweiten Vorkommnis des Wortes »sein« die Worte »sei es, (das und das) nicht zu sein« ausgelassen und dann die noch übriggebliebenen Worte »sei es, (das und das) zu sein«, die ja nach einer Ergänzung verlangten, durch die Worte »sei es, zu gehen« ergänzt wurden.

Die Anregung zu diesem unüberlegten Versuch, die durch die Auslassung der Worte »sei es, (das und das) nicht zu sein« entstandene Lücke zu schließen, hat vermutlich die Passage 23 a 7–15 gegeben, in der die Möglichkeit zu gehen (verstanden als die Möglichkeit, gehend zu sein) als Beispiel für die Möglichkeit, etwas zu sein, angeführt wird. Diese Passage dürfte sich ursprünglich unmittelbar an den Abschnitt 22 b 29–37 angeschlossen haben, da der Abschnitt 22 b 38 – 23 a 6 und der erste Satz des Abschnitts 23 a 6–20 erst nachträglich in den Text eingeschoben worden zu sein scheinen. Die von Ammonios (vgl. 241, 15–23) und Boethius (vgl. II 449, 15 – 450, 7) unternommenen Versuche, dem überlieferten Text der Stelle 22 b 36f. einen vernünftigen Sinn abzugewinnen, sind verlorene Liebesmüh.

22 b 38 – 23 a 6. Daß nicht für alle Gegenstände, für die etwas möglich ist, auch das Gegenteil davon möglich ist, zeigt das Beispiel der mit einem vernunftlosen Vermögen ausgestatteten Dinge, unter denen es nur »einige« gibt, »für die zugleich Entgegengesetztes möglich ist« (23 a 3f.). Während die vernünftigen Vermögen alle so beschaffen sind, daß sie diejenigen, die über sie verfügen, zu Entgegengesetztem befähigen – wer z. B. das Vermögen der Heilkunst besitzt, vermag nicht nur Kranke gesund, sondern auch Gesunde krank zu machen (vgl. *Met.* Θ 2, 1046 b 6f.) –, befähigen von den vernunftlosen Vermögen nur diejenigen ihre Besitzer zu Entgegengesetztem, die nicht, wie z. B. das Vermögen des Feuers zu wärmen, von Natur aus immer verwirklicht sind. Daß »nicht einmal all diejenigen Vermögen sich auf Entgegengesetztes beziehen, die in dem Sinne als Vermögen bezeichnet werden, daß Vermögen ein und derselben Art mit ihnen gemeint sind« (23 a 5f.), heißt, daß nicht nur nicht alle *Arten von Vermögen* auf Entgegengesetztes bezogen sind, sondern, wie man an den vernunftlosen Vermögen sieht, nicht einmal alle *Vermögen ein und derselben Art.*

Der vorliegende Abschnitt stammt offenbar nicht von Ar. selbst, sondern von einem Leser, der sich durch das von Ar. Gesagte an die im neunten Buch der *Metaphysik* eingeführte Unterscheidung zwischen vernünftigen und vernunftlosen Vermögen erinnert fühlte (vgl. *Met.* Θ 2, 1046 b 1–7; 8, 1050 b 28–34).

23 a 6–20. Der erste Satz dieses Abschnitts dürfte zusammen mit dem vorangehenden Abschnitt erst nachträglich in den Text eingefügt worden sein, so daß der zweite Satz ursprünglich die Aufgabe gehabt haben dürfte, das im letzten Satz des Abschnitts 22 b 29–37 Gesagte zu begründen. Daß »nicht für alles, was die Möglichkeit hat, sei es, (das und das) zu sein, ⟨sei es, (das und das) nicht zu sein,⟩ [...] jeweils auch das Entgegengesetzte möglich ist«, sondern daß »es Dinge gibt, bei denen dies nicht zutrifft« (22 b 36f.), hat seinen Grund darin, daß von der Möglichkeit, etwas zu sein, »nicht ohne Bedeutungsunterschied« (23 a 7; wörtlich: »nicht schlechthin«, d. h. nicht ohne Differenzierung) gesprochen wird, daß es also nicht für alles, wofür es möglich ist, *P* zu sein, im selben Sinne möglich ist, *P* zu sein.

Für etwas, für das es deshalb möglich ist, *P* zu sein, weil es bereits in Wirklichkeit *P* ist, ist es in einem anderen Sinne möglich, *P* zu sein, als für etwas, für das es deshalb möglich ist, *P* zu sein, weil es zwar noch nicht in Wirklichkeit *P* ist, aber zu etwas, das *P* ist, werden könnte. Für diejenigen Dinge, für die es »schlechthin« notwendig ist, *P* zu sein, d. h. für diejenigen Dinge, die allezeit mit einer Notwendigkeit, die schon immer bestanden hat, *P* sind (vgl. die Anmerkungen zu Kap. 9, 19 a 23–32), ist es zwar nicht in dem zuletzt genannten, wohl aber in dem zuerst genannten Sinne auch möglich, *P* zu sein. Wie man an diesen Dingen sieht, gibt es nicht nur Dinge, für die das Gegenteil dessen, wozu sie die Möglichkeit haben, ebenfalls möglich ist, für die das, was für sie möglich ist, also nicht notwendig ist, sondern auch Dinge, für die das, was für sie möglich ist, gerade deshalb möglich ist, weil es notwendig für sie ist.

Der Begriff des Notwendigen verhält sich somit zum Begriff des Möglichen – genauer gesagt: zum Begriff desjenigen Möglichen, das bereits wirklich ist – wie das »Partikuläre« zum »Allgemeinen«, d. h. wie ein Artbegriff zu dem ihm übergeordneten Gattungsbegriff. Nun »folgt« aber »aus dem Partikulären das Allgemeine« (23 a 16f.), nämlich in dem Sinne, daß ein Gegenstand, der unter einen bestimmten Artbegriff fällt, auch unter den diesem Artbegriff übergeordneten Gattungsbegriff fällt. Das, was unter den Begriff des Notwendigen fällt, fällt somit auch unter den Begriff des Möglichen, allerdings nicht unter den Begriff jedes Möglichen, nämlich nicht unter den Begriff desjenigen Möglichen, das noch nicht wirklich ist; und in diesem Sinne »folgt aus der Notwendigkeit, (das und das) zu sein, in der Tat die Möglichkeit, (es) zu sein, jedoch nicht jede Art von Möglichkeit« (23 a 17f.).

Die beiden Arten von Möglichkeit, von denen hier die Rede ist, nämlich die *schon verwirklichte* und die *noch nicht verwirklichte* Möglichkeit, sind im Grunde genommen nur Stellvertreter für die beiden Arten von Möglichkeit, um die es hier eigentlich geht, nämlich Stellvertreter für die *einseitige* und die *zweiseitige* Möglichkeit. Die Stelle dieser beiden Möglichkeitsarten können sie deshalb vertreten, weil die schon verwirklichte Möglichkeit, *P* zu sein, die einseitige und die noch nicht verwirklichte Möglichkeit, *P* zu sein, die zweiseitige Möglichkeit, *P* zu sein, impliziert. Etwas, das bereits in Wirklichkeit *P* ist, hat ja zumindest die Möglichkeit, *P* zu sein, wenn auch nicht unbedingt die Möglichkeit, nicht *P* zu sein, während für etwas, das noch nicht *P* ist, für das es aber möglich ist, *P* zu sein, beides möglich ist. Wie das Partikuläre zum Allgemeinen verhält sich der Begriff der Notwendigkeit sowohl zum Begriff der bereits verwirklichten Möglichkeit als auch zum Begriff der einseitigen Möglichkeit.

Die Bemerkung, daß es »ein Vermögen dieser Art (d. h. ein noch nicht verwirklichtes Vermögen) nur bei den veränderlichen, ein Vermögen jener anderen Art (d. h. ein bereits verwirklichtes Vermögen) hingegen auch bei den unveränderlichen Dingen gibt« (23 a 11–13), geht vermutlich auf einen Leser zurück, der sich durch die im zwölften Buch der *Metaphysik* vorgetragene Lehre von jenen unvergänglichen und unbeweglichen geistigen Wesenheiten zu ihr anregen ließ, denen nach Ar. die Himmelskörper ihre Bewegung verdanken (vgl. *Met.* Λ 6–8).

Um einen »Zusatz von späterer Hand« (Becker 1934: 448) dürfte es sich auch beim letzten Satz des vorliegenden Abschnitts handeln, in dem der Vorschlag gemacht wird, in der korrigierten Tabelle die Ausdrücke der Notwendigkeit und der Nicht-Notwendigkeit jeweils an die erste Stelle zu setzen, also nicht die mit ihrer Hilfe gebildeten Aussagen aus denjenigen folgen zu lassen, die mit Hilfe der Ausdrücke der Möglichkeit und der Nicht-Möglichkeit gebildet sind, sondern umgekehrt diese aus jenen. Was an der Echtheit dieses Satzes zweifeln läßt, ist die Tatsache, daß in dem ihm unmittelbar vorangehenden Satz, an den er ja anknüpft, nicht von der *wechselseitigen* Folgebeziehung die Rede ist, die der korrigierten Tabelle zufolge zwischen der Notwendigkeit, etwas zu sein, und der *Unmöglichkeit*, es *nicht* zu sein, besteht, sondern von der *einseitigen* Folgebeziehung zwischen der Notwendigkeit, etwas zu sein, und der *Möglichkeit*, es zu *sein* (vgl. Becker 1934: 447f.). Der fragliche Vorschlag dürfte dadurch motiviert sein, daß im neunten Buch der *Metaphysik* das »notwendigerweise Seiende« als das »Erste« bezeichnet wird, ohne das es »überhaupt nichts gäbe« (*Met.* Θ 8, 1050 b 18f.).

23 a 21–26. Daß er nicht von Ar. stammt, ist im Falle dieses Abschnitts, mit dem das 13. Kapitel endet, besonders deutlich. Was in ihm steht, »läßt sich«, wie A. Becker mit Recht bemerkt, »in Wahrheit in keinen vernünftigen Zusammenhang mit dem vorangehenden Text bringen« (1934: 448) und ist wohl einem Leser zuzuschreiben, der das, was er aus dem achten Kapitel des neunten Buches der *Metaphysik* (*Met.* Θ 8) über den Vorrang der Wirklichkeit vor der Möglichkeit gelernt hat, mit den modallogischen Erörterungen des vorliegenden Kapitels in Verbindung bringen zu können glaubte.

»Wirklichkeiten ohne (eine nicht immer verwirklichte) Möglichkeit« sind die unvergänglichen Dinge, nämlich einerseits die unbewegten geistigen Wesenheiten, von denen die Himmelskörper bewegt werden, und andererseits die unaufhörlich bewegten Himmelskörper selbst; »Wirklichkeiten mit (einer nicht immer verwirklichten) Möglichkeit« sind die vergänglichen, irdischen Dinge. Mit den »ersten Wesenheiten«, von denen in 23 a 24 die Rede ist, sind offenbar die unvergänglichen Dinge der zuerst genannten Art gemeint, also diejenigen, die unbewegt und unkörperlich sind. Ob die den vergänglichen Dingen innewohnenden Formen, die der Ausdruck »erste Wesenheit« in der *Metaphysik* bezeichnet (vgl. *Met.* Z 7, 1032 b 1f.; 11, 1037 a 5. 28f.), mit gemeint sind, ist unklar. Gemeint sind jedenfalls nicht die zu den einzelnen Arten einer Gattung gehörenden Individuen, die dieser Ausdruck in der Kategorienschrift bezeichnet (vgl. *Cat.* 5, 2 a 11–14, b 4. 6), sondern, wenn nicht ausschließlich, so doch hauptsächlich diejenigen Dinge, die zu der obersten der drei Arten von Wesenheiten gehören, die Ar. im zwölften Buch der *Metaphysik* unterscheidet (vgl. *Met.* Λ 1, 1069 a 30–33; 6, 1071 b 3–5).

Daß die vergänglichen Dinge der nicht immer verwirklichten Möglichkeit, deren Verwirklichung sie darstellen, »zwar der Natur nach vorgeordnet, aber hinsichtlich der Zeit nachgeordnet« sind, heißt, daß in ihrem Falle zwar nur durch ein bereits wirkliches Individuum einer bestimmten Art aus einem möglichen anderen ein wirkliches werden kann, aber jedes wirkliche Individuum nur ein mögliches war, bevor es ein wirkliches wurde (vgl. *Met.* Θ 8, 1049 b 17–29, 1050 a 4–10, b 3–6).

»Niemals Wirklichkeiten, sondern bloße Möglichkeiten« sind Dinge, die, wie z. B. die unendliche Folge der positiven ganzen Zahlen oder die unendliche Menge der Teilstrecken, in die sich eine Strecke durch fortgesetztes Halbieren teilen läßt, deshalb nur im Denken wirklich und in der Wirklichkeit nur möglich sind, weil sie aus der Verwirklichung einer Möglichkeit resultieren, deren Verwirklichung nicht zum Abschluß gebracht und daher nur gedacht werden kann (vgl. *Phys.* III 6 und 7 sowie *Met.* Θ 6, 1048 b 9–17).

Kapitel 14

23 a 27–32. In diesem abschließenden Kapitel, das wohl kaum von Ar. selbst stammt – seine Echtheit wurde bereits von Ammonios in Zweifel gezogen (vgl. 251, 25 – 252, 10) und von Stephanos bestritten (vgl. 63, 7–12) –, geht es um die Frage, ob eine bejahende Aussage einer verneinenden Aussage oder einer anderen bejahenden Aussage konträr entgegengesetzt ist. Wie er diese Frage genau verstanden wissen will, erläutert der Verfasser des Kapitels an zwei Beispielen: (1) Ist die Aussage (a) »Jeder Mensch ist gerecht« der Aussage (b) »Kein Mensch ist gerecht« oder der Aussage (c) »Jeder Mensch ist ungerecht« konträr entgegengesetzt? (2) Ist die Aussage (a) »Kallias ist gerecht« der Aussage (b) »Kallias ist nicht gerecht« oder der Aussage (c) »Kallias ist ungerecht« konträr entgegengesetzt?

Die Gegenüberstellung dieser beiden Beispiele ist deshalb irreführend, weil sie den Unterschied zwischen dem konträren und dem kontradiktorischen Gegenteil einer bejahenden Aussage verwischt. Zwischen (1a) und (1b) besteht ja ein konträrer, zwischen (2a) und (2b) hingegen ein kontradiktorischer Gegensatz.

23 a 32–39. Wie er vorgehen muß, um die genannte Frage zu beantworten, glaubt der Verfasser des vorliegenden Kapitels dem ersten Kapitel entnehmen zu können, an das er mit dem Hinweis darauf anknüpft, daß »sich die (sprachlichen) Äußerungen unserer Stimme nach den Vorgängen in unserem Denken richten« (23 a 32f.; vgl. Kap. 1, 16 a 3f.). Wenn sich das Sprechen nach dem Denken richtet, meint er, muß sich die Antwort auf die Frage, welche mit der Stimme geäußerte Aussage welcher anderen konträr entgegengesetzt ist, nach der Antwort auf die Frage richten, welche im Denken gebildete Meinung welcher anderen konträr entgegengesetzt ist.

Bei der Meinung, in der eine mit der Stimme geäußerte Aussage ihre gedankliche Entsprechung hat, handelt es sich nicht um eine Meinung im Sinne des *Habens* einer Meinung, sondern um eine Meinung im Sinne eines Meinungs*inhalts*, also nicht um den *Zustand des Meinens*, in dem man sich befindet, wenn man eine bestimmte Meinung hat, sondern um das, *was man meint*, wenn man eine bestimmte Meinung hat. Es ist daher verwirrend, daß die Frage, die es im folgenden zu beantworten gilt, im vorliegenden Abschnitt als die Frage formuliert wird, »welche falsche Meinung einer richtigen jeweils konträr entgegengesetzt ist, ob es diejenige ist, welche die Verneinung (des Inhalts der richtigen) zum

Inhalt hat, oder diejenige, der zufolge dessen konträres Gegenteil der Fall ist« (23 a 38f.), d. h. als die Frage, ob diejenige falsche Meinung einer gegebenen richtigen konträr entgegengesetzt ist, deren Inhalt den Inhalt der richtigen *negiert*, ihm also *kontradiktorisch* entgegengesetzt ist, oder diejenige, deren Inhalt dem Inhalt der richtigen *konträr* entgegengesetzt ist. Denn bei den Meinungen, von denen hier die Rede ist, kann es sich ja, da sie ihren Inhalten gegenübergestellt werden, nicht um Meinungs*inhalte* handeln, sondern nur um *Zustände* des Meinens. Daß er Zustände des Meinens unter ihnen versteht, gibt der Verfasser des vorliegenden Kapitels auch dadurch zu erkennen, daß er behauptet: »Am meisten befindet sich aber jeweils derjenige in bezug auf etwas im falschen Glauben, der die (der jeweiligen richtigen) konträr entgegengesetzte Meinung hat« (23 b 21f.).

Die von den älteren Handschriften überlieferte Lesart »welche *richtige* Meinung einer *falschen* jeweils konträr entgegengesetzt ist« (23 a 38) beruht offenbar auf einer Textverderbnis. Daß »welche *falsche* Meinung einer *richtigen* ...« zu lesen ist, geht klar aus dem Anfang des folgenden Abschnitts hervor.

23 a 39 – b 7. Die genannte Frage wird am Beispiel der folgenden Frage konkretisiert: Welche Meinung ist der Meinung vom Guten, es sei gut, konträr entgegengesetzt, die Meinung vom Guten, es sei nicht gut, oder die Meinung vom Guten, es sei schlecht? Zugunsten der These, daß nicht die Meinung vom Guten, es sei schlecht, sondern die Meinung vom Guten, es sei nicht gut, der Meinung vom Guten, es sei gut, konträr entgegengesetzt ist, werden im folgenden drei Argumente vorgebracht. Bevor er diese Argumente vorbringt, weist der Verfasser des Kapitels die Ansicht, »konträr entgegengesetzte Meinungen seien dadurch bestimmt, daß sie sich auf konträr Entgegengesetztes beziehen« (23 b 3f.), mit der stichhaltigen Begründung als falsch zurück, daß es Meinungen gibt, die sich, wie z. B. die Meinung vom Guten, es sei gut, und die Meinung vom Schlechten, es sei schlecht, auf konträr entgegengesetzte Dinge beziehen und dennoch beide richtig (einander also nicht konträr entgegengesetzt) sind.

Um das Verständnis des komplizierten Arguments zu erleichtern, das in dem Abschnitt 23 b 7–27 zugunsten der genannten These vorgebracht wird, wurde dieser Abschnitt bei der Gliederung des Textes und der Übersetzung in die beiden Abschnitte 23 b 7–21 und 23 b 21–27 unterteilt.

23 b 7–27. Erstes Argument: Als das konträre Gegenteil der richtigen Meinung vom Guten, es sei gut, kommen nur zwei falsche Meinungen über das Gute in Betracht, nämlich erstens die Meinung, es sei nicht gut, und zweitens die Meinung, der zufolge »es etwas anderes ist, das ihm nicht zukommt und auch gar nicht zukommen kann« (23 b 8f.), d. h. die Meinung, es sei schlecht. Nun ist das Gute aber »an sich« gut und nur »akzidentell« (d. h. erst an zweiter Stelle) nicht schlecht, so daß die erste dieser beiden falschen Meinungen hinsichtlich dessen falsch ist, was das Gute an sich ist, und die zweite hinsichtlich dessen, was das Gute nur akzidentell ist. Von zwei falschen Meinungen über eine Sache, die sich in dieser Weise voneinander unterscheiden, ist nun aber diejenige, die hinsichtlich dessen falsch ist, was die betreffende Sache an sich ist, falscher als diejenige, die hinsichtlich dessen falsch ist, was die betreffende

Sache nur akzidentell ist. Nun ist aber von mehreren falschen Meinungen über eine Sache diejenige am meisten falsch, die der richtigen konträr entgegengesetzt ist. Nicht die falsche Meinung vom Guten, es sei schlecht, sondern die noch falschere Meinung vom Guten, es sei nicht gut, ist also die der richtigen Meinung vom Guten, es sei gut, konträr entgegengesetzte Meinung.

Die Bemerkung »... vielmehr muß man eine von denjenigen Meinungen für die konträre halten, auf denen die Täuschung (über das Gute) beruht; diese hat aber denselben Ausgangspunkt, den auch die Prozesse des Werdens haben, und für die Prozesse des Werdens sind die beiden Gegenteile der Ausgangspunkt (nämlich das kontradiktorische Gegenteil und das konträre), von denen somit auch die Täuschungen ausgehen« (23 b 13–15) soll einsichtig machen, weshalb die Meinung vom Guten, es sei schlecht, und die Meinung vom Guten, es sei nicht gut, die beiden einzigen falschen Meinungen über das Gute sind, die als Kandidaten für die Rolle des konträren Gegenteils der richtigen Meinung vom Guten, es sei gut, in Frage kommen, weshalb man also »von den übrigen Meinungen keine für die konträre halten darf« (23 b 9f.). Der Vergleich, der hier angestellt wird, ist offenbar folgendermaßen zu verstehen: Wie beispielsweise der Prozeß, in dessen Verlauf ein Gegenstand weiß wird, entweder im Schwarzsein oder in irgendeinem anderen Zustand des Nicht-Weißseins des betreffenden Gegenstandes seinen Ausgangspunkt hat, also entweder im konträren oder im kontradiktorischen Gegenteil seines Weißseins, so hat die Täuschung über das Gute entweder in der Meinung, es sei schlecht, oder in irgendeiner anderen Meinung, der zufolge es nicht gut ist, ihren Ausgangspunkt, also entweder in der Meinung, die in ihm das konträre Gegenteil dessen sieht, was es ist, oder in irgendeiner Meinung, die das kontradiktorische Gegenteil dessen, was es ist, in ihm sieht.

23 b 27–32. Zweites Argument: Der Grundsatz, daß diejenige falsche Meinung einer gegebenen richtigen konträr entgegengesetzt ist, deren Inhalt dem Inhalt der richtigen kontradiktorisch entgegengesetzt ist, gilt entweder in allen Fällen oder in keinem Fall. Nun gilt er aber in denjenigen Fällen, in denen es zum Inhalt einer richtigen Meinung kein konträres Gegenteil gibt, beispielsweise im Falle der Meinung von einem bestimmten Menschen, er sei ein Mensch, der die Meinung von diesem Menschen, er sei kein Mensch, konträr entgegengesetzt ist. Also muß der fragliche Grundsatz auch in allen anderen Fällen gelten.

23 b 32 – 24 a 3. Drittes Argument: Dieselbe Parallelität, die zwischen (A) der richtigen Meinung vom Guten, es sei gut, und (B) der richtigen Meinung vom Nicht-Guten, es sei nicht gut, besteht, besteht auch zwischen (C) der falschen Meinung vom Guten, es sei nicht gut, und (D) der falschen Meinung vom Nicht-Guten, es sei gut. Da es sowohl Nicht-Gutes gibt, das schlecht ist, als auch Nicht-Gutes, das weder gut noch schlecht ist, kann die Meinung von etwas Nicht-Gutem, es sei nicht gut, sowohl zusammen mit der Meinung, das betreffende Nicht-Gute sei schlecht, als auch zusammen mit der Meinung, das betreffende Nicht-Gute sei nicht schlecht, richtig sein. Nun können aber zwei Meinungen, die beide richtig sind, einander nicht konträr entgegengesetzt sein. Also kann weder die eine noch die andere der beiden zuletzt genannten Meinungen das konträre

Gegenteil der zuerst genannten sein. Somit bleibt nur noch eine Meinung übrig, die der richtigen Meinung von etwas Nicht-Gutem, es sei nicht gut, konträr entgegengesetzt sein kann, nämlich die falsche Meinung, das betreffende Nicht-Gute sei gut. Das konträre Gegenteil von (B) ist also (D). Folglich muß (C) das konträre Gegenteil von (A) sein. Dieses Argument beruht auf der Überlegung, daß sich dann, wenn sich (A) zu (B) wie (C) zu (D) verhält, auch (A) zu (C) wie (B) zu (D) verhalten muß (vgl. Boethius II 490, 15 – 497, 3).

Was die These betrifft, die durch die drei referierten Argumente begründet werden soll, so ist unklar, inwiefern es sich bei den drei Meinungen, von denen in ihr die Rede ist, um Meinungen über das Gute handelt. Ist unter dem Guten, auf das sich diese Meinungen beziehen, das Gute im allgemeinen zu verstehen oder etwas Gutes dieser oder jener besonderen Art (vgl. Ackrill 1963: 154)? Sind es also die drei Sätze »Das Gute ist gut«, »Das Gute ist nicht gut« und »Das Gute ist schlecht«, die ihren Inhalt zum Ausdruck bringen, oder sind es drei Sätze, in denen die drei Prädikate »ist gut«, »ist nicht gut« und »ist schlecht« mit einer als Subjekt fungierenden Bezeichnung von etwas Gutem verbunden sind, die dieses Gute nicht als etwas Gutes bezeichnet, also beispielsweise die drei Sätze »Wissen ist gut«, »Wissen ist nicht gut« und »Wissen ist schlecht«?

Gegen die Annahme, in der fraglichen These sei von Meinungen über das Gute im allgemeinen die Rede, spricht die Tatsache, daß der Verfasser des vorliegenden Kapitels im ersten Argument geltend macht, man müsse »eine von denjenigen Meinungen für die konträre halten, auf denen die Täuschung (über das Gute) beruht«

(23 b 13), d. h. eine von denjenigen Meinungen, auf die sich alle anderen Meinungen, mit denen man sich über das Gute täuscht, zurückführen lassen. Denn bei diesen Meinungen handelt es sich ja nicht um die in sich widersprüchlichen Meinungen, die mit den beiden Sätzen »Das Gute ist nicht gut« und »Das Gute ist schlecht« geäußert werden, sondern um Meinungen, die man mit Sätzen äußert, in denen die Eigenschaft, nicht gut zu sein, oder die Eigenschaft, schlecht zu sein, etwas Gutem zugesprochen wird, ohne daß es ausdrücklich als etwas Gutes bezeichnet würde. Unter diesen Umständen ist es verwunderlich, daß im nächsten Abschnitt vorausgesetzt wird, daß in der fraglichen These von Meinungen über das Gute die Rede ist, die mit Sätzen geäußert werden, in denen die Bezeichnung »das Gute« als Subjekt fungiert.

Zugunsten der Annahme, daß in der fraglichen These von Meinungen über etwas Gutes dieser oder jener besonderen Art die Rede ist – also von Meinungen, deren Inhalte in Sätzen zum Ausdruck kommen, in denen nicht die Bezeichnung »das Gute«, sondern die Bezeichnung von irgend etwas Gutem als Subjekt fungiert –, kann man sich nicht, wie in Weidemann 2014b unterstellt wird (vgl. 467f.), auf das dritte Argument berufen. Denn der Hinweis darauf, daß sich die Meinung vom Nicht-Guten, es sei nicht gut, sowohl auf Nicht-Gutes beziehen kann, das schlecht ist, als auch auf Nicht-Gutes, das weder gut noch schlecht ist, mit dem in diesem Argument begründet wird, daß dieser Meinung weder die Meinung vom Nicht-Guten, es sei schlecht, noch die Meinung vom Nicht-Guten, es sei nicht schlecht, konträr entgegengesetzt sein kann, liefert hierfür lediglich insofern eine Begründung, als er eine Begründung dafür liefert, daß einer richtigen Meinung, deren Inhalt ein Satz mit dem Prädikat »ist nicht gut« ausdrückt, weder eine Meinung konträr entgegengesetzt sein kann, deren Inhalt ein Satz mit dem Prädikat »ist schlecht« zum Ausdruck bringt, noch eine Meinung, deren Inhalt ein Satz mit dem Prädikat »ist nicht schlecht« zum Ausdruck bringt.

24 a 3 – b 1. Nachdem er zu dem Ergebnis gekommen ist, daß diejenige falsche Meinung einer gegebenen richtigen konträr entgegengesetzt ist, deren Inhalt dem Inhalt der richtigen kontradiktorisch entgegengesetzt ist, behauptet der Verfasser des vorliegenden Kapitels, es mache »keinen Unterschied« (24 a 3) – an diesem Ergebnis werde sich also nichts ändern –, wenn man eine indefinit-bejahende Meinung als eine universell-bejahende auffasse, da die ihr konträr entgegengesetzte indefinit-verneinende Meinung ihr dann als die entsprechende universell-verneinende Meinung konträr entgegengesetzt sei. Wenn beispielsweise die indefinit-bejahende Meinung, daß das Gute gut ist, als die universell-bejahende Meinung, daß *alles* Gute gut ist, aufgefaßt werde, sei ihr die indefinit-verneinende Meinung, daß das Gute nicht gut ist, als die universell-verneinende Meinung, daß *nichts* Gutes gut ist, konträr entgegengesetzt.

Wie diese Behauptung zeigt, versteht derjenige, der das vorliegende Kapitel verfaßt hat, unter der Meinung vom Guten, es sei gut, unter der er bisher die Meinung verstanden zu haben scheint, etwas Gutes von der und der Art, wie es z. B. das Wissen darstellt, sei gut, jetzt plötzlich die Meinung, das Gute im allgemeinen sei gut.

Er verwischt mit dieser Behauptung also den Unterschied zwischen denjenigen Meinungen über das Gute, deren Inhalte in Sätzen zum Ausdruck kommen, in denen die Bezeichnung von irgend etwas Gutem als Subjekt fungiert, und denjenigen Meinungen über das Gute, deren Inhalte in Sätzen zum Ausdruck kommen, in denen die Bezeichnung »das Gute« als Subjekt fungiert. Zugleich verwischt er mit dieser Behauptung auch noch einmal den Unterschied zwischen dem konträren und dem kontradiktorischen Gegenteil einer bejahenden Aussage, den er bereits am Anfang des Kapitels dadurch verwischt hat, daß er dort dem Aussagentripel »Jeder Mensch ist gerecht« – »Kein Mensch ist gerecht« – »Jeder Mensch ist ungerecht« das Aussagentripel »Kallias ist gerecht« – »Kallias ist nicht gerecht« – »Kallias ist ungerecht« gegenübergestellt hat. Denn wenn es Meinungen mit kontradiktorisch entgegengesetzten Inhalten sind, die in einem konträren Gegensatz zueinander stehen, ist der Meinung, deren Inhalt der universell-bejahende Satz »Alles Gute ist gut« ausdrückt, nicht die Meinung konträr entgegengesetzt, deren Inhalt der *universell*-verneinende Satz »Nichts Gutes ist gut« ausdrückt, sondern die Meinung, deren Inhalt der *partikulär*-verneinende Satz »Nicht alles Gute ist gut« ausdrückt.

24 b 1–6. Um die Frage zu beantworten, die er im vorliegenden Kapitel erörtert, hat sich der Verfasser dieses Kapitels die semantische Theorie zunutze zu machen versucht, die Ar. im ersten Kapitel skizziert. Die Untersuchung der »Vorgänge in unserem Denken«, nach denen sich dieser Theorie zufolge »die (sprachlichen) Äußerungen unserer Stimme richten« (23 a 32f.), hat ihn zu dem Ergebnis geführt, daß im Bereich des *Denkens* einer universell-bejahenden *Meinung* die entsprechende universell-verneinende Meinung konträr entgegengesetzt ist. Dieses Ergebnis benutzt er nun als Prämisse, um auf die These zu schließen, daß im Bereich der *sprachlichen Äußerungen* einer universell-bejahenden *Aussage* die entsprechende universell-verneinende Aussage konträr entgegengesetzt ist, der Aussage »Alles Gute ist gut« beispielsweise die Aussage »Nichts Gutes ist gut« und der Aussage »Jeder Mensch ist gut« die Aussage »Kein Mensch ist gut«. Um den Schluß auf diese These zu rechtfertigen, beruft er sich noch einmal auf die im ersten Kapitel skizzierte semantische Theorie, indem er darauf hinweist, daß »diejenigen bejahenden und diejenigen verneinenden Aussagen, die wir mit der Stimme äußern, für diejenigen Symbole sind, die wir uns in der Seele bilden« (24 b 1f.), d. h. Symbole für die im Denken gebildeten bejahenden und verneinenden Meinungen.

Mit der These, daß einer universell-bejahenden Aussage die entsprechende universell-verneinende Aussage konträr entgegengesetzt ist, hat der Verfasser des vorliegenden Kapitels die Frage, um die es in diesem Kapitel geht, zwar, da er sich auf die universellen Aussagen beschränkt, nur zum Teil, aber doch immerhin richtig beantwortet. Gleichwohl ist ihm bei dem Versuch, diese These aus der These zu gewinnen, daß einer universell-bejahenden Meinung die entsprechende universell-verneinende Meinung konträr entgegengesetzt ist, ein Fehler unterlaufen. Die zuletzt genannte These, von der er auf die zuerst genannte schließt, will er ja in dem Sinne verstanden wissen, daß einer Meinung, deren Inhalt ein universell-bejahender Satz ausdrückt, diejenige

Meinung konträr entgegengesetzt ist, deren Inhalt der entsprechende universell-verneinende Satz ausdrückt. Unter den Meinungen, von denen in dieser These die Rede ist, handelt es sich also nicht um Meinungs*inhalte*, sondern um *Zustände* des Meinens. Bei denjenigen Meinungen, die der semantischen Theorie zufolge, auf die er sich beruft, als gedachte Aussagen durch sprachlich geäußerte Aussagen symbolisiert werden, handelt es sich hingegen um Meinungs*inhalte*. Der Schluß von der zuletzt genannten These auf die zuerst genannte, von dem er glaubt, er sei durch diese Theorie legitimiert, ist also ein Fehlschluß, der auf der Verwechslung dessen, *was man meint*, wenn man eine bestimmte Meinung hat, mit dem *Zustand des Meinens*, in dem man sich befindet, wenn man diese Meinung hat, beruht.

Man erkennt diese Verwechslung daran, daß die beiden Wörter »Bejahung« (κατάφασις) und »Verneinung« (ἀπόφασις) im vorliegenden Abschnitt in einer anderen Bedeutung gebraucht werden als im vorangehenden Abschnitt. Während sie an der Stelle 24 a 4, an der sie mit »bejahende Meinung« und »verneinende Meinung« übersetzt wurden, die Meinung (genauer gesagt: das Haben der Meinung) bedeuten, deren Inhalt ein bejahender bzw. verneinender Aussagesatz ausdrückt, bedeuten sie an der Stelle 24 b 2f., an der sie mit »bejahende Aussage« und »verneinende Aussage« übersetzt wurden, den bejahenden bzw. verneinenden Aussagesatz, der den Inhalt einer solchen Meinung ausdrückt, sowie die im Denken gebildete bejahende bzw. verneinende Aussage, die den Inhalt einer solchen Meinung darstellt.

Daß die Konklusion des fraglichen Schlusses, obwohl dieser ein auf der genannten Verwechslung beruhender

Fehlschluß ist, die richtige Antwort auf die Frage nach dem konträren Gegenteil einer universell-bejahenden Aussage gibt, liegt daran, daß zu der genannten Verwechslung eine zweite hinzukommt, nämlich die weiter oben erwähnte Verwechslung des konträren Gegensatzes, der zwischen zwei Meinungsinhalten besteht, von denen der eine durch einen universell-bejahenden und der andere durch den entsprechenden universell-verneinenden Satz ausgedrückt wird, mit dem kontradiktorischen Gegensatz, der zwischen ihnen bestehen müßte, wenn die beiden einander angeblich konträr entgegengesetzten Meinungen, deren Inhalte sie sind, einander tatsächlich konträr entgegengesetzt wären. Diese Verwechslung, die den Unterschied zwischen dem *konträren* und dem *kontradiktorischen* Gegenteil eines Meinungsinhalts verwischt, und jene andere Verwechslung, die den Unterschied zwischen dem konträren Gegenteil einer *Meinung* und dem konträren Gegenteil ihres *Inhalts* verwischt, sind zwei Fehler, die sich gegenseitig aufheben, so daß zu guter Letzt – wie bei einer Rechenaufgabe, die man nur deshalb richtig gelöst hat, weil man sich gleich zweimal verrechnet hat – doch noch das richtige Resultat erzielt wird. (Zu den »erstaunlichen Konfusionen«, die sich im vorliegenden Kapitel finden, vgl. Dancy 1975: 6f., 143–152 [Zitat: 143].)

Die Feststellung, daß einer universell-bejahenden Aussage die entsprechende *universell*-verneinende Aussage *konträr* entgegengesetzt ist, wird am Ende des Abschnitts durch die Feststellung ergänzt, daß die entsprechende *partikulär*-verneinende Aussage ihr *kontradiktorisches* Gegenteil ist: »kontradiktorisch entgegengesetzt ist ihr hingegen diejenige, die besagt, daß nicht alles Gute gut bzw. nicht jeder Mensch gut ist« (24 b 5f.). Da der Verfasser des vorliegenden Kapitels, wie sich gezeigt hat, das konträre Gegenteil einer universell-bejahenden Aussage mit ihrem kontradiktorischen Gegenteil verwechselt, kann diese Ergänzung wohl kaum von ihm stammen. Vermutlich stammt sie von einem Leser, der im vorliegenden Kapitel eine klare Unterscheidung zwischen dem konträren und dem kontradiktorischen Gegenteil einer solchen Aussage vermißt hat. Daß es der Verfasser dieses Kapitels mit der Beachtung des Unterschieds zwischen Kontrarietät und Kontradiktion nicht so genau nimmt, zeigt im übrigen der erste Satz des folgenden Abschnitts.

24 b 6–9. In diesem Abschnitt, mit dem das Kapitel endet, wird die These, daß weder eine richtige Meinung einer ebenfalls richtigen anderen noch eine wahre Aussage einer ebenfalls wahren anderen konträr entgegengesetzt sein kann, mit dem folgenden Argument begründet: Es ist zwar jeweils ein und derselbe Gegenstand, auf den sich zwei konträr entgegengesetzte Meinungen und zwei konträr entgegengesetzte Aussagen beziehen, und über ein und denselben Gegenstand kann man auch durchaus zwei richtige Meinungen haben und zwei wahre Aussagen machen; wenn aber jemand über einen Gegenstand zwei richtige Meinungen hätte oder zwei wahre Aussagen machen würde, die einander konträr entgegengesetzt wären, so würde ihm »zugleich konträr Entgegengesetztes zukommen« (24 b 9), was jedoch nicht möglich ist.

Daß dem Betreffenden unter den genannten Umständen zugleich konträr Entgegengesetztes zukäme, soll wohl heißen, daß er sich unter diesen Umständen zugleich in zwei einander konträr entgegengesetzten Zuständen des Denkens bzw. Sprechens befände, in denen er von etwas und von dessen kontradiktorischem Gegenteil meinen bzw. behaupten würde, es sei der Fall. Daraus, daß es nicht möglich ist, daß man sich zugleich in zwei solchen Zuständen befindet – was freilich allenfalls dann nicht möglich ist, wenn man nicht nur das, was man meint, sondern auch das, was man behauptet, für wahr hält –, folgt nun allerdings nicht, daß zwei *konträr* entgegengesetzte Meinungen nicht beide *richtig* und zwei *konträr* entgegengesetzte Aussagen nicht beide *wahr* sein können, sondern lediglich, daß man zwei Meinungsinhalte und zwei Aussagen, die einander *kontradiktorisch* entgegengesetzt sind, nicht beide *für wahr halten* kann. (An der Stelle 24 b 8 scheint der uns überlieferte Text verderbt zu sein; vgl. hierzu Weidemann 2014b: 475–477.)

Aus dem vorliegenden Abschnitt geht deutlich hervor, daß der Verfasser des Kapitels, das mit ihm endet, dieses Kapitel unter dem Einfluß des folgenden Textes aus dem dritten Kapitel des vierten Buches der *Metaphysik* verfaßt hat: »Wenn aber ein und demselben (Gegenstand) nicht zugleich konträr Entgegengesetztes zukommen kann (...) und wenn jeweils diejenige Meinung einer anderen konträr entgegengesetzt ist, die das kontradiktorische Gegenteil (des Inhalts der anderen) zum Inhalt hat, so ist es offenbar unmöglich, daß ein und derselbe Mensch von etwas als ein und demselben zugleich annimmt, es sei der Fall und es sei nicht der Fall. Denn wer sich diesbezüglich irren würde, hätte ja zugleich einander konträr entgegengesetzte Meinungen« (*Met.* Γ 3, 1005 b 26–32; Übersetzung: H. W.). Diesem Text hat der Verfasser des vorliegenden Kapitels nicht nur die These entlehnt, daß »ein und demselben (Menschen) nicht zugleich konträr Entgegengesetztes zukommen kann« (24 b 9), sondern auch die These, daß Meinungen, die einander kontradiktorisch entgegengesetzte Inhalte haben, einander konträr entgegengesetzt sind, die in seiner Argumentation eine entscheidende Rolle spielt. Zusammen mit der dem ersten Kapitel der Schrift *Peri hermeneias* entlehnten These, daß unsere Worte Symbole für unsere Gedanken sind, hat er diese These für die Beantwortung der Frage, die er im letzten Kapitel dieser Schrift erörtert, allerdings in einer Weise nutzbar zu machen versucht, die zeigt, wie berechtigt die Zweifel an der Echtheit dieses Kapitels sind, die bereits in der Antike geltend gemacht wurden.

LITERATUR

Ackrill, J. L., *Aristotle's Categories and De Interpretatione*. Translated with Notes, Oxford 1963 (ND 1974).

Ademollo, F., »The Principle of Bivalence in *De interpretatione* 4«, in: *Oxford Studies in Ancient Philosophy* 38 (2010) 97–113.

Ammonios: siehe Busse 1897.

Arist. Lat. II 1–2: siehe Minio-Paluello/Verbeke 1965.

Bandt, C. / Rattmann, A., »Die Damaskusreise Bruno Violets 1900/1901 zur Erforschung der Qubbet el-Chazne«, in: *Codices Manuscripti* 76/77 (2011) 1–20.

Baumstark, A., »Aristoteles περὶ ἑρμηνείας p. 23b 16 ff. syrisch«, in: *Zeitschrift für Assyriologie und verwandte Gebiete* 13 (1898) 116–119.

Becker, A., »Zwei Beispiele für Interpolationen im Aristoteles-Text: *Hermeneutik* 13. 22 b 38 – 23 a 26 und *Metaph.* Θ 4. 1047 b 14–30«, in: *Hermes* 69 (1934) 444–450.

Bekker, I. (Hrsg.), *Aristoteles Graece* (*Aristotelis Opera*, edidit Academia Regia Borussica, vol. I–II), Berlin 1831 (Nachdruck 1960).

Benakis, L., »Commentaries and Commentators on the Logical Works of Aristotle in Byzantium«, in: R. Claussen / R. Daube-Schackat (Hrsg.), *Gedankenzeichen. Festschrift für Klaus Oehler zum 60. Geburtstag*, Tübingen 1988, 3–12.

Benakis, L., »Epilogue: Current Research in Byzantine Philosophy«, in: Ierodiakonou 2002, 283–288.

Blank, D., *Ammonius, On Aristotle's On Interpretation 1–8*. Translated, London 1996.

Blank, D. / Kretzmann, N., *Ammonius, On Aristotle's On Interpretation 9*, translated by D. Blank, with *Boethius, On Aristotle's On Interpretation 9*, first and second commentaries, translated by N. Kretzmann; with essays by R. Sorabji, N. Kretzmann and M. Mignucci, London 1998.

Bobzien, S., »Aristotle's *De Interpretatione* 8 is about Ambiguity«, in: D. Scott (Hrsg.), *Maieusis. Essays on Ancient Philosophy in Honour of Myles Burnyeat*, Oxford/New York 2007, 301–321.

Bodéüs, R. (Hrsg.), *Aristote*, [*Catégories*]. Texte établi et traduit, Paris 2001.

Boethius: siehe Meiser I/II 1877/1880.

Bonitz, H., *Index Aristotelicus* (*Aristotelis Opera*, edidit Academia Regia Borussica, vol. V), Berlin 1870 (ND Graz 1955, Berlin 1961).

Brock, S., »Towards a History of Syriac Translation technique«, in: R. Lavenant (Hrsg.), III° Symposium Syriacum 1980 (Orientalia Christiana Analecta 221), Rom 1983, 1–14.

Brock, S., »From Antagonism to Assimilation: Syriac Attitudes to Greek Learning« (1982), Nachdruck in: S. Brock, *Syriac Perspectives on Late Antiquity*, London 1984, 17–34.

Brock, S., »The Syriac Commentary Tradition«, in: Burnett 1993, 3–18.

Brock, S., »The Commentator Probus: Problems of Date and Identity«, in: J. Lössl / J. W. Watt (Hrsg.), *Interpreting the Bible and Aristotle in Late Antiquity: The Alexandrian Commentary Tradition between Rome and Baghdad*, Farnham (Surrey)/Burlington (Vermont) 2011, 195–206.

Brunschwig, J. (Hrsg.), *Aristote, Topiques*. Texte établi et traduit. Tome I: livres I–IV, tome II: livres V–VIII, Paris 1967/2007.

Burnett, C. (Hrsg.), *Glosses and Commentaries on Aristotelian Logical Texts. The Syriac, Arabic and Medieval Latin Traditions*, London 1993.

Busse, A. (Hrsg.), *Ammonius, In Aristotelis De interpretatione commentarius* (*CAG* IV-5), Berlin 1897.

Charles, D., *Aristotle on Meaning and Essence*, Oxford 2000.

Charlton, W., *'Philoponus', On Aristotle's On the Soul 3.9–13, with Stephanus, On Aristotle's On Interpretation*. Translated, London 2000.

Conybeare, F. C., *A Collation with the Ancient Armenian Versions of the Greek Text of Aristotle's Categories, De Interpretatione, De Mundo, De Virtutibus et Vitiis, and of Porphyry's Introduction*, Oxford 1892.

CPF I 1*: *Corpus dei Papiri Filosofici Greci e Latini. Testi e lessico nei papiri di cultura greca e latina*. Parte I: Autori noti, vol. 1*, Florenz 1989.

Crivelli, P., *Aristotle on Truth*, Cambridge 2004.

Dancy, R. M., *Sense and Contradiction: A Study in Aristotle*, Dordrecht/Boston 1975.

Dod, B. G., »Aristoteles latinus«, in: N. Kretzmann / A. Kenny /

J. Pinborg (Hrsg.), *The Cambridge History of Later Medieval Philosophy. From the Rediscovery of Aristotle to the Disintegration of Scholasticism (1100–1600)*, Cambridge 1982, 45–79.

Düring, I., »Von Aristoteles bis Leibniz. Einige Hauptlinien in der Geschichte des Aristotelismus« (1954), Wiederabdruck (mit einem Nachtrag, 1967) in: Moraux 1968, 250–313.

Ebbesen, S., »Boethius as an Aristotelian commentator«, in: Sorabji 1990, 373–391.

Ebert, Th. / Nortmann, U., *Aristoteles, Analytica priora, Buch I.* Übersetzt und erläutert (*Aristoteles, Werke in deutscher Übersetzung*; begründet von E. Grumach, hrsg. von H. Flashar; Bd. 3, Teil I/1), Berlin 2007.

Ehrig-Eggert, C. (Hrsg.), »Yaḥyā ibn ʿAdī, *Über den Nachweis der Natur des Möglichen.* Edition und Einleitung«, in: *Zeitschrift für Geschichte der Arabisch-Islamischen Wissenschaften* 5 (1989) 283–297 und (in arabischer Zählung) 63–97.

Ehrig-Eggert, C., *Die Abhandlung über den Nachweis der Natur des Möglichen von Yaḥyā ibn ʿAdī (gest. 974 A.D.).* Übersetzung und Kommentar (Veröffentlichungen des Institutes für Geschichte der Arabisch-Islamischen Wissenschaften, Reihe A, Bd. 5), Frankfurt a. M. 1990.

Endreß, G., »Die wissenschaftliche Literatur«, in: H. Gätje (Hrsg.), *Grundriß der Arabischen Philologie*, Bd. II, Wiesbaden 1987, 400–506.

Frede, D., *Aristoteles und die »Seeschlacht«. Das Problem der Contingentia Futura in De Interpretatione 9*, Göttingen 1970.

Frege, G., *Begriffsschrift, eine der arithmetischen nachgebildete Formelsprache des reinen Denkens*, Halle a. S. 1879 (ND in: *Begriffsschrift und andere Aufsätze*, 3. Aufl., mit E. Husserls und H. Scholz' Anmerkungen hrsg. von I. Angelelli, Darmstadt 1977).

Frege, G., »Über Begriff und Gegenstand« (1892), ND in: Frege 1990, 167–178.

Frege, G., »Der Gedanke« (1918), ND in: Frege 1990, 342–362.

Frege, G., *Kleine Schriften*, 2. Aufl., hrsg. und mit Nachbemerkungen zur Neuauflage versehen von I. Angelelli, Hildesheim/Zürich/New York 1990.

Furlani, G. (Hrsg.), *Le Categorie e gli Ermeneutici di Aristotele nella versione siriaca di Giorgio delle Nazioni* (Reale Accademia Nazionale dei Lincei, Cl. Sc. Mor., Stor. e Fil., serie VI, vol. V, fasc. I), Rom 1933.

Gaskin, R., *The Sea Battle and the Master Argument. Aristotle and Diodorus Cronus on the Metaphysics of the Future*, Berlin/New York 1995.

Gastgeber, Ch., »Die Überlieferung der griechischen Literatur im Mittelalter«, in: Pöhlmann II 2003, 1–46, 183–188.

Gauthier, R.-A. (Hrsg.), *Sancti Thomae de Aquino Opera omnia iussu Leonis XIII P. M. edita, tomus I* 1: Expositio libri Peryermenias.* Editio altera retractata cura et studio Fratrum Praedicatorum, Rom/Paris 1989.

Geach, P. T., »Good and Evil«, in: *Analysis* 17 (1956) 33–42; ND in: Ph. Foot (Hrsg.), *Theories of Ethics*, Oxford 1967, 64–73.

Geach, P. T., *Logic Matters*, Oxford 1972.

Gutas, D., »Aspects of Literary Form and Genre in Arabic Logical Works«, in: Burnett 1993, 29–76.

Gutas, D., *Greek Thought, Arabic Culture. The Graeco-Arabic Translation Movement in Baghdad and Early 'Abbāsid Society (2nd–4th/8th–10th centuries)*, London/New York 1998.

Harlfinger, D. (Hrsg.), *Griechische Kodikologie und Textüberlieferung*, Darmstadt 1980 (447–483: D. Harlfinger, »Einige Grundzüge der Aristoteles-Überlieferung« [Erstveröffentlichung 1971]).

Harlfinger, D., »Weitere Beispiele frühester Minuskel«, in: G. Prato (Hrsg.), *I manoscritti greci tra riflessione e dibattito.* Atti del V Colloquio Internazionale di Paleografia Greca (Cremona, 4–10 ottobre 1998), Florenz 2000, Bd. I, 153–156, Bd. III (Tavole), 73–92.

Hayduck, M. (Hrsg.), *Stephani in librum Aristotelis De interpretatione commentarium* (*CAG* XVIII-3), Berlin 1885.

Hoffmann, J. G. E. (Hrsg.), *De hermeneuticis apud Syros Aristoteleis*, Leipzig 1869, editio secunda immutata 1873.

Hugonnard-Roche, H., *La logique d'Aristote du grec au syriaque. Études sur la transmission des textes de l'Organon et leur interprétation philosophique*, Paris 2004.

Ierodiakonou, K. (Hrsg.), *Byzantine Philosophy and its Ancient Sources*, Oxford 2002 (1–13: K. Ierodiakonou, »Introduction« [= 2002a]).

Ierodiakonou, K., »Psellos' Paraphrasis on Aristotle's *De interpretatione*«, in: Ierodiakonou 2002, 157–181 [= 2002b].

Ildefonse, F. / Lallot, J., »Ammonius, Commentaire du *Peri hermeneias*. Préambule et chapitres I à V (p. 1 – 81, 2 Busse)«, in: *Archives et Documents de la Société d'Histoire et d'Épistémologie des Sciences du Langage* II, n° 7 (1992) 1–91.

Irigoin, J., »Survie et renouveau de la littérature antique à Constantinople (IXe siècle)« (1962), Nachdruck in: Harlfinger 1980, 173–205.

Irigoin, J., *Règles et recommandations pour les éditions critiques. Série grecque*, Paris 1972 (Nachdruck 2002).

Jones, R. E., »Truth and Contradiction in Aristotle's *De Interpretatione* 6–9«, in: *Phronesis* 55 (2010) 26–67.

Kapp, E., *Der Ursprung der Logik bei den Griechen* (dt. Übers. von: *Greek Foundations of Traditional Logic*, New York 1942), Göttingen 1965.

Kretzmann, N., »Aristotle on Spoken Sound Significant by Convention«, in: J. Corcoran (Hrsg.), *Ancient Logic and Its Modern Interpretations*, Dordrecht 1974, 3–21.

Labowsky, L., *Bessarion's Library and the Biblioteca Marciana. Six Early Inventories*, Rom 1979.

Lameer, J., »From Alexandria to Baghdad: Reflections on the Genesis of a Problematical Tradition«, in: G. Endreß / R. Kruk (Hrsg.), *The Ancient Tradition in Christian and Islamic Hellenism. Studies on the Transmission of Greek Philosophy and Sciences dedicated to H. J. Drossaart Lulofs on his ninetieth birthday*, Leiden 1997, 181–191.

Lieb, H.-H., »Das 'semiotische Dreieck' bei Ogden und Richards: eine Neuformulierung des Zeichenmodells von Aristoteles«, in: H. Geckeler / B. Schlieben-Lange / J. Trabant / H. Weydt (Hrsg.), *Logos Semantikos. Studia Linguistica in Honorem Eugenio Coseriu (1921–1981)*, Bd. I, Berlin/New York/Madrid 1981, 137–156.

Maas, P., »Griechische Paläographie« (1927), Nachdruck in: Harlfinger 1980, 37–59.

Meiser, K. (Hrsg.), *A. M. S. Boetii commentarii in librum Aristotelis* Περὶ ἑρμηνείας. Pars prior, versionem continuam et primam editionem continens; pars posterior, secundam editionem et indices continens, Leipzig 1877/1880.

Minio-Paluello, L. (Hrsg.), *Aristotelis Categoriae et liber de Interpretatione*, Oxford 1949, 2. Aufl. 1956.

Minio-Paluello, L., »Praefatio«, in: Minio-Paluello/Verbeke 1965, VII–LXIX.

Minio-Paluello, L. / Verbeke, G. (Hrsg.), *Aristoteles Latinus* II 1–2: *De Interpretatione* vel *Periermenias*. Translatio Boethii, Specimina Translationum Recentiorum, edidit Laurentius Minio-Paluello. Translatio Guillelmi de Moerbeka, edidit Gerardus Verbeke, revisit L. Minio-Paluello. Brügge/Paris 1965.

Montanari, E. (Hrsg.), *La sezione linguistica del Peri hermeneias di Aristotele.* Vol. I: Il testo, vol. II: Il commento, Florenz 1984/1988.

Morani, M., [Besprechung von Montanari I 1984, in:] *Aevum* 60 (1986) 135–138.

Moraux, P. (Hrsg.), *Aristoteles in der neueren Forschung* (Wege der Forschung, Bd. 61), Darmstadt 1968.

Oehler, K., »Aristoteles in Byzanz«, in: Moraux 1968, 381–399.

Peters, F. E., *Aristoteles Arabus. The Oriental Translations and Commentaries on the Aristotelian Corpus*, Leiden 1968 [= 1968a].

Peters, F. E., *Aristotle and the Arabs: The Aristotelian Tradition in Islam*, New York/London 1968 [= 1968b].

Pöhlmann, E. (Hrsg.), *Einführung in die Überlieferungsgeschichte und in die Textkritik der antiken Literatur*, Bd. II: Mittelalter und Neuzeit, Darmstadt 2003 (137–182, 202–209: E. Pöhlmann, »Textkritik und Texte im 19. und 20. Jh.«).

Praechter, K., »Richtungen und Schulen im Neuplatonismus« (1910), Nachdruck in: H. Dörrie (Hrsg.), *Karl Praechter. Kleine Schriften*, Hildesheim/New York 1973, 165–216 [= 1973a].

Praechter, K., »Die griechichen Aristoteleskommentare, *Commentaria in Aristotelem Graeca* [...]« (1909), Nachdruck in: H. Dörrie (Hrsg.), *Karl Praechter. Kleine Schriften*, Hildesheim/New York 1973, 282–304 [= 1973b].

Primavesi, O., *Die Aristotelische Topik. Ein Interpretationsmodell und seine Erprobung am Beispiel von Topik B*, München 1996.

Primavesi, O., »Ein Blick in den Stollen von Skepsis: Vier Kapitel zur frühen Überlieferung des *Corpus Aristotelicum*«, in: *Philologus* 151 (2007) 51–77.

Primavesi, O., »Werk und Überlieferung«, in: C. Rapp / K. Corcilius (Hrsg.), *Aristoteles-Handbuch. Leben — Werk — Wirkung*, Stuttgart/Weimar 2011, 57–64.

Quine, W. V., *Ontologische Relativität und andere Schriften.* Aus dem Englischen übersetzt von W. Spohn, Stuttgart 1984.

Quine, W. V., *Unterwegs zur Wahrheit: Konzise Einleitung in die theoretische Philosophie.* Aus dem Amerikanischen von M. Gebauer, Paderborn/München/Wien/Zürich 1995.

Reinsch, D. R., »Fragmente einer *Organon*-Handschrift vom Beginn des zehnten Jahrhunderts aus dem Katharinenkloster auf dem Berge Sinai«, in: *Philologus* 145 (2001) 57–69.

Rijk, L. M. de, »On the chronology of Boethius' works on logic«, in: *Vivarium* 2 (1964) 1–49, 125–162.

Roueché, M., »Byzantine Philosophical Texts of the Seventh Century«, in: *Jahrbuch der Österreichischen Byzantinistik* 23 (1974) 61–76.

Roueché, M., »The Definitions of Philosophy and a New Fragment of Stephanus the Philosopher«, in: *Jahrbuch der Österreichischen Byzantinistik* 40 (1990) 107–128.

Schepers, H., »Logica vetus / Logica nova, Logica antiqua / Logica modernorum«, in: *Historisches Wörterbuch der Philosophie*, Bd. 5, Basel 1980, 355–357.

Schepers, H., »Quadrat, logisches«, in: *Historisches Wörterbuch der Philosophie*, Bd. 7, Basel 1989, 1733–1736.

Schönherr, W. / Schmidt, E. G., *Aristoteles, Poetik*, griech./dt.; Übersetzung von W. Schönherr, Durchsicht der Übersetzung und Anmerkungen von E. G. Schmidt, Nachwort von M. Simon, 4. Aufl., Leipzig 1979.

Seel, G. (Hrsg.), *Ammonius and the Seabattle.* Texts, Commentary, and Essays, edited by G. Seel in collaboration with J.-P. Schneider and D. Schulthess, Berlin/New York 2001.

Shiel, J., »Boethius' commentaries on Aristotle« (1958), revidierter Wiederabdruck in: Sorabji 1990, 349–372.

Smith, A., Boethius, *On Aristotle On Interpretation 1–3.* Translated, London 2010.

Smith, A., Boethius, *On Aristotle On Interpretation 4–6.* Translated, London 2011.

Sorabji, R. (Hrsg.), *Aristotle Transformed. The ancient commentators and their influence*, London 1990 (1–30: R. Sorabji, »The ancient commentators on Aristotle«).

Sorabji, R., »Boethius, Ammonius and their different Greek backgrounds«, in: Blank/Kretzmann 1998, 16–23.

Soreth, M., »Zum infiniten Prädikat im zehnten Kapitel der Aristotelischen *Hermeneutik*«, in: S. M. Stern / A. Hourani / V. Brown (Hrsg.), *Islamic Philosophy and the Classical Tradition. Essays presented by his friends and pupils to Richard Walzer on his seventieth birthday*, Oxford 1972, 389–424; ND (mit Corrigenda) in: A. Menne / N. Öffenberger (Hrsg.), *Zur modernen Deutung der Aristotelischen Logik.* Bd. III: Modallogik und Mehrwertigkeit, Hildesheim/Zürich/New York 1988, 154–190.

Stephanos: siehe Hayduck 1885.

Tarán, L. (Hrsg.), *Anonymous Commentary on Aristotle's De Interpretatione* (*Codex Parisinus Graecus 2064*), Meisenheim am Glan 1978.

Tessier, A., *Il testo di Aristotele e le traduzioni armene*, Padua 1979.

Troupeau, G., »Le rôle des syriaques dans la transmission et l'exploitation du patrimoine philosophique et scientifique grec«, in: *Arabica* 38 (1991) 1–10.

Verbeke, G. (Hrsg.), *Ammonius, Commentaire sur le Peri Hermeneias d'Aristote: Traduction de Guillaume de Moerbeke*. Édition critique et étude sur l'utilisation du Commentaire dans l'oeuvre de saint Thomas (*Corpus Latinum Commentariorum in Aristotelem Graecorum* II), Louvain/Paris 1961.

Waitz, Th. (Hrsg.), *Aristotelis Organon Graece*. Novis codicum auxiliis adiutus recognovit, scholiis ineditis et commentario instruxit. Pars prior: *Categoriae, Hermeneutica, Analytica priora*, pars posterior: *Analytica posteriora, Topica*, Leipzig 1844/1846 (Nachdruck Aalen 1965).

Weidemann, H., [Besprechung von Whitaker 1996, in:] *History and Philosophy of Logic* 19 (1998) 161–165.

Weidemann, H., »Bei Ankunft Mord – oder: War Aristoteles ein Kompatibilist?«, in: K. Corcilius / C. Rapp (Hrsg.), *Beiträge zur Aristotelischen Handlungstheorie* (Philosophie der Antike, Bd. 24), Stuttgart 2008, 173–184.

Weidemann, H., »*De Interpretatione*«, in: C. Shields (Hrsg.), *The Oxford Handbook of Aristotle*, Oxford/New York 2012, 81–112.

Weidemann, H., »Die Seeschlacht und das Meisterargument«, in: R. W. Puster (Hrsg.), *Klassische Argumentationen der Philosophie*, Münster 2013, 73–89.

Weidemann, H. (Hrsg.), *Aristoteles, De interpretatione* (Bibliotheca scriptorum Graecorum et Romanorum Teubneriana, Bd. 2014), Berlin/Boston 2014 [= 2014a].

Weidemann, H., *Aristoteles, Peri hermeneias*. Übersetzt und erläutert (*Aristoteles, Werke in deutscher Übersetzung*; begründet von E. Grumach, fortgeführt von H. Flashar, hrsg. von C. Rapp, Band 1, Teil II), Berlin 1994; 3., überarbeitete und verbesserte Aufl. (Boston/Berlin) 2014 [= 2014b].

Weidemann, H., [Besprechung von S. Noriega-Olmos, *Aristotle's Psychology of Signification. A Commentary on De Interpretatione 16ª 3–18*, Berlin/Boston 2013, in:] *Gnomon* 86 (2014) 391–395 [= 2014c].

Whitaker, C. W. A., *Aristotle's De Interpretatione. Contradiction and Dialectic*, Oxford 1996.
Wilson, N. G., *Scholars of Byzantium*, London 1983, revised edition 1996.
Wolfson, Harry A., »Revised Plan for the Publication of a *Corpus Commentariorum Averrois in Aristotelem*«, in: *Speculum* 38 (1963) 88–104.
Zimmermann, F. W., *Al-Farabi's Commentary and Short Treatise on Aristotle's De Interpretatione*. Translated with an Introduction and Notes, Oxford 1981.

PERSONENREGISTER

(Moderne Autoren wurden nur in einer kleinen Auswahl in das Register aufgenommen. Unberücksichtigt blieben die zahlreichen Stellen, an denen Aristoteles erwähnt wird, sowie Stellen, an denen die Erwähnung einer Person nur als Beispiel dient. Auf den textkritischen Apparat wird mit der Abkürzung »App.« hingewiesen.)